P. Mateo Crawley-Boevey

Horas Santas

HORAS SANTAS
2018, R.P. Mateo Crawley-Boevey
2018, De esta edición: Rafael Felipe Rodríguez
Primera edición 2018
ISBN-13: 978-1987451443
ISBN-10: 1987451449

"Todas las noches del Jueves al Viernes, te haré participante de aquella mortal tristeza que quise sentir en el huerto de los Olivos… Y para acompañarme en la humilde oración que presenté entonces a mi Padre, te levantarás entre once y doce de la noche, y prosternada pegando el rostro con la tierra, tanto para aplacar la ira divina, pidiendo gracia para los pecadores, como para endulzar de alguna manera la amargura que sentí por el abandono de mis Apóstoles, el cual me movió a reprenderlos, por no haber podido velar una hora conmigo".

El Sagrado Corazón de Jesús le dijo a Santa Margarita María:

"Haced reparación por la ingratitud de los hombres. Pasad una hora en oración para aplacar la justicia divina, para implorar misericordia para los pecadores, para honrarme, para consolarme en mi amargo sufrimiento al ser abandonado por Mis Apóstoles al no velar una hora conmigo "

Nota preliminar

La devoción de la HORA SANTA tuvo su origen en la oración que Jesús hizo en Getsemaní, la víspera de su muerte en la noche del Jueves al Viernes Santo.

Consiste en pasar una hora entera en oración, de las once a las doce de la noche de ese día todas las semanas. Su institución se debe a Nuestro Señor mismo, que la pidió a su fiel sierva Sta. Margarita María en estos términos: "Todas las noches del Jueves al Viernes, te haré participante de aquella mortal tristeza que quise sentir en el huerto de los Olivos… Y para acompañarme en la humilde oración que presenté entonces a mi Padre, te levantarás entre once y doce de la noche, y prosternada pegando el rostro con la tierra, tanto para aplacar la ira divina, pidiendo gracia para los pecadores, como para endulzar de alguna manera la amargura que sentí por el abandono de mis Apóstoles, el cual me movió a reprenderlos, por no haber podido velar una hora conmigo".

Resulta, pues, de estas palabras que la Hora Santa es una de las prácticas más queridas del Corazón de Jesús. Tiene por objeto consolarle de la ingratitud de los hombres, reparar las ofensas de los pecadores, obtener gracias particulares para los agonizantes, para las personas afligidas; y en fin, animarnos a una viva contrición.

Se puede hacer la Hora Santa delante del

Santísimo Sacramento, o transportándose en espíritu al pie de un Tabernáculo.

No hay señalado para emplear devotamente la Hora Santa, ninguna meditación particular; pero las palabras de Nuestro Señor, indican que conviene meditar su dolorosa agonía, sus profundas humillaciones, y su amor pagado con tantas ingratitudes; así como pedir por el perdón de nuestros pecados, y por los que se han cometido a través de los siglos.

R.P. MATEO CRAWLEY-BOEVEY

Doce métodos distintos para todos los primeros Jueves del Año; tres especiales para las festividades del Corazón de Jesús, Corazón de María y Jueves Santo y siete nuevos Ejercicios.

He aquí una práctica eminetemente divina, no sólo en su fin, sino por su origen inmediato. Jesús, hablando a su sierva Margarita María, en 1674, le dice terminantemente desde el misterioso Tabernáculo de Paray-le-Monial: "Todas las noches del jueves al viernes te haré participar de la mortal tristeza que quise padecer en el Huerto de los Olivos; tristeza que te reducirá a una especie de agonía más difícil de soportar que la muerte. Y para acompañarme en aquella humilde plegaria, que entonces presenté a mi Padre, te postrarás con la faz en tierra, deseosa de aplacar la cólera divina y en demanda de perdón por los pecadores." Tal es la palabra de imperiosa misericordia que estableció, en la primera aurora de la devoción al Corazón de Jesús, la práctica de incomparable hermosura que llamamos la Hora Santa.

I
Año Nuevo

(Esta Hora Santa podría servir especialmente para comenzar el Año Nuevo, según el verdadero espíritu del Sagrado Corazón de Jesús, y para consagrárselo a su gloria. Este mismo método podría también ser muy útil en determinadas ocasiones, en ciertas horas decisivas y solemnes "del año o de la vida", como, por ejemplo, en vísperas de contraer matrimonio o como preparación inmediata para ingresar al convento, al abrazar la vida religiosa. Podría, asimismo, ser de gran provecho "durante los ejercicios de un retiro", para iniciar en ellos una etapa de vida espiritual nueva y más intensa).

He aquí que se levanta con la aurora del Año Nuevo el verdadero Sol de paz, de esperanza y de amor: el Corazón Divino de Jesús, sol de una nueva vida para su gloria y nuestra dicha... ¡Gloria a Él en las alturas, gloria a Él y sólo a Él aquí en la tierra!...

"*Adveniat, adveniat, adveniat regnum tuum!*... ¡Venga a nos tu reino de paz, de amor y de justicia!"...

Es preciso que el año que comienza marque una nueva etapa de triunfo en el avance victorioso, social e íntimo del Corazón de Jesús...

Y ahora pongámonos en su presencia soberana mediante un acto de fe y de profunda adoración... A dos pasos de nosotros está el Maestro muy amado... Su Corazón nos llama, nos aguarda... quiere hablarnos con santa intimidad... Escuchemos aquella voz cuyas armonías deliciosas inundan de júbilo la eternidad del cielo...

(*Que haya gran recogimiento, pues el Señor no habla a corazones disipados, distraídos*).

Jesús. "*Pax vobis*!". ¡Que mi paz sea con vosotros todos, hijitos míos! Os la traigo grande y hermosa para vuestras almas que sufren, que luchan..., para todos los de buena voluntad...

"*Pax vobis*!". Sí, os la traigo Yo mismo para vuestros hogares enlutados por el dolor, heridos por las desgracias, patrimonio obligado de este valle de lágrimas...

"*Pax vobis*!...". Os la traigo para la sociedad doliente en cuyo seno vivís, pues bien sé Yo cuánta necesidad tiene de renovarse en el espíritu de mi Evangelio, de ser en espíritu y en obras la heredad de mi Corazón sacrosanto... Os la traigo para vuestra patria. ¡Oh!, pedidme que ésta llegue a ser para Mí, la Jerusalén de mis amores, la Jerusalén del Domingo de Ramos...

"*Pax vobis*!...". Os traigo mi paz profunda, celestial y victoriosa, para la Iglesia siempre combatida... Rogad por Ella, pedid, hijitos míos, que llene los graneros de mi Padre celestial con una cosecha rica y escogida de almas, de familias...

Venid, amigos del alma, acercaos; no temáis

como los apóstoles: acercaos más, mucho más...: buscad la dichosa intimidad del Corazón de vuestro Rey, de vuestro Hermano, de vuestro Amigo...: no temáis... Yo soy vuestro Jesús. Sí, acercaos con tal intimidad que toquéis las llagas de mis pies y de mis manos...; acercaos y penetrad en la llaga del Costado... ¡Oh!, poned en ella con confianza la mano querida, y más: entrad profundamente en ella con el alma y quedad ahí; abismaos para siempre en esta herida, morada vuestra en el tiempo y en la eternidad... Yo no he cambiado, hijitos míos no: soy el mismo dulce Jesús, bueno, misericordioso, nacido de la Virgen María, vuestra Madre... Soy realmente hijo suyo...; somos, pues, hermanos muy queridos: no me temáis.

Y ahora, sin recelos y con un corazón abierto, dócil, agradecido, aceptad en la alborada de este Año Nuevo, como obsequio y prenda de mi amor, como lección de mi sabiduría, un pensamiento grave, una reflexión austera y dulce a la vez y que os pido coloquéis como fundamento sobrenatural del camino que se inicia hoy...

Para recoger con fruto, consoladores míos, esta enseñanza que condensa todo mi Evangelio, para que sea realmente provechosa para este año y para la vida, vaciad ante todo el corazón, aligerad el alma de todo lo terreno y

saboread en seguida la lección que quiero daros, en un gran recogimiento de espíritu... Oídme:

Almas amadísimas, hijos de mi Sagrado Corazón, meditad esta palabra, os la propone

15

vuestro Dios: "Un año transcurrido quiere decir un año menos en la vida del tiempo, y un año más cerca del abismo de vuestra eternidad...".

¡Oh, meditad durante esta Hora Santa en la vanidad de todo, absolutamente de todo lo que no sea la permanente realidad que soy Yo, Jesús!...

(Muy lento y entrecortado)

Todo pasa y muere, menos Yo.

Caducidad de la juventud, flor que vive un día y... muere.

Caducidad de la ambición, humo que se esfuma y... pasa.

Caducidad de la alegría humana, fulgor que brilla y desaparece como un relámpago.

Caducidad de la fortuna dorada y versátil que se nos escapa.

Caducidad de una situación brillante, que cambia de improviso y que se quiebra.

Caducidad de los placeres, embriaguez que mata, desasosiega y huye.

Caducidad de toda armonía terrena, de toda belleza creada, que engaña y perece.

Caducidad del amor humano, que cambia, hiere y después olvida.

Caducidad de la sabiduría del siglo, que lo falsifica todo y se convierte en tinieblas.

Vanidad de vanidades, y todo vanidad, excepto la realidad, que soy Yo, vuestro Jesús.

Y si dudarais, poned, hijos míos, un oído atento a aquella voz misteriosa de los siglos que yacen sepultados en su historia de glorias y mentiras... ¿Dónde están?... ¡Fueron sólo ayer, y ya no son!...

Su voz elocuentísima no es sino el eco de la mía...

Con ellos, Yo os digo: Vanidad de vanidades todo lo terreno..., todo lo que no sea la realidad verdadera, que soy Yo, vuestro Jesús.

Millares y millones de hombres jóvenes, valientes, arrebatados vertiginosamente del escenario de la vida por la tempestad de fuego de mil guerras fratricidas, os gritan y previenen, con la elocuencia de sus cenizas aventadas, que no os fiéis de la tierra... En ella todo es vanidad...

Sí, todo lo que no es la divina Realidad, que soy Yo, vuestro Jesús.

Y como esos ejércitos de soldados, aquel otro ejército más numeroso todavía de los heridos en el alma; aquellos mutilados del corazón, que son las viudas y los huérfanos, los desamparados y los sepultados vivos bajo los escombros de sus esperanzas e ideales...; la caravana inmensa de las almas hechas jirones, de los corazones náufragos del hogar y de la sociedad... Todos, ¡oh!, todos ellos, con un gemido desgarrador y que no engaña, os gritan a porfía: ¡Vanidad de vanidades todo lo caduco y todo lo terreno, todo

17

lo que no es la divina Realidad, que soy Yo, vuestro Jesús!...

(Breve pausa)

Con todo, no quiero veros amargados con exceso, hijos míos, y menos aún no querría, ¡oh, no!, veros desanimados... Porque si es verdad que el mundo no es sino vanidad, sabedlo, meditadlo: Yo he vencido al mundo con la suprema y dichosa Realidad de mi Persona y de mi Amor.

Valor, pues, y adelante, adoradores míos, levantad muy en alto los corazones y el pensamiento, pues aquí mismo, en medio de este hacinamiento

de ruinas, Yo soy, para vosotros todos, la Realidad eterna de las almas que me adoran y me aman. Sí, la única Realidad inmutable, divina, inmortal, soy Yo... Y Yo he querido que esta Realidad lo supla todo..., ¡que Dios os baste!

Creedlo así, amigos de mi Sagrado Corazón, convenceos de ello en esta Hora Santa... El mundo, por desgracia, no razona así: Yo no le basto. De ahí que siendo Rey y Señor, se me posponga... ¡Cuán rara vez soy Yo el Amo, el primero en el corazón y en el hogar...!

No así vosotros, hijitos míos...; y puesto que para vosotros soy la Realidad, que lo llena todo y que lo supla todo, quiero que me lo digáis aquí ante mi altar con palabras del alma.

Amigos fidelísimos del Corazón de vuestro Salvador, meditad constantemente en la vanidad efímera de la juventud, primavera que dura apenas una mañana de sol, y que en seguida muere... Pero como compensación divina, inmensa, ¿qué esperáis, y qué pedís?...

(Todos)

La realidad suprema que eres Tú, Jesús.

Consoladores de mi Divino Corazón, meditad constantemente en la vanidad de la ambición falaz y traicionera que embriaga, hiere y desaparece luego... Pero como compensación divina, inmensa, ¿qué esperáis y qué pedís?...

La realidad suprema que eres Tú, Jesús.

Apóstoles de mi adorable Corazón, meditad constantemente en la vanidad de los goces terrenales, que, como el lampo de luz o como el rocío, duran un instante y se desvanecen... Pero como compensación divina, inmensa, ¿qué esperáis y qué pedís?...

La realidad suprema que eres Tú, Jesús.

Confidentes de mi Divino Corazón, meditad constantemente en la vanidad de la fortuna que pervierte tantas almas y que se escapa para no volver... Pero como compensación divina, inmensa, ¿qué esperáis y qué pedís?...

La realidad suprema que eres Tú, Jesús.

Discípulos muy amados de mi Sagrado Corazón, meditad constantemente en la vanidad de los placeres sensibles que halagan un instante, que producen embriaguez de muerte y pierden pronto su dulzura... Pero como compensación divina, inmensa, ¿qué esperáis y qué pedís?...

La realidad suprema que eres Tú, Jesús.

Adoradores fervorosos de mi amante Corazón, meditad constantemente en la vanidad de la belleza creada y transitoria que enamora tan fácilmente como desaparece y muere... Pero en compensación divina, inmensa, ¿qué esperáis y qué pedís?...

La realidad suprema que eres Tú, Jesús.

Reparadores de mi entristecido Corazón, meditad constantemente en la vanidad tan funesta del amor terreno, que, siendo por naturaleza tornadizo e inconstante, hiere como una racha y huye como la brisa... Pero como compensación divina, inmensa, ¿qué esperáis y qué pedís?...

La realidad suprema que eres Tú, Jesús.

Hijos predilectos de mi Divino Corazón, meditad constantemente en la vanidad de la sabiduría humana, que con toques de luz ficticia, siembra tantos errores, luz siniestra que estalla frecuentemente en huracán... Pero en compensación divina, inmensa, ¿qué esperáis y qué pedís?...

La realidad suprema que eres Tú, Jesús.

¡Oh, sí, Tú, Señor y sólo Tú, la dichosa, la inmutable y eterna Realidad!...

Con ella, es decir, contigo, la vida, ya de por sí tan vacía de toda paz, tan pobre de verdadera belleza, nos será soportable, llevadera, no obstante las tumbas, las ruinas y los abrojos sembrados a lo largo del camino... ¡Ah, pero siempre contigo, Señor Jesús!

Este año que hoy comienza no nos inquieta, Maestro, a pesar de las mil vicisitudes azarosas que trae consigo; ¡pero... teniéndote a nuestro lado a Ti, Jesús!

Bien sabemos, Señor, que no podemos pretender el vivir en un paraíso terrenal, marchito, perdido para siempre...; ¡pero qué importa, ni nos hace falta, ya que en tu Corazón, Amor de los amores, lo hemos recuperado con usura!... ¡Oh, si, Tu Corazón lo vivifica, lo ilumina, lo dignifica todo, Señor, y esto para la eternidad!...

(Pidamos con fervor y humildad de corazón la luz que nos haga comprender y apreciar la gracia que el cielo nos otorga con el nuevo año. Pero pidamos, sobre todo, la gracia de saberlo aprovechar debidamente para gloria del Divino Corazón y por los intereses eternos del alma).

(Pausa)

Las almas. La Hora Santa, Jesús adorable, la pediste Tú mismo, como la hora de las divinas confidencias con tu Corazón adorable... ¡Déjanos, pues, en consecuencia, abrirte el alma; déjanos contártelo todo, Señor, pues sentimos la necesidad imperiosa de vaciar nuestras almas en la tuya, aquí, a tus pies, ante el Sagrario!...

Bien pueden, Jesús, los vanidosos, los sensuales, los mundanos y los frívolos seguir soñando sobre las ruinas lamentables de sus quimeras insensatas... Entre tanto, nosotros, pobrecitos y a la vez más ricos que ellos, porque más favorecidos por tu gracia, tan gratuita como espléndida, queremos protestarte que, dejando el mundo de lado, Tú solo nos satisfaces y nos bastas... Y alentados por el don de tu Corazón adorable, nos proponemos resueltamente comenzar una vida nueva con este Año Nuevo, viviendo más y más desengañados y desprendidos de los falsos bienes y de los placeres engañosos de la tierra... Por esto, Jesús, desde esta alborada, al iniciar un año que nos avecina a tu eternidad, nos arrojamos entre tus brazos y, con fe del alma, te protestamos que, de aquí en adelante, no queremos otro bien que Tú mismo Jesús...

¡Oh, ven a visitarnos, Maestro, con la aurora de este Año Nuevo, y al recibirte te prometemos que, en la enfermedad o en la salud, aceptaremos tu Corazón, Señor Jesús!

(Todos)

Aceptamos tu Corazón, Señor Jesús.

¡Oh, ven a visitarnos, Maestro, con la aurora de este Año Nuevo, y al recibirte te prometemos que, en la pobreza o en la abundancia, bendeciremos solo tu Corazón, Señor Jesús

Bendeciremos solo tu Corazón, Señor Jesús.

¡Oh, ven a visitarnos, Maestro, con la aurora de este Año Nuevo, y al recibirte te prometemos que, en la tristeza o en la alegría, buscaremos solo tu Corazón, Señor Jesús!

Encontraremos solo tu Corazón, Señor Jesús.

¡Oh, ven a visitarnos, Maestro, con la aurora de este Año Nuevo, y al recibirte te prometemos que, en la prosperidad como en la Cruz, adoraremos solo tu Corazón, Señor Jesús!

Adoraremos solo tu Corazón, Señor Jesús.

¡Oh, ven a visitarnos, Maestro, con la aurora de este Año Nuevo, y al recibirte te prometemos que, en la vida como en la muerte, aclamaremos solo tu Corazón, Señor Jesús!

(Tres veces)

Aclamaremos solo tu Corazón, Señor Jesús.

Jamás se acude en vano a Aquel que es la Bondad increada... Ved, a dos pasos está ya Jesús...; lo llamamos, y helo aquí anhelando desbordar la vida de

su Corazón adorable en los nuestros... ¡Recojamos con santa avidez sus palabras!

(Que haya un gran silencio: el silencio de las almas...).

Jesús. ¿Con qué podré pagaros, amigos muy amados, fidelísimos, el bálsamo que vuestro amor ha sabido poner en mis heridas?... ¡Gracias! ¡Mi corazón os bendice! ¿Sabéis apreciar esta palabra?... ¿Sabéis quién es Aquel que os la dirige?... ¡Ah, soy Yo mismo; Yo, vuestro Dios y vuestro Rey, vuestro Padre y vuestro Amigo; soy

Yo, Jesús, que os habla!... ¡Ved cómo me acerco a vosotros!... Sí, mi corazón adorable es el sol de ventura que para vosotros se levanta sobre la colina de este altar, trayéndoos sus luces y sus ardores como presente de Año Nuevo!...

Ved, me llego a vosotros, derrochando mercedes; vengo en busca vuestra para colmaros, para enriqueceros, si posible fuese, hasta empobrecer. Yo mismo, depositando en vosotros todos mis tesoros...

Me acerco a vuestras almas, como una nube cargada con un diluvio de gracias que quisiera derramar a profusión y sin medida sobre vosotros y vuestros hogares, a fin de que este año que comienza sea un año de bendiciones y de gracia... Pero para ello espero una palabra todavía de vuestra parte... ¡Abrid, ¿queréis?, abrid de par en par el Tabernáculo de mi Sagrado Corazón y pedid sin temor de importunar, pedid confiados! ¿Qué gracia solicitáis que Yo os conceda, qué favor esperáis del tesoro de mis misericordias infinitas?

(Todos)

Para nosotros, tu adorable Corazón. Para Ti, Jesús, inmensa gloria.

No dudo, hijitos, de la sinceridad del corazón; pero esta generosidad os la dicta tal vez el entusiasmo que os infunde mi Sagrario... Mas cuando os alejéis de aquí, una vez a distancia y en plena lucha contra el mundo frívolo, ¿me diréis entonces otro tanto?... Ah, sobre todo para esa hora de refriega, ¿qué fuerza divina de victoria reclamaïs?... ¡Habladme todos!

Para nosotros, tu adorable Corazón. Para Ti, Jesús, inmensa gloria.

Pero si el mundo se empeña en alejaros de mi pecho, en arrebataros de mis brazos...

Y si en su tiranía osara exigiros que escojaïs definitivamente entre sus placeres vanos y mi Ley, decidme, amigos, ¿qué tesoro escogeríais?...

Para nosotros, tu adorable Corazón. Para Ti, Jesús, inmensa gloria.

Mas suponed que el mundo no ceje, que la lucha recrudezca y que por causa de vuestra fidelidad tengaïs que sufrir cruces y baldones... ¿con qué grito del alma llamaríais entonces en socorro vuestro?...

Para nosotros, tu adorable Corazón. Para Ti, Jesús, inmensa gloria.

¡Oh, qué hermosura cristiana, qué nobleza divina la vuestra!... Pero decidme con toda intimidad: esos sentimientos, ¿animan también a los

vuestros?... En el hogar querido, ¿piensan y hablan todos así?... Si así no fuera reclamad para ellos mi gracia: ¿qué pedïs para ellos en testimonio de mi amor?...

Para nosotros, tu adorable Corazón. Para Ti, Jesús, inmensa gloria.

¿Por qué esa tristeza, hijitos míos? ¡Qué! ¿Tal vez

tenéis en el hogar algún enfermo del alma a quien amaîs mucho, pero que no me ama a Mí?... ¡Pobrecito! Yo quiero salvarlo, él no pide, pero vosotros pedís por él. ¿Qué fortuna queréis para el hogar?...

Para nosotros, tu adorable Corazón. Para Ti, Jesús, inmensa gloria.

Creed en mi amor y Yo los salvaré en recompensa a vuestra fe y a la plegaria de esta Hora Santa, deliciosa... ¡Ah! Pero pensad también en vosotros: día llegará, y tal vez muy pronto, en que la muerte golpeará a vuestras puertas... Para entonces, para esa hora suprema de justicia, ¿qué galardón esperaîs de mi sentencia?... Reclamadlo ahora mismo: ¿qué esperaîs de mi misericordia?...

Para nosotros, tu adorable Corazón.
Para Ti, Jesús, inmensa gloria.
(Aquî puede entonarse un cántico al Sagrado Corazón).

(Entre tanto que los Prîncipes de la Corte celestial ofrecen al Rey de los Reyes presentes dignos del Paraîso, Jesús, enamorado de los humanos, pensando en sus pequeñuelos, toma el camino de la tierra y sale a nuestro encuentro, colmadas sus manos divinas con presentes de Cielo... Nos trae, especialmente, tres inmensos y riquîsimos tesoros, ofrenda valiosa de su amable Corazón. ¿Querrîais meditar unos instantes en el valor inestimable de esos tesoros?... Hagámoslo considerando brevemente tres cuadros, tres escenas del Evangelio. ¡Oremos meditando! ¡Meditemos amando!).

I. Don de Luz. ¿Recordáis lo que decía el ciego? "¡Señor, haz que vea!". Mucho más ciego que este desdichado Nicodemo, ciego del alma, calla y teme... ¡Oh, con qué fulgor victorioso debieron brillar los ojos de Jesús, mirando con dulzura a Nicodemo en la primera entrevista misteriosa! ¿Imagináis la turbación que la proximidad estrecha y las palabras del Maestro divino provocarían en el alma tímida de ese ciego, temeroso de sanar?... Pero, ¡cuán fuerte, cuán irresistible debió ser la atracción del imán, de los ojos y del Corazón de Jesús! Cada palabra suya era una saeta de luz que lo traspasaba, conquistándolo... Con infinita suavidad, el Sol divino avanza, penetra en los abismos de esta alma recta... Pero a pesar de su rectitud, de su buena voluntad, hubo ciertamente un primer momento de sorpresa, de resistencia secreta, de lucha... ¡Era tan fuerte en ella el respeto humano!

El Maestro condesciende: su Corazón es suavísimo... se concierta una entrevista...; pero ésta será de noche... Ya están faz a faz, solos, Jesús y Nicodemo. Al separarse, el Salvador debe haber dicho a Nicodemo: "¡Ya sabes que te amo...; iré pues, a tu propia casa!" Y en una segunda entrevista, lucharon frente a frente las tinieblas y la luz... Las palabras de Jesús despiden fulgores, soles de claridad que brotan de su pecho, pasando por sus labios... Y poco a poco, esas claridades penetran y luego disipan las nubes de tinieblas...

Lenta, pero profundamente, traspasan esa alma del Rabino, derriten sus hielos, calcinan la roca...

¡Ved: el Sol, Jesús, ha triunfado; Nicodemo, vencido, le adora! ¡Qué enseñanza!... En la medida en que el famoso Rabbi, Nicodemo, se olvida y se desprende de sus prejuicios, de sus propias ideas y pasiones...; en la medida en que muere a sí mismo, una luz, una inmensa luz invade todo su ser...

Cuando Nicodemo apaga sus luces, el Señor prende la suya. Esa será también nuestra propia historia.

No seremos los verdaderos hijos de la luz sino en la medida en que sepamos desprendernos, desasirnos de nosotros por una perfecta inmolación de espíritu. La luz no llega al fondo de un alma sino por la cruz de Jesús. Pero, ¡gracias también a nuestras propias cruces!... Se repite, pues, con ligeras variantes, la historia de Saulo en el camino de Damasco: la misericordia del Señor nos sorprende en el camino de tinieblas, nos asalta, nos echa por tierra, nos obliga a morder el polvo... Solo entonces, humillados y en la Cruz, somos capaces de oír y de comprender en el fondo de nuestras almas estas palabras de luz inefable: "¡Yo soy Jesús de Nazaret!".

¡Oh, si entre estos amigos del Señor hubiera alguno que le tema demasiado, que por esto vacila en acercarse, que se acerque sin recelos, que busque la vecindad, ¿qué digo?, la intimidad del Maestro!... ¡Ah, sobre todo, que no resista al llamamiento amoroso que le hace Jesús en esta Hora Santa... Que si teniendo las dulces exigencias de su Amor, tomara la fuga, el camino extraviado de Damasco, el Amor de los amores saldrá a su encuentro, lo herirá en el corazón, y por esta herida de amor penetrará la luz!

¡Oh, mil veces felices aquellos a quienes fustiga e hiere Jesús; felices las almas a quienes el Señor hace llorar! Por estas lágrimas les revelará un día el esplendor de su Belleza soberana.

Eterna y divina historia: esta lluvia de lágrimas, lluvia saludable, purifica e ilumina el cielo de las almas, arranca la venda de escamas que, nublando los ojos, nos impedía ver a las claras a Jesús... Entonces sí que el alma que ha llorado se encontrará frente a frente de Jesús, y éste le dirá: "¡Mírame, soy Yo la luz!... ¡Sígueme y no andarás en tinieblas!...".

¡Señor, haz que yo vea!

(Breve silencio) (Todos Tres veces)

(Tres veces)

¡Señor, Dios de luz, haz que te vea!

(Tres veces)

En mi cruz y por mis penas quiero verte, Jesús...

II. Don de Misericordia. Para mejor apreciar este don, el de más aplicación práctica de nuestra vida, hagamos una glosa de la bellísima parábola del Buen Samaritano, aplicándola a la economía del Corazón de Jesús con relación a las almas... ¡Esta historia es tan realmente la nuestra!...

(Con unción)

En un recodo del camino yace por tierra, herido, despojado, un pobrecito... Viajeros sin entrañas van y vienen; pero todos pasan indiferentes, desdeñosos, a su lado: se justifican de dicha indiferencia declarándose a sí mismos irresponsables de la desgracia de ese hombre... Lo miran sin detenerse... y continúan sin inmutarse, tranquilos, su camino... Puesto que el desgraciado yace por tierra y está herido, culpa suya debe ser, parecen decirse interiormente todos, a medida que desfilan... Y si es culpable, que debe serlo, ¡pues que expíe su pecado!... ¡Tal es la justicia que pretende hacer el mundo!

Pero he aquí que por fin alguien se detiene: ¿Quién será?... Una luz suavísima parece irradiar de Él, y le precede... Ved: ya está junto al herido... ¡Qué belleza de majestad dulcísima, conquistadora, envuelve toda su persona!... ¡Oh, qué compasión tan honda revela su mirada y qué bondad indecible, arrobadora, relampaguea en su rostro, de hermosura más que humana!... Al verle se diría que es un hombre que va a estallar en sollozos...

¡Oh, se diría más bien un Dios de una ternura, más que inmensa, infinita!... ¡Quién puede ser sino... Jesús!... ¡Oh, sí, es Él!... Se llama a Sí mismo el Hombre-Dios de todos los dolores, y nosotros le llamamos el Hombre-Dios de todas las misericordias... Aparece como Señor de la majestad en el camino de sus ángeles..., y se presenta como el Señor de todas las ternuras en el camino de los mortales, de los hombres, sus hermanos...

Contempladlo; se inclina hacia el herido...; se arrodilla a su lado mismo... Ved; le da a beber como refrigerio sus preciosas lágrimas, y lo envuelve en los pliegues de su propia túnica... ¡Ah, ese Señor no es bueno, no; Él es la Bondad encarnada!...

Observadlo todavía; lo ha tomado entre sus brazos; lo estrecha con deliquios de ternura, y, rico y dichoso con el tesoro del desdichado herido, corre..., vuela... ¡Pero, entre tanto, abrazándolo, comienza a reanimarlo, a darle nueva vida al calor de su amante Corazón!...

¿Y qué hará en seguida?... ¿Conducirlo tal vez a una hospedería?... ¡Ah, no!... Lo lleva a su propia casa: le da su hogar... Una vez en ella, no llama a gente mercenaria que lo cuide, ni se atreve, en su inmenso amor, a confiarlo a sus propios ángeles... ¡Llama a María, la Reina, y lo deposita suavemente entre sus brazos maternales, pidiéndole, rogándole que cuide al hijo herido, como le cuidó a Él mismo en la cuna de Belén... y en la cima del Calvario!... Pero al entregarlo así a su Divina Madre, Jesús no se aleja; queda inspirando desvelos y ternuras al lado de la Reina del Amor Hermoso; no da tregua a su Corazón de Salvador, que desvela noche y día sobre el dichoso desdichado... ¡Observad con qué misericordia, ayudando a la celestial Enfermera, venda Él mismo con sus manos creadoras las heridas: ved cómo pone en ellas el vino y el aceite de su

31

sangre y el bálsamo exquisito de sus besos!...
¡Ved cómo lo lava y purifica en la piscina de su
adorable Corazón!...

¡Y una vez convaleciente, le da ropaje de
príncipe! Y cuando sana, lo retiene en su palacio,
lo sienta en su mesa... ¡Más, mucho más todavía;
lo trata como amigo íntimo, como hijo mimado,
y un día lo declara y constituye su heredero!...

¿No es verdad que ésta es vuestra historia?...
¡Oh, cuán cierto es que no hay sino un solo Jesús,
uno solo; pero El nos basta! Por esto, cediendo al
impulso de nuestra inmensa gratitud, cantemos
y alabemos la compasión y la misericordia infinita del Corazón del Salvador...

(Poned el alma entera en cada palabra...)

Las almas. ¡Oh, Jesús adorable, Rey, Hermano y
Amigo, creemos, ¡oh, sí!, que Tú bajaste del cielo
para traernos la vida y para dárnosla superabundante... Creemos que viniste en busca de los enfermos gravísimos y sin remedio, de aquellos
que ya parecían como náufragos abandonados...
Sí, viniste para ellos sobre todo, para sanarlos, y,
una vez curados y embellecidos por tu gracia,
para devolverlos al Padre que te los confió. ¡Ay,
con sentimientos de humildad y de arrepentimiento debemos y queremos reconocer, Maestro
adorable, que hemos sido nosotros las ovejas extraviadas, el hijo pródigo, la dracma perdida, la
caña rajada, la mecha humeante, el acreedor rebelde, el servidor culpable y la roca empeder-
nida que rechazó la simiente, regada con tu
sangre!...

De rodillas, pues, y llorando nuestras culpas, te decimos:

¡Perdón, Jesús, Salvador!... ¡Perdón, Jesús, oh, Buen Pastor! ¡Perdón, oh, Padre de misericordia infinita por el sinnúmero de infidelidades de nuestra vida pasada!... ¡Perdón!

Hemos pecado, Señor, abusando del tesoro inagotable de tu paciencia y bondades... ¡Perdón!... Y para pagar ahora mismo la compasión y caridad con que nos has tratado sin merecerlo, querríamos arrebatarte esa misma misericordia, haciendo violencia a tu dulce Corazón en favor de tantos otros que no te conocen y te ultrajan... ¡Acuérdate, Jesús, que Tú mismo nos los diste como hermanos nuestros!... Míralos compasivo, Maestro, en lucha desesperada y sin fruto, entre los abrojos del mundo y sus pecados...

¡Escúchanos, pues, benigno, oh, amable Salvador!...

¡Ten piedad, Señor, de aquellos niños pequeñitos todavía, pero cuya inocencia ha perecido ya, agostada en un hogar sin fe y de desventura!... ¡Por la Reina del Amor Hermoso, ten piedad de todos ellos!... ¡Corazón de Cristo- Rey: sé Jesús para ellos todos!

Sé Jesús para ellos todos.

(Todos)

¡Ten piedad, Señor, de tantos jóvenes que, en plena lozanía, son ya ramas desgajadas, muertas del árbol de la vida de tu Divino Corazón!...

¡Mira compasivo a tantos que se revuelcan en el lodazal de sensualismo y de pecado, sin jamás volver a Ti una mirada suplicante!... ¡Por la Reina del Amor Hermoso, ten piedad de todos ellos!... ¡Corazón de Cristo-Hermano: sé Jesús para ellos todos!

Sé Jesús para ellos todos.

¡Ten piedad, Señor, para tantos hogares infelices que luchan, cantan y lloran, sin las luces ni los consuelos de la fe, sin la gracia y fortaleza de tu santo amor!... ¡Por la reina del Amor Hermoso, ten piedad de todos ellos!... ¡Corazón de Cristo-Amigo: sé Jesús para ellos todos!

Sé Jesús para ellos todos.

Ten piedad, Señor, de la caravana incontable de ciegos voluntarios... y también de tantos otros que jamás tuvieron, ni en el hogar ni en la escuela, la gracia inestimable de oírte, de conocerte... No olvides a tantos que te conocen apenas de nombre..., a gran distancia, y que no saben, ¡pobrecitos!, cuán dulce y bueno eres siempre Tú... ¡Por la Reina del Amor Hermoso, ten piedad de todos ellos!... ¡Corazón de Cristo-Salvador: sé Jesús para ellos todos!

Sé Jesús para ellos todos.

Ten piedad, Señor, de los agonizantes, y muy especial de aquellos que no han sido perversos, sino débiles e ignorantes... Inclínate, en particular, hacia aquellos que tuvieron caridad con los pobres y los dolientes; ¡oh!, hazles Tú mismo caridad... ¡Por la Reina del Amor Hermoso, ten piedad de todos ellos! ¡Corazón de Cristo agonizante: sé Jesús para ellos todos!

Sé Jesús para ellos todos.

(Pedid por la conversión de vuestros seres queridos).

III. El Don del Sagrado Corazón. Como si los inapreciables dones de luz y de misericordia no bastaran para probarnos su liberalidad, he aquí que Jesús se propone resumir todas sus larguezas en el don inefable, sublime de su Sagrado Corazón. Para explicarnos tanta belleza, acudamos una vez más al Evangelio, ya que la sabiduría como la elocuencia humana quedan cortas y en extremo pobres para darnos una lección cumplida.

Contemplemos aquella escena cuya soberana hermosura conmovió a los ángeles testigos de ella, en la última Cena.

Jesús acaba de instituir la divina Eucaristía... Una sombra de infinita tristeza... casi de agonía, nubla su fisonomía adorable...: es que ve ahí a Judas; el ingrato tiene ya en su poder la suma que ha recibido para entregar a su Señor.

Diríase que Juan, el predilecto, lo ha adivinado todo, leyendo ya esta historia de perfidia en los ojos de su Amigo Divino... Y como quien se ofrece para pagar con creces, para reparar esa infamia, ved cómo se acerca, cómo se estrecha a Jesús... Y más; con una confianza espontánea y sencilla descansó amorosamente su cabeza sobre el Corazón de Jesús...

¡Ah, y ciertamente Jesús, complacido y consolado, recompensó esa intimidad reclinando su
adorable Corazón en el de Juan, su apóstol... y su
amigo!... ¡En ese momento de gloria se lo confió,
sin duda, se lo dio por entero... y desde entonces,
Jesús y Juan se unieron con vínculo eterno... más
allá de la vida y más allá de la muerte!...

¿Creéis que Juan tenía derecho a tanto privilegio?... Verdad es que era puro y casto de espíritu
y de corazón, pero... apenas si entonces había comenzado a amar. No había tenido aún, por
cierto, ni tiempo ni oportunidad de probar a su
Maestro con obras de martirio cuánto le amaba...
¡Ah, pero Jesús, dueño de su propio Corazón,
tiene el derecho soberano de adelantarse, de
amar Él primero... de dar gratuitamente más
amor!...

En realidad, éste es un misterio tal que nos
abisma y confunde... ¡Es preciso ser Jesús para
amar de esta suerte, para ofrecer gratuitamente
un don semejante... y que sólo Él nos puede
hacer!...

Mas, si desalentados os dijerais que tanto favor
fue la recompensa a la inocencia de Juan, que las
almas de lirio, como la del apóstol predilecto,
son contadas... y que no pudiendo presentar ni
su pureza, ni su generosidad, debierais renunciar
al don del Corazón de Jesús...; ¡Oh!, retractad
este pensamiento y poned los ojos jubilosos y
asombrados en otro cuadro, que completa el primero, que lo realza...

¡Jesús agoniza en el Calvario!... ¡A sus pies, cerca de Juan... más cerca aún de la Reina Inmaculada, está... Magdalena!... ¡A un lado, la inocencia conservada, y del otro, la inocencia recobrada!... ¡Y ambos, Juan y Magdalena, por testigo la Reina Inmaculada, reciben igualmente, en testamento supremo, el Corazón de Jesús!

¿Quién de los dos recibió la mejor, la óptima parte?... ¿Quién?... Nadie lo sabe, nadie lo sabrá acá abajo sino Jesús... ¿Y por qué no serían ambos iguales en fortuna?... ¿Por que?... ¡En todo caso, ese silencio elocuentísimo no es sino el llamamiento constante, reiterado que, con ligeras variantes, con tonalidades distintas, llama a unos y a otros, a inocentes y a penitentes, y los urge para que en caravana inmensa, incontable, avancen resuelta y confiadamente por el camino del Calvario, hacia el Tabor de gloria eterna!...

¡Oh!, terminemos por esto la Hora Santa dando rienda suelta a nuestro júbilo, a nuestra confianza y gratitud... ¡Que nuestra última plegaria tenga la cadencia de un verdadero himno, cántico de alabanza, de acción de gracias y de amor, al Corazón de Jesús Sacramentado!

¡Nos has bendecido, Jesús amado, como no bendijiste jamás a tu paso las flores de los campos y los lirios de los valles de tu Patria, y en pago hemos sido nosotros las zarzas y las espinas de tu corona! Pero no te canses de nosotros; acuérdate que eres Jesús para estos pobres desterrados.

¡Nos has bendecido, Jesús amado, como no bendijiste jamás las mieses, las viñas y los jardines de Samaria y Galilea, y nosotros te hemos pagado siendo tantas veces la cizaña culpable de tu Iglesia; pero... no te canses de nosotros: acuérdate que eres Jesús para estos desterrados!

¡Oh, Jesús amado, tu Corazón nos ha bendecido como no bendijiste jamás las aves del cielo ni los rebaños de Belén y Nazaret... y nosotros te hemos pagado huyendo de tu redil y temiendo la blandura de tu cayado amorosísimo... ; pero... no te canses de nosotros; acuérdate que eres Jesús para estos pobres desterrados!

¡Oh!, en este día venturoso, déjanos porque hemos sido ingratos contigo, Jesús Sacramentado, déjanos ofrecerte un himno de alabanza en el tono inspirado del Profeta-Rey; en su lira te cantamos con la Madre del Amor Hermoso.

Espíritus angélicos y santos de la Corte celestial, bendecid al Señor en la misericordia infinita con que nos ha colmado. ¡Hosanna al Creador, convertido en creatura y Hostia por amor!

(Todos)

¡Hosanna al Divino Prisionero del amor!

Sol, luna y estrellas, desplegad vuestro manto de luz sobre este Tabernáculo, mil veces más santo que el de Jerusalén, lleno de la majestad de su dulzura... bendecid al Señor en la misericordia infinita con que nos ha colmado. ¡Hosanna al Creador, convertido en criatura y Hostia por amor!

¡Hosanna al Divino Prisionero del amor!

Fulgor de la alborada, rocío de la mañana, lampos de luz muriente del crepúsculo, glorificad la majestad del silencio del Rey y del Sagrario... bendecid al Señor en la misericordia infinita con que nos ha colmado. ¡Hosanna al Creador, convertido en criatura y Hostia por amor!

¡Hosanna al Divino Prisionero del amor!

Océano apacible, océano rugiente en tempestad; profundidades vivientes del abismo, proclamad la omnipotencia del Cautivo de este altar; bendecid al Señor en la misericordia infinita con que nos ha colmado. ¡Hosanna al Creador, convertido en criatura y Hostia por amor!

¡Hosanna al Divino Prisionero del amor!

Brisas perfumadas, tempestades devastadoras, flores de la hondonada, torrentes y cascadas, cantad la hermosura soberana de Jesús Sacramentado. ¡Hosanna al Creador, convertido en criatura y Hostia por amor!

¡Hosanna al Divino Prisionero del amor!

Nieves eternas, selvas, volcanes y mieses, colinas y valles, ensalzad la magnificencia del Dios aniquilado del altar...; bendecid al Señor en la misericordia infinita con que nos ha colmado. ¡Hosanna al Creador, convertido en criatura y Hostia por amor!

¡Hosanna al Divino Prisionero del amor!

Creación toda entera, ven, acude presurosa en

nuestro auxilio; ven a suplir nuestra impotencia; los humanos no sabemos cantar, bendecir ni agradecer; ven y con cantares de naturaleza ahoga el grito de blasfemia, repara el sopor, la indiferencia del hombre ingrato, colmado, con la misericordia infinita de Jesús Eucaristía. ¡Hosanna al Creador convertido en criatura y Hostia por amor!

¡Hosanna al Divino Prisionero del amor!

¡En reparación de tantos como le olvidan, amemos más, amemos con amor más fuerte que la muerte!...

¡Corazón Divino de Jesús, venga a nos tu reino! Una *Salve* invocando a la Reina del Amor Hermoso.

(Padrenuestro y Avemaría por las intenciones particulares de los presentes.

Padrenuestro y Avemaría por los agonizantes y pecadores.

Padrenuestro y Avemaría pidiendo el reinado del Sagrado Corazón mediante la Comunión frecuente y diaria, la Hora Santa y la Cruzada de la Entronización del Rey Divino en hogares, sociedades y naciones).

(Cinco veces)

¡Corazón Divino de Jesús, venga a nos tu reino!

II Enero

He aquí el Corazón que tanto ha amado a los hombres... Contempladlo, hijos míos, saciado de oprobios, en esta Hostia en que El palpita, entre incendios de caridad, por vosotros... ¡sólo por vosotros! Y no pudiendo soportar por más tiempo los ardores que lo consumen, ha querido entregarlo al mismo mundo que lo tiene atravesado con el dardo de la ingratitud del dolor... Éste es el supremo y último recurso de mi redención...

Aquí tenéis mi Corazón: os lo doy, os lo entrego sin reservas, en cambio del vuestro pecador e ingrato... ¡Oh, tengo sed, inmensa sed de ser amado, en este Sacramento del Altar... En el he sido hasta ahora el Rey del silencio, el Monarca del olvido... Pero ha llegado la hora de mis triunfos... Vengo a reconquistar la tierra... Sí, he de subyugarla, mal que pese al infierno, y la salvaré por la omnipotencia de mi Corazón.
Aceptádmelo, os lo ruego... tendedme las manos y el alma para recibir este supremo don de mi misericordia redentora... Fuego vengo a traer a la tierra, fuego de vida, de amor sin límites, fuego de santidad, fuego de sacrificio, y ¿qué he de querer sino que arda?...

Poned los ojos en mi pecho herido... ahí tenéis el Corazón que os ha amado hasta los abatimientos de Belén... y más; hasta las humillaciones y oscuridades de Nazaret... mucho más aún; hasta las agonías afrentosas del Calvario... Es éste el mismo Corazón que dejó de latir en el Gólgota, sí, el mismo, que sigue amando en la hoguera inextinguible del altar... de la santa Eucaristía.

¡Y vosotros no me amáis!

Por esto estoy triste hasta la muerte...

Por esto, me apena hasta la agonía que la viña de mis amores haya producido las espinas que circundan mi divino Corazón... Arrancádmelas en esta Hora Santa y amorosa, en esta hora feliz para vosotros, y también para este Dios-Cautivo, que brinda amor, que espera amor, que pide amor en el Sagrario.

Desfallezco de caridad... acercaos y sostenedme en esta agonía sacramental de veinte siglos... ¡Sed mis ángeles consoladores!...

¡Oh amo tanto, tanto..., y no me amáis bastante vosotros mis amigos, vosotros mis favorecidos!... ¡Ay! Y el mundo desconoce todas mis finezas... rechaza mis ternuras... malgasta y profana mis misericordias...

¡Estoy triste hasta la muerte..., venid, éste es el Corazón que jamás dejó de amaros... venid, aceptadlo en prenda de resurrección! Hijos míos, venid y dadme en cambio del mío vuestros corazones, vuestras almas, vuestras vidas, vuestras penas y alegrías... ¡Oh, sed todo míos!... ¡Y todos!... Os perdono... ¡pero amadme!... ¡Decídmelo de una vez... decidme que soy vuestro Rey y que aceptáis reconocidos el don incomparable de mi Sagrado Corazón!...

(Pausa)

(Somos indignos de ese don; humillémonos, y puesto que tan grande es su misericordia, reclamémosle el obsequio celestial que nos ofrece para santificarnos y darle gloria).

Las almas. Señor Jesús, no aguardes que, cediendo a tu reclamo, te ofrezcamos nuestros corazones pobrecitos... no. Tómalos, pues, que son tuyos; ¡ah, pero en cambio, danos para siempre tu Divino Corazón!

(Todos en voz alta)

Danos para siempre tu Divino Corazón.

Por amor a la Virgen María, dánoslo, Jesús, en las horas de fervor, cuando sintamos los deseos vehementes de amar y de sufrir como los santos.

Danos para siempre tu Divino Corazón.

Por amor a San Juan, dánoslo, Jesús, en las horas tan contadas de paz, y cuando disfrutemos de la dulce tranquilidad de una conciencia pura... o perdonada...

Danos para siempre tu Divino Corazón.

Por amor a tus tres amigos de Betania, dánoslo. Jesús, en las horas del pesar y la tristeza, cuando caigan sobre nuestras almas las tormentas del dolor...

Danos para siempre tu Divino Corazón.

Por amor a los Apóstoles predestinados del

Tabor y de Getsemaní, dánoslo, Jesús, en las horas de la exaltación o de la prueba...

Danos para siempre tu Divino Corazón.

Por amor a la arrepentida Magdalena y a las hijas compasivas de Jerusalén, dánoslo, Jesús, en las horas de flaqueza humana o cuando nos solicita la gracia del remordimiento...

Danos para siempre tu Divino Corazón.

Por amor a la obra de tu Iglesia, dánoslo, Jesús, en las horas del combate, cuando ella nos reclame el tributo de nuestro celo y también de nuestro sacrificio...

Danos para siempre tu Divino Corazón.

Por amor a los santos Bernardo, Agustín y Francisco de Sales, Mectilde y Gertrudis, precursores felices de esta admirable devoción, dánoslo, Jesús, en las horas de las resoluciones, cuando Tú te acercas en demanda de mayor fervor...

Danos para siempre tu Divino Corazón.

Por amor a tu Esposa y primera apóstol, Margarita María, dánoslo, Jesús, en todos los momentos de la vida, y sobre todo en el trance final de nuestra muerte...

Danos para siempre tu Divino Corazón.

¡Oh, sí!, entréganos tu Corazón como una vida, como un oasis, como un cielo... Y, aunque no lo merezcamos, confíanos, Jesús, con él todos sus tesoros de luz, de paz, de fortaleza, pues en este

santuario divino queremos aprender a amarte...
y a darte gloria... ¡Jesús, nos diste ya tu Cruz...,
nos diste tu Madre... nos diste tu Sangre... danos
ahora para siempre, Señor, danos, desde el destierro, el paraíso de tu Corazón! Con él, no ambi-
cionamos ya nada más en el cielo ni en la tierra...

(Pausa)

*(Pedidle gracia de fidelidad y gracia de generosidad
para pagar al Señor el don incomparable de su Corazón... Rogadle que esta Hora Santa os traiga una
nueva luz, una gran luz, para apreciar la amabilidad
y largueza infinitas de un Dios, que os ofrece la fuente
de su propia vida; para daros nueva vida...
Humillémonos, confundámonos... y sobre todo, amemos a Aquel que nos ha amado tanto... Oigamos su
voz...)*

Jesús. Me llamáis Señor y Maestro, y decís, verdad, porque efectivamente lo soy... ¡Pero aquí, en
el Sagrario..., me siento feliz, hecho esclavo del
hombre por amor del hombre ingrato!... Y al
darme a vosotros, al llamaros ante mi altar... al
solicitar vuestro cariño... al obsequiaros mi Sagrado Corazón... ¡ah! Yo que soy Señor del cielo
y Maestro de la tierra, busco mi satisfacción y mi
consuelo entre vosotros, flores del campo... arenas del desierto... Yo os amo... pero tanto...
¡tanto!... que me he creado una necesidad divina
de vosotros... Sin vosotros, que me habéis ofendido... sin vosotros que me habéis olvidado... sin
vosotros, que me habéis pospuesto a las vulgari-
dades de la tierra... sin vosotros, hijos pródigos
de mi hogar, ¡Yo, Jesús, no podría vivir!... Mi

cielo, sin vosotros, los redimidos de sangre, mi cielo... sería el destierro del Hijo del Hombre, si yo no tuviera por diadema de amor a esos mismos hombres. ¡Me costasteis tanto!

Reconocedlo así vosotros, los mejores del rebaño, confesádmelo en esta Hora Santa, porque el mundo no quiere persuadirse que lo amo en tanto grado... Decidme que aceptáis el tesoro de mi Corazón Divino, en obsequio mío, por mi triunfo, por mi gloria, porque Yo, Jesús, el Dios de los Tabernáculos, he creado el corazón humano para descansar en él, para convertirlo en el edén de todas mis delicias... Soy el Dios de la eternidad... y mi Corazón os necesita aquí en el tiempo... ¡Necesito convivir con vosotros mis hermanos!

Estoy fatigado... estoy herido y triste, no demoréis, venid con gran amor y brindadme, con fe viva, un hospedaje de ternura, de ardorosa fe, de caridad consoladora en vuestras almas... ¡Soy Jesús... tengo hambre de vosotros... habladme... abridme... amadme!... ¡oh! ¡amadme sin medida!

(A esto cabalmente hemos venido; a hablarle, a abrirle el alma, o dársela encendida en gran amor... ¡Qué confesión la de Jesús; necesitarnos y...

constituirse en mendigo de una caridad que le debemos en conciencia!... Respondámosle con una protesta de amor ardiente, apasionado... porque es más bien nuestro corazón quien lo necesita a Él).

Las almas. Al verte tan de cerca y tan benigno,

lejos de exclamar como tu apóstol: "Apártate, Señor, alejate, porque somos miserables pecadores...", queremos, por el contrario, abalanzarnos a tu encuentro, acortar las distancias y estrechar la dichosa intimidad entre tu Corazón y los nuestros...

(Lento y cortado)

¡Ven, Jesús... ven a descansar en nuestro amor, cuando los soberbios gobernantes de la tierra maldigan de tu ley y de tu nombre... acuérdate que somos tuyos... que estamos consagrados a la gloria de tu Divino Corazón!...

¡Ven, Jesús... ven a descansar en nuestro amor, cuando las muchedumbres agrupadas por Luzbel y lo sectarios, sus secuaces, asalten tu santuario y reclamen tu sangre... acuérdate que somos tuyos... que estamos consagrados a la gloria de tu Divino Corazón!...

¡Ven, Jesús... ven a descansar en nuestro amor, cuando gimas por los vituperios y por las cadenas con que ultrajan a tu Iglesia santa los poderosos y aquellos mentidos sabios cuyo orgullo condenaste con dulcísima firmeza... acuérdate que somos tuyos... que estamos consagrados a la gloria de tu Divino Corazón!...

¡Ven, Jesús... ven a descansar en nuestro amor, cuando millares de cristianos hagan caso omiso de tu persona adorable... y te lastimen cruelmente con una tranquila prescindencia, que es un puñal de hielo, clavado en tu pecho sacrosanto... acuérdate que somos tuyos... que estamos consagrados a la gloria de tu Divino Corazón!...

¡Ven, Jesús... ven a descansar en nuestro amor, cuando tantos buenos y virtuosos te midan con avaricia su cariño, te den con mezquindad aborrecible

su confianza... y te nieguen consuelo en sacrificio y santidad... acuérdate que somos tuyos... que estamos consagrados a la gloria de tu Divino Corazón!...

¡Ven, Jesús... ven a descansar en nuestro amor, cuando te oprima la deslealtad, cuando te amargue la tibieza de las almas predestinadas, que, por vocación, debieran ser enteramente tuyas siendo santas...; entonces, como nunca, en esa hora de sin par desolación, acuérdate que somos tuyos... torna aquí los ojos atristados, suplicantes... no olvides que estos hijos estamos consagrados para siempre a la gloria de tu Divino Corazón!...

Sobre el altar de nuestro sacrificio, por tu gloria, queremos que se cante esta palabra: ¡viva tu Sagrado Corazón... venga a nos tu reino!

(Si sentís remordimiento de alguna falta íntima... de alguna recaída en una culpa, en una falta de generosidad que sabéis le hiere mucho, aprovechad y pedid al Señor Jesús un perdón generoso... El lo sabe todo... pero quiere nuestra protesta de amor y de arrepentimiento... —Pausa—. No os canséis, volved a oír la voz del dulcísimo Maestro):

Jesús. Todo mi afán, hijitos míos, es veros saborear mi vida... Os la di con mi sangre..., y quiero que la viváis... Os la doy con mi Corazón... que él sea vuestra nueva vida... Lo quiero porque me necesitáis en vuestras debilidades de conciencia... en la flaqueza de vuestros propósitos... en la inconstancia de vuestra caridad... Venid vosotros, los predestinados de mi Eucaristía... ¡Yo soy la Fortaleza!

(Lento y cortado)

Saboread mi vida; os la doy en mi Corazón, para cuando sintáis el embate de las tentaciones... No desmayéis, no cedáis a las insinuaciones del enemigo de vuestro cielo... sed fuertes, sosteneos en mi gracia, no me abandonéis, para no quedar solos en la lucha por la paz...Venid vosotros los predestinados de mi Eucaristía... Yo soy la recompensa, sólo Yo soy la Victoria.

Saboread mi vida: os la doy en mi Corazón, para cuando sintáis el asalto de las creaturas que me disputan vuestro corazón, que quieren apegaros a la tierra, que ambicionan distraeros del pensamiento y del amor de vuestro Dios... Desengañáos, no prestéis oído a este mundo seductor y mentiroso... Resistid con valentía y venid vosotros los predestinados de mi Eucaristía... Yo soy vuestro solo confidente, vuestro Amigo fidelísimo....

Saboread mi vida... os la doy en mi Corazón para cuando sintáis el aguijón del remordimiento, cuando os rindáis al peso de vuestros pecados, cuando vuestra gran miseria os acuse y os abrume con pesadumbre de montaña justiciera... Levantaos de esa postración, no lloréis sin esperanza en las caídas de la culpa... pobrecitos, enfermos, pecadores... Venid, sois siempre míos por mi gran misericordia... Venid, sois los predestinados de mi Eucaristía... Yo soy el Perdón de Dios... ¡soy el amor!

Saboread mi vida: os la doy en mi Corazón, para que cuando sintáis el nublado espeso de la tristeza y el torcedor de la amargura... ¡Qué triste! ¡Oh, qué sombría e incierta es la vida...! No la maldigáis ni perdáis el tesoro de vuestras lágrimas preciosas... No os acongojéis en demasía, ni gimáis en desamparo y solos... Venid... ¡Oh, venid..., sois los predestinados de mi Eucaristía... no tardéis... Yo soy néctar y bálsamo... Yo soy el Consuelo... me llamo Jesús!

(Pausa)

(Nos da su Corazón, no sólo para buscarse un consuelo... nos lo da para brindarnos Fortaleza, nueva vida y gran misericordia; nos lo da para nosotros, en beneficio nuestro... Agradeced ese don, reclamadle con fervor para vosotros... conjuradle que os lo guarde en prenda de amor en el tiempo, en la muerte... y en la eternidad).

(Pausa)

Las almas. Gracias, Señor Jesús, por la misericordiosa ternura con que, previniendo nuestros males, nos ofreces el remedio prodigioso de tu

Corazón... Gracias por la preocupación incomprensible de nuestros intereses que debieras olvidar, en castigo de nuestros propios olvidos y de tantas ofensas... Gracias, Jesús benigno y manso del Sagrario... Mira, en retorno del más íntimo reconocimiento, en desagravio de las ingratitudes ajenas y propias, queremos en esta Hora Santa, nosotros los preferidos de tu grey pequeñita, pensar con ansias de amor en tus sacrosantos intereses... Son tantos los conjurados que traman el complot deicida de la blasfemia, de la negación pública y social de tu realeza... Son tantos los culpables comprometidos, Jesús, en guardar un silencio que te condena con la hipocresía de quien no se digna siquiera nombrarte, o, lo que es más hiriente, de quien aparenta ni siquiera conocerte... Y te azotan... y te despojan... y te escupen... y por razones que llaman de justicia y de paz social, ¡piden tu destierro y decretan tu muerte! ¡No, Soberano del Amor, mil veces no! Aquí congregados como en un cenáculo, vivificados por el fuego del Pentecostés de tu Divina Eucaristía, protestamos de ese deicidio legal de nuestra época; e inflamados por el celo de la gloria de tu causa, te aclamamos Vencedor y Rey, te exigimos el triunfo de tu caridad, prometido a las huestes que combaten al grito de "viva el Sagrado Corazón"... ¡No queremos que otro reine, sino sólo Tú!...

Acércate, dulcísimo Maestro y aquí, en medio de los tuyos, estrechándote tus hijos, recibe de su mano la diadema, que quisieran arrebatarte los que, siendo polvo de la tierra, se llaman poderosos, porque, en los abatimientos de tu humildad, se imaginan injuriarte de más alto...

Adeléntate triunfante en esta ferviente congregación de hermanos... no borres las heridas de los pies ni de tus manos... no abrillantes, no hermosees, deja ensangrentada tu cabeza... ¡Ah!, y no cierres, sobre todo, deja abierta la profunda y celestial herida de tu pecho... sí, Rey de sangre, así, cubierto con esa púrpura de amor y con la túnica de todos los oprobios... sin transfigurarte..., Jesús, tal como eres, el mismo Jesús de la noche espantosa del Jueves Santo, preséntate, desciende y recoge el hosanna de esta guardia de honor, que vela por la gloria del Corazón de Jesús, Su Rey.

(Todos en voz alta)

¡Viva tu Sagrado Corazón!

Los reyes y gobernantes podrán conculcar las tablas de tu ley, pero, al caer del sitial de mando, en la tumba del olvido, tus súbditos seguiremos exclamando:

¡Viva tu Sagrado Corazón!

Los legisladores dirán que tu Evangelio es una ruina, y que es deber eliminarlo en beneficio del progreso..., pero, al caer despeñados en la tumba del olvido, tus adoradores seguiremos exclamando:

¡Viva tu Sagrado Corazón!

Los malos ricos, los altivos, los mundanos, hallarán que tu moral es de otro tiempo, que tus intransigencias matan la libertad de la conciencia... pero, al confundirse con las sombras de la tumba y del olvido, tus hijos seguiremos exclamando:

¡Viva tu Sagrado Corazón!

Los interesados en ganar alturas y dinero vendiendo falsa libertad y grandeza a las naciones... chocarán con la piedra del Calvario y de tu Iglesia... y al bajar aniquilados a la tumba del olvido, tus apóstoles seguiremos exclamando:

¡Viva tu Sagrado Corazón!

Los heraldos de una civilización materialista, lejos de Dios y en oposición al Evangelio... morirán un día envenenados por sus maléficas doctrinas, y al caer a la tumba del olvido, maldecidos por sus propios hijos, tus consoladores seguiremos exclamando:

¡Viva tu Sagrado Corazón!

Los fariseos, los soberbios y los impuros habrán envejecido estudiando la ruina, mil veces decretada, de tu Iglesia... y al perderse derrotados en la tumba de un eterno olvido... tus redimidos seguiremos exclamando:

¡Viva tu Sagrado Corazón!

¡Oh, sí!, que viva y, al huir de los hogares, de las escuelas, de los pueblos Luzbel, el ángel de tinieblas, al hundirse eternamente encadenado a los abismos, tus amigos seguiremos exclamando por los siglos de los siglos:

¡Viva tu Sagrado Corazón!

¡Viva en el triunfo de tu Eucaristía y de tu Iglesia!... ¡Viva para siempre tu Sagrado Corazón!

Señor, tenemos que despedirnos dejándote confiado, en ese altar, a la adoración de tus ángeles y a las alabanzas de la Virgen Madre... Nos vamos, Jesús, de tu lado, mas dejando nuestros corazones en la llaga sangrienta y celestial del tuyo... ¡Ah!, y al despedirnos en esta tarde, "más hermosa que

alborada", consiente, Salvador y Hermano, Señor y Amigo, consiente, ¡oh Dios aniquilado!, que te recordemos a muchos desgraciados que no están aquí, a tus plantas, ¡ay!, que te han dejado culpablemente...

(Lento y cortado)

Eres tan dulce, Jesús-Eucaristía, da una victoriosa luz a tantos ciegos que no quieren ver tus maravillas... ni reconocerte a ti como el Camino... hazlo por tu Madre y por tu Corazón...

Eres tan tierno, Jesús-Eucaristía, da paz a tantos que la buscan extraviados en la orgía seductora de un mundo que, cantando, vende lágrimas y muerte... Sé Tú su esperanza... hazlo por tu Madre y por tu Corazón...

Eres tan compasivo, Jesús-Eucaristía, sacia el hambre de amor, de amor inmenso que ha desviado a tantos pródigos... Son infelices y ¡cómo no serlo... lejos del manantial de tus altares!... Vuélvelos a tu Costado... que reconozcan que Tú, que sólo Tú eres la vida y el amor... Hazlo por tu Madre y por tu Corazón.

Eres tan amoroso, Jesús-Eucaristía, endulza los llantos desesperados de aquellos que por sufrir las horribles decepciones de la vida, sin el apoyo de tu gracia se han envenenado con sus lágrimas... y se encuentran ¡infelices! en un abismo muy distante de los goces de la tierra, y más distantes aún de las delicias de un eterno paraíso... Baja hasta esos desgraciados... búscalos, sal a su encuentro con aquellas palabras que hacen estallar torrentes, mares, cielos, de júbilo indecible, en las regiones de la eternidad... hazlo, Jesús, por tu Madre, hazlo por tu Corazón...

(Pausa)
¿Qué tengo yo, ¡oh Divino prisionero!, que Tú no me hayas dado?

¿Qué sé yo que Tú no me hayas enseñado?
¿Qué valgo yo, si no estoy a tu lado?
¿Qué merezco yo, si a ti no estoy unido?
¡Perdóname los yerros que contra ti he cometido!
Pues me creaste sin que lo mereciera.

Y me redimiste sin que te lo pidiera.
Mucho hiciste en crearme,
Mucho en redimirme,
Y no serás menos poderoso en perdonarme...
Pues la mucha sangre que derramaste,

Y la acerba muerte que padeciste.
No fue por los ángeles que te alaban,
Sino por mí y demás pecadores que te ofenden...
Si te he negado, déjame reconocerte;
Si te he injuriado, déjame alabarte;
Si te he ofendido, déjame servirte;
Porque es más muerte que vida,

La que no está empleada en tu santo servicio...

(Nombradle aquí alguien cuya conversión os interese grandemente).

Y ahora, ocúltanos en el como una lágrima querida de tu Madre... No consientas que por nuestra flaqueza, te nos roben, de ese edén, las creaturas... Llámanos, mándanos venir a ti... y puesto que hemos conocido las bellezas del Corazón del Hermano, del Amigo, del Rey, de nuestro Dios, del benignísimo Jesús... queremos quedarnos ahí para siempre, pero, después que escribas en el nuestros nombres, ahora mismo, mientras te adoramos aquí en tu amado tabernáculo...

Señor, haz a tus hijos dulcísima violencia... esclavízanos en la prisión de caridad de tu Costado..., donde te adoremos y te amemos... donde vivamos de tu vida... donde te cantemos, Jesús, por los siglos de los siglos, glorificándote en las misericordias inefables de tu Sagrado Corazón: ¡venga a nos tu reino!...

(Padrenuestro y Avemaría por las intenciones particulares de los presentes. *Padrenuestro y Avemaría* por los agonizantes y pecadores.

Padrenuestro y Avemaría pidiendo el reinado del Sagrado Corazón mediante la Comunión frecuente y diaria, la Hora Santa y la Cruzada de la Entronización del Rey Divino en hogares, sociedades y naciones).

(Cinco veces)

¡Corazón divino de Jesús, venga a nos tu reino!

(Lento y cortado)

Señor Jesús, hemos podido velar una hora contigo en Getsemaní y gustosos quedaríamos encadenados al Sagrario para siempre, si tu amor lo consintiera... Nos vamos llevando paz, mucha paz, consuelos divinos y nueva vida... ¡Ah!,

pero, sobre todo, nos despedimos con la satisfacción de haberte dado a ti, amadísimo Maestro, alivio de caridad, desagravio de fe y reparación de amor que reclamaste, entre sollozos, a tu confidente Margarita María... Atiende, pues, los niños que comulgan... ¡sé su Amigo!... Señor Jesús, acoge manso y bueno, nuestra última oración:

¡Corazón Agonizante de Jesús, triunfa... y sé la perseverancia de fe y de inocencia de los niños que comulgan... sé su Amigo!

¡Corazón Agonizante de Jesús, triunfa... y sé el consuelo de los padres del hogar cristiano... sé su Vida!

¡Corazón Agonizante de Jesús, triunfa... y sé el amor de la multitud que sufre, y de los pobres que trabajan... sé su Rey!

¡Corazón Agonizante de Jesús, triunfa... y sé la dulcedumbre de los afligidos, de los tristes... sé su Hermano!

¡Corazón Agonizante de Jesús, triunfa... y sé la fortaleza de los tentados, de los débiles... sé su

Victoria!

¡Corazón Agonizante de Jesús, triunfa... y sé el fervor y la constancia de los tibios... sé su Amor!

¡Corazón Agonizante de Jesús, triunfa... y sé el centro de la vida militante de la Iglesia... sé su Lázaro triunfante!

¡Corazón Agonizante de Jesús, triunfa... y sé el celo ardiente y victorioso de tus apóstoles... sé su Maestro!

¡Corazón Agonizante de Jesús, triunfa... y sé en la Eucaristía la santidad y el cielo de las almas... sé su paraíso de amor... sé su Todo!

Y mientras llega el día eterno y venturoso de cantar tus glorias, déjanos, dulcísimo Maestro, sufrir, amar y morir sobre la celestial herida del Costado, murmurando ahí, en la llaga de tu amante Corazón esta palabra triunfadora: "¡Venga a nos tu reino!".

(Cinco veces en honor de las cinco llagas).

¡Corazón Divino de Jesús!

Venga a nos tu reino!

(Todos)

Acto de consagración al Sagrado Corazón de Jesús y al Purísimo Corazón de María

Doy y consagro al Sagrado Corazón de nuestro Señor Jesucristo mi cuerpo, mi alma, mi vida, mis acciones, penas y sufrimientos, a fin de que todo cuanto hay en mí sólo se emplee en honrarle, amarle y glorificarle. Tengo la firme resolución de entregarme a Él sin reserva y de emprenderlo todo por su amor, renunciando gustoso, a todo aquello que pueda desagradarle.

De hoy en adelante seréis Vos, oh Corazón adorable, el objeto único de mi amor, el protector de mi vida, la esperanza de mi salvación, el remedio de mi flaqueza y de mi inconstancia, el reparador de todas mis faltas, y mi más seguro asilo en la hora de mi muerte. Reconciliadme, pues, oh, Corazón bondadoso, con Dios vuestro Padre, y apartad de mí los dardos de su cólera. Oh, Corazón amantísimo, en Vos pongo toda mi confianza, porque, si mi malicia y mi debilidad son para mí un justo motivo de temor, vuestra bondad me hace esperarlo todo de Vos. Que vuestro sagrado fuego consuma en mí todo lo que pueda desagradaros y estorbar la libre acción de vuestra gracia. Que vuestro purísimo amor abrase de tal modo mi corazón, que no pueda jamás olvidaros ni separarme de Vos. Dignaos grabar en Vos mi nombre, porque mi más ardiente anhelo es que toda mi felicidad y mi gloria consistan en vivir y morir como esclavo vuestro.

Y Vos, oh Corazón de María, estrecha e inseparablemente unido con el Corazón de Jesús, mi deseo es que, después de vuestro Hijo, ocupéis el primer

lugar en mi corazón, que desde ahora os ofrezco y os consagro. Vos seréis siempre el objeto de mi veneración, de mi amor y de mi confianza. Procuraré conformar mis sentimientos y afectos con los vuestros, y el estudio continuo de mi vida será imitar vuestras virtudes. ¡Oh Madre bendita! dignaos abrirme vuestro Corazón y recibirme en él junto con vuestros verdaderos hijos y vuestros fieles siervos. Alcanzadme la gracia que necesito para imitar vuestro admirable Corazón, así como Él ha imitado el de Jesús; amparadme en los peligros, consoladme en las aflicciones; enseñadme a sacar el provecho debido de los bienes y de los males de esta vida; protegedme siempre y sobre todo en la hora de mi muerte.

¡Oh, divinos Corazones de Jesús y de María! a cuyo servicio me consagro, haced que ahora y siempre sea vuestro verdadero hijo. Amén.

III Febrero

Dichosa soledad del Sagrario... ¡Qué bien descansa el alma así, entre las sombras del santuario, a los pies de Jesucristo, que es la luz!

Dejemos, siquiera por un momento, el mundo de vanidades y falsías, y acerquémonos al Paraíso delicioso del Corazón Sagrado de Jesús... El está aquí y nos llama... Roguémosle confiadamente que cierre los ojos a todas nuestras culpas y que nos abra, en esta Hora Santa, la llaga del Costado, en la que salva a los pecadores, donde santifica a los buenos y en la que endulza las amarguras de la vida y los horrores de la muerte...

(Pausa)

(Pedidle que acepte esta Hora Santa, como la plegaria de todos nuestros hogares).

(Lento)

¡El cielo interrumpió su cántico de gloria, los ángeles se estremecieron de emoción al ver llorar a Jesucristo por amor del hombre!... Ese llanto lo guardó María en esta Hostia para nosotros los amigos, los fieles que ahora le adoramos... ¡Oh, si cada lágrima de Jesús hubiera sido vencedora de un alma... si cada gemido suyo hubiera conquistado para siempre una familia! Pero todavía es tiempo para darle la posesión de esta tierra ingrata, que El vino a redimir... La Hora Santa precipitará su triunfo.

(Hagamos, pues, violencia al Corazón abandonado del Maestro, para que apresure su reinado en el vencimiento decisivo de su amor... Hablémosle sin más demora y con toda el alma).

"Jesús amado, atraídos hacia ti por tus clamores, compadecidos por tu soledad y sedientos del advenimiento de tu reino, henos aquí, ¡oh, Divino agonizante de Getsemaní!, tristes con tu mortal tristeza, olvidados de ese mundo que te olvida, aquí nos tienes pobres de fe, enfermos de espíritu, inquietos de la vida, decepcionados de la tierra, dolientes y caídos... aquí nos tienes reclamando nuestra parte de agonía y de dolor en el dolor y la agonía de tu dulce Corazón!...".

Ábrenos en esta Hora Santa tu herida preciosísima, a fin de confiarte en ella una esperanza y un consuelo que te alivien... ¡Ah! y mañana, con tu gracia, te daremos una gloria inmensa, en el triunfo social de tu Sagrado Corazón... ¡Apresúrate, Señor, y reina, en recuerdo de tu agonía crudelísima del Huerto!...".

(Meditemos la soledad y las angustias de Getsemaní y del Sagrario).

Almas piadosas, penetremos en espíritu en aquel jardín tan lleno de pérfidas sombras para Jesucristo. ¡Ah!, qué convicción de fe tan consoladora nos alienta y nos alumbra. Aquel que está en la Hostia, mudo, silencioso, pero siempre agonizante y redentor, es el mismo Nazareno que desfalleció entre los olivos, al peso de angustias infinitas... Sorprendámoslo, ¿queréis?, sorprendámoslo en su agonía eucarística, pues tenemos más derecho que los ángeles.

Vedlo, está moribundo, y ¡oh dolor!, está siempre solo...

Sus enemigos fraguan un complot... Los indiferentes tienen preocupaciones de tierra y dicen que no tienen ni amor, ni tiempo para el pobre Jesucristo... Los amigos, los apóstoles de predilección, con excepción rarísima, están fatigados del combate y muchos duermen, mientras el Maestro aguarda desamparado y triste, la muerte y la traición. No así vosotros, creyentes, que

estáis en esta hora compartiendo la amargura de su soledad... Endulzadla con un cántico, cuya suavidad le haga olvidar la ingratitud del hombre.

(Hagamos una solemne acción de gracias, y, todos de rodillas, bendigamos al Señor por las inagotables larguezas de su amor menospreciado).

(Lento y cortado)

Las almas. Por habernos prevenido con el don gratuito e inapreciable de la fe.

(Todos en voz alta)

Gracias infinitas a tu amable Corazón.

Por el tesoro de la gracia y por la virtud de la esperanza en aquel cielo que es el término de los dolores de esta vida.

Gracias infinitas a tu amable Corazón.

Por el arca salvadora de tu Iglesia, perseguida y siempre vencedora.

Gracias infinitas a tu amable Corazón.

Por la piedad incomprensible con que perdonas toda culpa, en los sacramentos del Bautismo y de la santa Confesión.

Gracias infinitas a tu amable Corazón.

Por las ternuras que prodigas a las almas doloridas que, sufriendo te bendicen en sus penas y en la Cruz.

Gracias infinitas a tu amable Corazón.

Por los ardides santos de tu caridad, en la conversión maravillosa de los más empedernidos pecadores...

Gracias infinitas a tu amable Corazón.

Por los bienes de la paz o de la prueba, de la enfermedad o la salud, de la fortuna o la pobreza, con que sabes rescatar a tantas almas...

Gracias infinitas a tu amable Corazón.

Por los singulares beneficios a tantos ingratos, mal nacidos, que abusan de situación, de dinero y de talentos, que sólo a ti, Jesús, te deben...

Gracias infinitas a tu amable Corazón.

Por el obsequio que nos hiciste al confiarnos el honor y la custodia de tu Madre, el Corazón de María Inmaculada...

Gracias infinitas a tu amable Corazón.

Por tu Eucaristía sacrosanta, por ese cautiverio y por esa compañía tuya deliciosa, prometida hasta la consumación de las edades...

Gracias infinitas a tu amable Corazón.

Y en fin, por aquel inesperado Paraíso, que quisiste revelarnos en la persona de tu sierva Margarita... por el don maravilloso, incomprensible, de tu Sagrado Corazón...

Gracias infinitas a tu amable Corazón.

(Meditemos en la prisión de Jesucristo el Jueves Santo, continuada en la Santa Eucaristía).

¿Habéis pensado alguna vez en esta frase, insondable en el misterio de caridad que entraña: "Jesús cautivo, Jesús encarcelado por amor en el Sagrario"? Miradle a través de esa reja; tras de aquellos muros del

tabernáculo, está Jesucristo prisionero, vencido por su propio Corazón... Así, hace veinte siglos, el Jueves Santo, por la noche, se dejó conducir maniatado, del huerto de la agonía a la prisión en que le arrojó el inicuo juez... Y esa noche afrentosa, horrenda en la soledad y desamparo del Maestro, y lejos, muy lejos de todos los que Él amaba, se prolonga en todos los Sagrarios de la tierra...

La blasfemia, la negación, la indiferencia, la impureza, la soberbia, el sacrilegio... todo ese clamoreo deicida, todo ese torrente de fango y de ignominia, tiene el triste privilegio de llegar hasta sus plantas, de subir hasta su rostro y profanarlo como el beso del traidor... ¡Y Jesucristo no se va!... ¡Es el Cautivo del amor, su Corazón le ha traicionado! ¡Está ahí, envuelto en el ultraje humano...; está ahí, sentado en al banquillo de los reos... tiene un gran delito: haber amado con pasión de Dios, al hombre!... ¡Vedlo, así le paga éste... con olvido y soledad!...

Las almas. ¡Oh, amabilísimo Cautivo!, encadena también estas almas, que quieren compartir la soledad de tu prisión... te piden que su cautividad, como la tuya, sea eterna... y te suplican para ello que les des por cárcel, en la vida y en la muerte, el abismo insondable de tu Costado herido. ¡Sí, arrójanos en él a todos, como rehenes por los grandes pecadores, por aquellos que reniegan de tu altar y blasfeman de tu Cruz!... Queremos que se salven para ti, y por la gloria de tu nombre... ¡Redímelos, Jesús Sacramentado, cabalmente a ellos, los verdugos de este Gólgota, en que vives perdonando sus ofensas!...

Divino Salvador de las almas, cubierto de turbación me postro en tu presencia, y dirigiendo mi vista al solitario tabernáculo, siento oprimido el corazón, al ver el olvido en que te tienen relegado tantos de los redimidos... Pero, ya que con tanta condescendencia, permites que, en esta Hora Santa, una mis lágrimas a las que vertió tu humilde Corazón, te ruego, Jesús, por aquellos que no ruegan, te bendigo por aquellos que te maldicen y con todo el ardor de mi alma, te alabo y adoro con esta gran plegaria, en todos los Sagrarios de la tierra.

Aceptad, Señor, el grito de expiación que un sincero pesar arranca de nuestras almas afligidas: ellas te piden piedad.

Por mis pecados, por los de mis padres, hermanos y amigos.

(Todos en voz alta)

Piedad, ¡oh, Divino Corazón!

Por las infidelidades y los sacrilegios.

Piedad, ¡oh, Divino Corazón!

Por las blasfemias y profanaciones de los días santos...

Piedad, ¡oh, Divino Corazón!

Por el libertinaje y los escándalos públicos.

Piedad, ¡oh, Divino Corazón!

Por los corruptores de la niñez y de la juventud.

Piedad, ¡oh, Divino Corazón!

Por la desobediencia sistemática a la Santa Iglesia.

Piedad, ¡oh, Divino Corazón!

Por los crímenes de los hogares, por las faltas de los padres y los hijos.

Piedad, ¡oh, Divino Corazón!

Por los atentados cometidos contra el Romano Pontífice.

Piedad, ¡oh, Divino Corazón!

Por los trastornadores del orden público, social cristiano.

Piedad, ¡oh, Divino Corazón!

Por el abuso de los Sacramentos y el ultraje a tu Santo Tabernáculo.

Piedad, ¡oh, Divino Corazón!

Por la cobardía o los ataques de la prensa, por las maquinaciones de sectas tenebrosas.

Piedad, ¡oh, Divino Corazón!

Y por fin, Jesús, por los buenos que vacilan, por los pecadores que resisten a la gracia...

Piedad, ¡oh, Divino Corazón!

(Pausa)

(Meditemos en la condenación de Jesús, y en su ignominia al ser tratado como loco: misterios de caridad y de dolor que se perpetúan en el Sacramento del Altar).

Hemos callado un breve instante, y se ha hecho el silencio en el fondo de ese pobre tabernáculo... ¡Ay! el mundo, sin embargo, ha seguido y seguirá condenando en su clamor de culpa al Prisionero del Altar..., y si consiente en libertarle, es sólo para exhibirle como loco, para llevarle después al desierto del olvido humano... y de ahí a la muerte afrentosa de una Cruz... Pero oíd al mismo Jesús, expuesto ahí donde le veis, como cuando le presentó Pilatos al pueblo enfurecido: el Hombre-Dios quiere quejarse dulcemente a vosotros, sus amigos; escuchadle, creyentes fervorosos, como le oyó San Juan, en los latidos angustiosos de su Corazón despedazado.

"¡Háblanos Tú, Maestro!".

(Lento y cortado)

Jesús. Alma tan querida, mira mi frente, marcada con la sentencia de muerte, fulminada por una de mis propias creaturas... Mi amor es infinito..., el tuyo ha sido pobre..., la sentencia me la diste también tú.

Mira mis manos atadas por aquellos que piden vergonzosa libertad... ¿No has tenido tú, a las veces, tus horas de licencia y de pecado? Mis cadenas las forjaste también tú...

Mírame, cubierto con manto blanco de insensato; he amado tanto, que el mundo me condena como loco... lo fui de amor en mi Calvario; lo soy en la Hostia del altar... ¿no te has avergonzado nunca de la locura redentora de Jesús? ¿No me has herido con respeto humano también tú?

Mírame afrentado, porque quise dar la paz al mundo... Mírame desamparado... Soy vergüenza de los sabios, soy desecho de los grandes, soy risa de los pueblos... soy el reo de los gobernantes..., ¡pero, para todos, cuando lloran su pecado, para todos soy Jesús!...

Dime: y tú ¿no has sido infiel, o no me has herido nunca?... ¿No me has abandonado en mi Pasión?... Respóndeme yo quiero darte, en esta Hora Santa, el ósculo de paz, y de perdón... ¡Respóndeme!

(Breve pausa)

Las almas. ¿Qué tengo yo, ¡oh, Divino prisionero!, que Tú no me hayas dado?

¿Qué sé yo, si no estoy a tu lado?
¿Qué merezco yo, si a ti no estoy unido?
¡Perdóname los yerros que contra ti he cometido!
Pues me creaste sin que lo mereciera;
Y me redimiste sin que te lo pidiera;
Mucho me hiciste en crearme;
Mucho en redimirme;
Y no serás menos poderoso en perdonarme...

Pues la mucha sangre que derramaste,
Y la acerba muerte que padeciste,
No fue por los ángeles que te alaban,
Sino por mí y demás pecadores que te ofenden...
Si te he negado, déjame reconocerte;

Si te he injuriado, déjame alabarte;
Si te he ofendido, déjame servirte;
Porque es más muerte que vida,
La que no está empleada en tu santo servicio...

(Pausa)

(Consideremos la soledad del Viernes Santo, prolongada en todos los Sagrarios).

¡Qué sombrío debió ser en el Calvario y también en el Sepulcro, el anochecer del Viernes Santo!

70

Allá, en la montaña, en el Gólgota, las manchas de una sangre divina pisoteada con furor... Más abajo, en la cueva de la tumba, la inercia, el silencio y el frío de la roca y de la muerte... ¡Ahí tenéis en ese altar el Gólgota; ahí tenéis la tumba en el Sagrario! Contemplad, y decid si no es verdad que Jesucristo sigue siendo la víctima del hombre.

Allá fuera, ruge la tempestad de la negación y la blasfemia. Estamos ahora reparando ese ultraje, en un momento de oración...; pero dentro de un instante, terminada la Hora Santa, cerradas las puertas de este templo, quedará Jesús solo con sus ángeles, en aquel sepulcro y esperando que la alborada le traiga el eco de un clamor humano...

¡Ah, y si supiéramos la vida de recuerdo, de plegaria permanente por nosotros, la vida de perpetua inmolación del Corazón de Jesucristo en esa Hostia!... Que Él mismo nos lo diga:

(Cortado)

Jesús. "Hijos míos: estoy angustiado... estoy herido, vengo llorando una inmensa desventura... de lejos llego con el Corazón atravesado, ¡aquí me tenéis despedido del lecho de agonía de un desgraciado moribundo!... Me ha rechazado porque dice que es justo y que no me necesita... ha dicho que muere tranquilo, sin dejar que Yo le abrace y le perdone...; ha expirado sin mirar mi Cruz, sin bendecir mis llagas...; ya murió sin aceptarme... ¡Y le había amado tanto!... Le había redimido con mi sangre... ¡y no ha tenido para

71

mí, ni el último latido, ni su última mirada!

¡Vosotros, que me amáis, consoladme de esa herida... endulzadla, orando con fervor por los pobres moribundos!... *(Pedid por los agonizantes)*.

Acercaos... Dejadme sentir el calor de afecto de vuestras almas fidelísimas, porque "la mía está bañada en el rocío de la noche"... He aguardado, en vano, que un hogar me brinde el hospedaje que se da al último y al más pobre peregrino... He llamado... le ofrecí mi paz... ¡la necesitaba tanto!... Y aquí me tenéis...; regreso con la amargura del rechazo..., mientras tanto, ¡cuánto sufre esa familia desgraciada!... no hay dicha en ella..., no hay consuelo, ni resignación... ni amor.

(Breve pausa)

Dadme vuestro amor, prestadme el fervor de vuestras oraciones, ofrecedme el holocausto de vuestros sacrificios, para vencer a tantos obstinados, que luchan contra la ternura de mi Corazón, que los persigue sin descanso.

Contad las espinas de mi corona; ellas podrán deciros los consuelos y las flores de cariño, rechazados por las almas queridas de vuestro propio hogar..., por tantos seres, muy amados de vuestros corazones y del mío..

¡Oremos juntos porque venza en ellas la paciencia y la misericordia de mi Corazón, que los espera aquí, en la Santa Eucaristía! Tengo sed de verme rodeado en esta Hostia de los pródigos vencidos, de las ovejas recobradas, de los hijos convertidos por la dulzura del reproche, por mis lágrimas, por las gracias especiales concedidas los primeros viernes y aquí, en la Hora Santa.

¿Qué aguardáis? Pedid, ¡oh sí, pedid con fe! Pues este vuestro Dios quiere vengar su cautiverio, haciendo la felicidad del mundo... Llamad a la herida de mi pecho, y se abrirá de par en par mi Corazón... Pedid, pues. ¡Quiero ser Jesús!... cumpliendo con vosotros mis promesas!

(Pausa)

Las almas. ¡Oh, buen Jesús, absorto en tus dolores..., confundido por tu soledad y tus tristezas, he olvidado mis pedidos y las necesidades de mi alma pobrecita!... Adivina Tú las flaquezas de tu siervo, y cura sus heridas más secretas... Mi hogar también espera en esta Hora Santa la bendición de tu Corazón, agonizante; no suprimas en él, si así es tu voluntad, no agotes el manantial de lágrimas de mi familia atribulada: ¡pero acércate a los míos y enséñales a padecer amando, puestos los ojos en tus ojos celestiales, y cobijadas sus almas combatidas en tu alma divinamente acongojada!

¡Que mi casa sea Nazaret y la Betania de tu Corazón, Señor Jesús!

Y mira, amabilísimo Maestro; bendice también desde esa Hostia los tesoros del hogar, que nos robó la muerte; bendice a nuestros muertos, y dales pronto el descanso eterno de tu cielo... Hemos padecido con esas ausencias desgarradoras, pero, al verte agonizar también a Ti por nuestro amor, hemos dicho, resignados: "¡Hágase tu voluntad!". No te olvides de ellos, ¡oh!, y acuérdate también, hermoso Nazareno, de aquellos que en el mundo viven enteramente huérfanos de cariño... de los olvidados por los hombres en el banquete de la vida..., de tantos que la tierra menosprecia en su soberbia, y que padecen hambre de amor y de justicia. Tú sabes cómo hiere aquel desdén de los hermanos... ¡Te ruego, pues, que te apiades de ellos, en tu gran misericordia!

(Pausa)

Tendría que pedirte mucho más en mi indigencia, pero todo ello lo remediarás Tú, que velas por las flores y las avecitas del Santuario... Quiero que los últimos momentos de esta Hora Santa expiren en el olvido de mí mismo, y te lleven sólo mis ansias incontenibles, mi aspiración apasionada por tu triunfo en el reinado de tu amante Corazón. Sí, para todos estos que te amamos, tus intereses son los nuestros..., queremos, todos, tu reinado... ¡Pedimos, pues, Señor, que cumplas con nosotros las promesas que hiciste a tu confidente Margarita María, en beneficio de las almas que te adoran en la hermosura indecible, en la ternura inefable, en el amor incomprensible de tu Sagrado Corazón!... ¡Por eso te gemimos con tu Santa Iglesia, te suplicamos por la Virgen Madre, te exigimos por el honor inviolable de tu nombre, que establezcas ya, que apresures el reinado de tu amante Corazón!

(Todos)

74

Venga a nos el reinado de tu amante Corazón...

1a. Pronto, Jesús, sí, reina presto, antes que Satán y el mundo te arrebaten las conciencias y profanen en tu ausencia todos los estados de la vida.

Venga a nos el reinado de tu amante Corazón...

2a. Adelántate, Jesús, y triunfa en los hogares, reina en ellos por la paz inalterable, prometida a las familias que te han recibido con hosannas.

Venga a nos el reinado de tu amante Corazón...

3a. No demores, Maestro muy amado, porque muchos de éstos padecen aflicciones y amarguras, que Tú solo prometiste remediar.

Venga a nos el reinado de tu amante Corazón...

4a. Ven, porque eres fuerte, Tú el Dios de las batallas de la vida, ven mostrándonos tu pecho herido, como esperanza celestial en el trance de la muerte.

Venga a nos el reinado de tu amante Corazón...

5a. Sé Tú el éxito prometido en nuestros trabajos, sólo Tú la inspiración y recompensa en todas las empresas...

Venga a nos el reinado de tu amante Corazón...

6a. Y tus predilectos, quiero decir los pecadores, no olvides que para ellos, sobre todo, revelaste las ternuras incansables de tu amor...

Venga a nos el reinado de tu amante Corazón...

7a. ¡Ah, son tantos los tibios, Maestro, tantos los indiferentes a quienes debes inflamar con esta admirable devoción!

Venga a nos el reinado de tu amante Corazón...

8a. Aquí está la vida, nos dijiste, mostrándonos tu pecho atravesado... permite, pues, que ahí bebamos el fervor, la santidad a que aspiramos.

Venga a nos el reinado de tu amante Corazón...

9a. Tu imagen, a pedido tuyo, ha sido entronizada en muchas casas; en nombre de ellas te pedimos sigas siendo en todas el Soberano y el Amigo muy amado.

Venga a nos el reinado de tu amante Corazón...

10a. Pon palabras de fuego, persuasión irresistible, vencedora, en aquellos sacerdotes que te aman y que te predican como Juan, tu apóstol regalado.

Venga a nos el reinado de tu amante Corazón...

11a. Y a cuantos enseñan esta devoción sublime, a cuantos publiquen sus inefables maravillas, resérvales, Jesús, una fibra vecina a aquella en que tienes grabado el nombre de tu Madre.

Venga a nos el reinado de tu amante Corazón...

12a. Y, por fin, Señor Jesús, danos el cielo de tu Corazón a cuantos hemos compartido tu agonía en la Hora Santa; por esta hora de consuelo y por la Comunión de los primeros Viernes, cumple con nosotros tu promesa infalible... te lo pedimos en el trance decisivo de la muerte.

Venga a nos el reinado de tu amante Corazón...

(Pausa)

Debemos separarnos, Jesús, pues va a terminar la hora mil veces dulce y santa de tu inefable compañía... ¡Oh, vente oculto en mi alma, al nido del hogar, donde serás Esposo, Padre, Hermano, Amigo, el Rey de la familia... ven! Y al despedirnos, dejo aquí ante tu Corazón Sacramentado, el mío todo entero, en el clamor de una última plegaria; ¡escúchala, Jesús benigno!

(Cortado)

Cuando los ángeles de tu Santuario te bendigan en la Hostia sacrosanta... y yo me encuentre en la agonía... sus alabanzas son las mías, acuérdate del pobre siervo de tu Divino Corazón.

Cuando las almas justas de la tierra te aclamen encendidas en amor... y yo me encuentre en la agonía... sus loores y sus lágrimas son las mías... acuérdate del pródigo vencido por tu Divino Corazón.

Cuando los sacerdotes, las vírgenes del templo y tus apóstoles, te aclamen soberano, te prediquen a las almas y te entronicen en los pueblos..., y yo me encuentre en la agonía... su celo y sus ardores son los míos, acuérdate del apóstol de tu Divino Corazón.

Cuando tu Iglesia ore y gima ante el altar, para rescatar contigo al mundo, y yo me encuentre en la agonía... su sacrificio y su plegaria son los míos..., acuérdate del fiel amigo de tu Divino Corazón.

Cuando en la Hora Santa, tus almas regaladas, amando, sufriendo y reparando, te hagan olvidar perfidias y traiciones... y yo me encuentre en la agonía..., sus coloquios contigo y sus consuelos son los míos, acuérdate de este altar y de esta víctima de tu Divino Corazón.

Cuanto tu divina Madre te adore en la Sagrada Eucaristía y repare allí los crímenes sin cuento de la tierra... y yo me encuentre en la agonía..., sus adoraciones son las mías..., acuérdate del hijo de tu Divino Corazón.

Mas, no ¡Señor!, olvídame si quieres, con tal que, en mi muerte, me dejes olvidado para siempre, en la llaga venturosa de tu amable Corazón.

(Pausa)

¿Qué tengo yo, Señor Jesús, que Tú no me hayas dado?... ¡Despójame de todo, de tus propios dones, pero abrásame en la hoguera de tu ardiente Corazón!

¿Qué sé yo, que tú no me hayas enseñado?... Olvide yo la ciencia de la tierra y de la vida, pero conózcate mejor a ti, ¡oh Divino Corazón! ¿Qué valgo yo, si no estoy a tu lado? ¿Qué merezco yo, si a Ti no estoy unido?... Úneme, pues, a ti con vínculo que sea eterno... ¡renuncio a todas las delicias de tu amor, con tal de poseer perfectamente este otro Paraíso, el de tu tierno Corazón!

Y en él sepulta, ¡oh, sí!, los yerros que contra ti he cometido... y castiga y véngate de todos ellos, hiriendo con dardo de encendida caridad, al que tanto te ha ofendido.

Y si te he negado, déjame reconocerte en la Eucaristía en que Tú vives...

Si te he ofendido, déjame servirte en eterna esclavitud de amor eterno... porque es más muerte que vida la que no se consume en amar y hacer amar tu olvidado, tu amante, tu Divino Corazón.

¡Venga a nos tu reino!

(*Padrenuestro y Avemaría* por las intenciones particulares de los presentes.

Padrenuestro y Avemaría por los agonizantes y pecadores.

Padrenuestro y Avemaría pidiendo el reinado del Sagrado Corazón mediante la Comunión frecuente y diaria, la Hora Santa y la Cruzada de la Entronización del Rey Divino en hogares, sociedades y naciones).

(Cinco veces)

¡Corazón Divino de Jesús, venga a nos tu reino!

Acto final de consagración

Jesús dulcísimo, Redentor del género humano, míranos postrados humildemente delante de tu altar; tuyos somos y tuyos queremos ser, y a fin de estar más firmemente unidos a Ti, he aquí que hoy día cada uno de nosotros se consagra espontáneamente a tu Sagrado Corazón.

Muchos, Señor, nunca te conocieron; muchos te desecharon, al quebrantar tus mandamientos; compadécete, Jesús, de los unos y de los otros y atráelos a todos a tu santo Corazón. Sé Rey, ¡oh, Señor!, no sólo de los fieles que jamás se separaron de Ti, sino también de los hijos pródigos que te abandonaron; haz que vuelvan pronto a la casa paterna, no sea que perezcan de miseria y de hambre.

Sé Rey para aquellos a quienes engañaron opiniones erróneas, y desunió la discordia, tráelos al puerto de la verdad y a la unidad de la fe, para que luego no quede ya más que un solo rebaño y un solo pastor.

Sé Rey de los que aún siguen envueltos en las tinieblas de la idolatría o del islamismo. A todos dígnate atraerlos a la luz de tu Reino.

Mira, finalmente, con ojos de misericordia, a los hijos de aquel pueblo, que en otro tiempo fue tu predilecto; que también descienda sobre ellos, como bautismo de redención y vida, la sangre que reclamó un día contra sí. Concede, Señor, a tu Iglesia incolumidad y libertad segura; otorga, a todos los pueblos la tranquilidad del orden; haz que del uno al otro polo de la tierra resuene esta sola aclamación:

¡Alabado sea el Divino Corazón por quien hemos alcanzado la salud; a El gloria y honor, por siglos de los siglos. – Así sea.

IV
Para los amigos del Sagrado Corazón

Señor y Amigo, Jesús adorable: he aquí a tus hermanos, que te buscan...; tus íntimos llaman esta tarde, con insistencia, a las puertas del Sagrario, deseosos de hablarte sin testigos, lejos de la muchedumbre... Quieren conversar contigo a solas...; tienen más de una confidencia que hacerte...

Te ruegan, pues, que les permitas hablar contigo, con la dulce intimidad de Juan, con el abandono y la confianza de Lázaro, de Marta y de María, con la sinceridad de Nicodemo...

Ábrenos, Jesús, ábrenos de par en par las puertas del cielo de tu Corazón...

Ábrenos..., pues, bien sabes, Jesús, que es la sed ardiente de amarte y de hacerte amar, que nos arrastra irresistible, hasta tus plantas... Y Tú que lo sabes todo, sabes ya, que no venimos a pedirte que nos hagas disfrutar de los resplandores ni de las delicias del Tabor... No venimos a pedirte que te presentes a nosotros como a los tres apóstoles predestinados en la Transfiguración de una majestad de gloria, ¡oh, no!... Otra ambición nos trae y es el que nos reveles, en esta Hora Santa, las bellezas de inmolación y de agonía, las profundidades del dolor de tu Corazón adorable en el patíbulo de la Cruz y en el calabozo en que

81

moras, ¡oh Dios Sacramentado!... Ansiamos, Jesús amado, penetrar en los secretos *de tu amor doliente y crucificado*... Lo anhelamos tus amigos, pues queremos abrasarnos en las llamas de una caridad más fuerte que la muerte...

Abrenos, Jesús, ábrenos la herida del Costado... Mira que somos los hijos de María; somos, pues, tus hermanos pequeñitos, los colmados de tus gracias. ¡Deseamos tanto desahogarnos contigo, hablándote en el idioma que Tú mismo enseñaste a tus amigos íntimos, cuando los llamaste a grandes voces, desde Belén y el Calvario, y, siglos más tarde, desde el altar de Paray-le- Monial!...

No tardes en abrirnos, Jesús, no nos dejes por más tiempo en los dinteles del Sagrario de tu dulce Corazón... Mira que se hace tarde y que anochece... Mira cómo las creaturas se afanan por disiparnos..., y con qué empeño los dolores

pretenden abatirnos..., y el infierno turbar nuestra paz y arrebatarnos de tus brazos.

Acuérdate, Jesús adorable, que Tú mismo nos invitaste a esta Hora Santa, cuando la pediste a Margarita María... Recuerda, ¡oh Rey de amor!, que, según tus propios designios, es ésta la hora de Gracia por excelencia, ya que en ella ofreciste confiar tus secretos, en retorno de las confidencias de tus consoladores y amigos...; confidencias recíprocas que labrarán la eterna intimidad entre tu Corazón y los nuestros...

De rodillas, pues, Señor, y sobrecogidos, no de

temor, sino de felicidad y de amor, te adoramos, con los Pastores y los Reyes...

¡Oh!, mejor aún que ellos, te adoramos en unión con la Reina Inmaculada y en su Corazón de Virgen-Madre... Y para suplir nuestra indigencia, nos acercamos al Sagrario, con los divinos ardores de Magdalena, el día venturoso en que la perdonaste..., con la fe de tus discípulos en el día de tu Ascensión gloriosa, y con la caridad de tus apóstoles en la hora de Pentecostés... Con todos ellos te adoramos, la frente en el polvo, ¡oh Rey Hermano, oh Salvador- Amigo, oh Dios de misericordia!, en el Santo de los Santos del solitario Tabernáculo...

Y ya que nuestros labios apenas saben balbucir una plegaria, y puesto que nuestros corazones pobrecitos son tan incapaces de amar de veras y de expresar su amor, encargamos con filial confianza a la Reina del Amor Hermoso que Ella te hable por nosotros, sus hijos y tus amigos...

Pero conociendo tu infinita bondad y tu condescendencia, te rogamos, Jesús, con inmensa confianza y con profunda humildad, que hables sobre todo Tú en esta Hora Santa... Mucho más que a hablarte nosotros, venimos a escucharte. ¡Sabiduría increada!... Jesús, Verbo Divino, Palabra eterna del Padre, vibra, resuena una vez más en esta tierra de tinieblas... habla, pronunciando aquellas palabras arrobadoras, que embriagan en la eternidad de eternidades a tus Santos... Habla, Jesús, confiándonos aquellas palabras de vida que conservó en su Corazón la Virgen-Madre y que recogieron tus apóstoles para la redención del mundo...

Sí, háblanos, Maestro, ya que sólo Tú tienes palabras de vida eterna... Jesús, Amor de amores, habla a los amigos que te escuchan de rodillas anhelantes, conmovidos...

(Y ahora escuchémoslo con un gran recogimiento... Oigámoslo como si lo viéramos con nuestros propios ojos, ahí en esta Hostia Divina... Presentémosle el homenaje de una adoración ferviente, en un acto de fe ardorosa en su Presencia real, y al adorarlo así, ofrezcámosle, sobre todo, un homenaje del corazón, es decir, todo nuestro amor, en espíritu de solemne reparación).

(Pausa)

Breve consideración. Ya que no nos es dado suprimir en la tierra la raza de los traidores y de los verdugos, propongámonos el multiplicar, al menos, la raza bendita de los amigos fieles del Señor crucificado, la falange esforzada de aquellos que, afrontando todos los peligros y todos los oprobios, le seguirán hasta el Calvario...

¡Cuán pocas veces meditamos la misteriosa y cruel angustia de Getsemaní, agonía más cruel por cierto que la de la Cruz... Ved por qué al lado del patíbulo, tinto en sangre, de pie, está María, la Madre del Señor ajusticiado. ¡Madre incomparable y única!... Y cerca de ella, la invencible, la fidelísima Magdalena, bañada en llanto... A dos pasos está Juan, el apóstol regalado, y con él unos cuantos, un rebaño reducido, de amigos leales... ¡Ah!... No así en Getsemaní... La soledad más angustiosa oprime ahí y despedaza el Corazón del Divino Agonizante... Ha segregado con predilección a los tres favorecidos del Tabor, para que le consuelen... pero éstos, vencidos por la fatiga, más fuerte que su amor, duermen... ¡Oh, sí!, duermen, y entre tanto, a unos cuantos pasos su Maestro, abandonado... solo, lucha en las convulsiones de una horrenda agonía... Jesús solo y desamparado, sosteniendo el peso abrumador, mortal, de la congoja que provoca la visión espantable de todos los crímenes de la tierra... ¡Oh, dolor! Si los amigos del Señor duermen, porque flacos en el amor, no así los enemigos, celosos y resueltos en su odio... Esta vez la presa ansiada no escapará de sus manos sacrílegas, y para que esa misma noche el Rey divino caiga prisionero en sus redes, velan animosos, capitaneados y envalentonados por el único apóstol que no duerme... ¡Judas!

Por esto la hora de guardia de esta Hora Santa debe ser una reparación de inmenso amor de parte de los amigos fieles... Ofrezcámosle como un solemne desagravio por tantos amigos desleales, tibios, apáticos..., por tantos que se dicen amigos, que debieran serlo, pero que en vez de amar, viven de temor y de transacciones de cobardía... Son tantos los mezquinos en el amor y que están lejos, muy lejos de aquella medida de amor con que ellos fueron amados... No nos engañemos; la culpa que más lastima el Corazón del Salvador, es la que parte, como dardo de fuego, de un corazón amigo... ¡Cuán contados son los verdaderos amigos del Señor, los que lo conocen de veras, los que de veras le aman, en pago y en retorno del don gratuito, de la amistad divina que El les brinda!... A menudo son los hijos de su propia casa los que más le hieren... Cabalmente por esto, en reparación de este gran pecado, agrupémonos en esta Hora Santa en compañía de la Reina Dolorosa, de San Juan y de Margarita María, estrechémonos alrededor de Jesús Agonizante para recoger con santa emoción, conmovidos en lo más hondo del alma, sus quejas amorosas, sus blandos reproches y también sus peticiones y deseos... Que aquel *sitio* quemante que brotó de sus labios moribundos, reclamando nuestro amor, resuene en nuestras almas, las conmueva y nos resuelva a apagar su sed ardiente con la nuestra devoradora, inmensa...

(Y ahora, para oír su voz divina, que todo calle, que todo desaparezca, todo, menos Jesús... Bebed ansiosos sus palabras).

(Muy lento y con unción)

Voz de Jesús. Hace ya tanto tiempo, tanto, que vivo entre vosotros y todavía no me conocéis... Sabed, amigos muy queridos, que una infinita tristeza agobia mi alma y que una angustia de muerte oprime mi Divino Corazón... Os lo confío a vosotros, tan fieles, oídme: La amargura de mis amarguras la provoca aquella constante infidelidad, aquel desconocimiento tan corriente, aquella inconcebible mezquindad de los que Yo elegí y amé como amigos de mi Sagrado Corazón...

¿dónde están?... ¿Qué se han hecho mis verdaderos e íntimos amigos?... Como en Getsemaní, cuando se acerca la hora de las tinieblas y del combate, miro a mi alrededor... llamo... tiendo la mano... y me encuentro casi siempre abandonado y solo... ¡Ay... cuán contados son en

todo tiempo aquellos que se resuelven por amor a velar conmigo en la hora de agonía!...

Cuando mis amigos se encuentran en la cuesta del Calvario, Yo prevengo su clamor y sus gemidos suplicantes. Yo mismo me adelanto y me ofrezco a ellos como el amable | ... Pero cuando los traidores vociferan en contra mía, cuando me agobian bajo la pesadumbre de la cruz, si llamo en mi socorro a los amigos... ¡ay!, éstos no me oyen..., mis amigos duermen...

¿Será verdad entonces, hijos míos que el odio de mis adversarios es más animoso y fuerte que la caridad de mis amigos?... ¡Qué tristeza para mi corazón el ver constantemente que mientras los míos descansan tranquilos, los sicarios preparan afanosos los azotes, los clavos, la diadema de espinas... la Cruz!...

Tanto celo de parte de éstos para incrementar a porfía el ejército, ya tan numeroso, de los que me abandonan..., tanta abnegación y desprendimiento de su parte al pagar con largueza las cobardías y traiciones, la gritería de blasfemia social y el ultraje legal de la autoridad humana en contra mía...

¡Y entre tanto, mis amigos dormitan... descansan,

callan!

Podría llamar en mi socorro legiones de ángeles, y el Padre me las enviaría; pero no... en la hora de las agonías y tristezas quiero tener muy cerca, a mi lado, amigos capaces de amar llorando..., corazones como el mío, corazones de hermanos que compartan los dolores que por ellos sufro... En la hora de Getsemaní os aguardo a vosotros los amigos... ¡Ay, no queráis abandonarme entonces!... rodeadme con amor ardiente, fidelísimo... Ofrecedme el corazón como un apoyo para mi corazón agonizante... Mi alma está triste, triste hasta la muerte... Desfallezco y muero porque *no me siento amado de los míos...*

(Breve silencio)

Las almas. Ese lamento nos parte el alma... ¡Escúchanos, Jesús!... Sabemos que lo que Tú afirmas es siempre la verdad y toda la verdad... Pero ya que los que estamos ante este altar somos los amigos íntimos que venimos a consolarte y a reparar, háblanos, Señor, con absoluta libertad... Te pedimos, te

rogamos que formules por entero tu justa acusación... No temas, Jesús, el lastimarnos, dinos sin reticencias cuáles son las faltas que más te hieren de parte de los tuyos..., explícanos aquella amargura que llena tu adorable Corazón, pues queremos compartirla y endulzarla...

¡Habla, Jesús, habla abiertamente a tus amigos verdaderos!

Voz de Jesús. ¡*Filioli!* ¡Oh, sí, hijitos amadísimos! Quiero descubriros en toda intimidad todo el secreto de mi infinita tristeza... Pero, prometedme que, al escuchar mis quejas y reproches, lejos de alejaros con temor insensato de mi lado, buscaréis, por el contrario, una intimidad mayor con vuestro Amigo del Sagrario... Prometedme que en adelante acudiréis con más confianza a mi Corazón en busca del único remedio para todas vuestras flaquezas.

Al oírme, dulce y bueno, recordad que aquí, en este trono de gracia, soy el Juez de verdad y mansedumbre, a fin de ser mañana, en los dinteles de vuestra eternidad, un Salvador benigno y el Juez amigo... Oídme:

¿Queréis saber qué faltas son aquellas que más me hieren?...

Falta de generosidad y de gratitud

Ante todo, la mezquindad en el amor de mis amigos, ¡la falta de generosidad!... Tengo hambre... ¿No tenéis algo que darme de comer, hijitos míos?... No tenéis por qué preocuparos de comprarme pan y víveres, como los apóstoles en Samaria, ¡oh, no!... El pan que anhelo es vuestro amor... Tengo hambre de vosotros... Pero quiero y exijo que ese don de vosotros mismos sea total, sin particiones... Daos a Mí, daos sin reservas... Tengo hambre, no de una mirada vuestra, no de una sonrisa, ni de una palabra..., tengo hambre de vuestras almas, quiero que éstas me pertenezcan como Yo os pertenezco... En canje de mi Corazón Divino, quiero los vuestros y los quiero para Mí solo... Os he dado tanto, ¡oh, tanto!..., y en retorno, ¿qué me habéis dado vosotros?... ¿Por qué ese prurito de medirme siempre vuestro amor, ya tan limitado y

pobre?... ¡Cuán distante de mi suerte es la de las creaturas!... ¡Para ellas vuestras preferencias..., para ellas todo!... De ahí que Yo vuestro Señor ocupe con frecuencia en el banquete de vuestra vida el puesto del servidor, del pobre y del mendigo...

¡Cuánto tiempo hace, almas queridas, que aguardo el obsequio del don total de vosotros mis amigos, don al cual tengo pleno derecho y sólo Yo!... Y después de esperar largos meses, aun largos años, recibo con frecuencia, no ese don total sino... la migaja pobrecita que cae de la mesa, lo que sobra de las creaturas, siempre atendidas, agasajadas...

Los ángeles se asombran al ver que acepto esa migaja, porque me habla de vosotros, pero... al llevarla a mis labios, estalla de pena el corazón, lloran mis ojos... ¡Cuánto tiempo hace que pido y aguardo que se me dé un lugar, y el primero, en vuestras almas y en vuestros hogares!... ¡Ay!... Las criaturas más afortunadas que vuestro Dios ocupan ya ese puesto de honor... y Yo debo resignarme a un puesto secundario... ¡Si supierais cómo siento que mi Persona divina molesta, estorba..., que se me tolera por temor, a Mí, un Dios de amor!...

Las creaturas llaman a vuestras puertas, y como se impacientan..., y como no os resignaríais a que se fueran y os dejaran, ellas que son polvo, pasan en primer lugar... Y a Mí me tenéis llamando y esperando un turno que tarde o nunca llega... Pero porque sólo Yo os amo, con amor verdadero, me siento entonces en el umbral de vuestras puertas, y con paciencia vuelvo a llamar a golpes redoblados, y sigo aguardando con dulzura inalterable, porque soy Jesús, la Misericordia infinita, inagotable... Y entre tanto que yo pueda darme a vuestras almas, en el banquete que os tengo preparado de toda eternidad, vivo de las migajas que me arrojan tantos que se llaman mis amigos...

¿No es, por ventura, una migaja de vuestra vida, por ejemplo, los breves instantes, los contados momentos que distraéis de negocios y de creaturas para dármelos a Mí?... ¡Y decir que, en canje de esos segundos, os estoy preparando una eternidad de siglos, un sin fin de gloria!...

(Pausa)

¿Queríais una prueba manifiesta, consoladores míos, de esa falta de amor generoso de parte de mis amigos?... Hela aquí: ¡*su poca gratitud*!... No se paga, así, por cierto, con esa vil moneda a los bienhechores de la tierra... Para éstos, por natural nobleza, por delicadeza de educación o de sentimientos, para ellos, la efusión expresiva de vuestra acción de gracias... En cuanto a Mí, el Bienhechor de vuestros bienhechores, no me cuento siempre en esa categoría..., ¡y quedo eliminado!... ¡Cuántos leprosos del alma, sanos por milagro, y que no agradecen, cuántos!...

Decidme, hijos de mi Corazón, ¿es justo tratar así a un Dios que os ha colmado con mil liberalidades y ternuras, que os ha prodigado a torrentes luces divinas y consuelos inefables, que os ha perdonado, que quiere seguiros perdonando? ¿Qué ha sido de aquellas solemnes promesas de eterna gratitud que me hicisteis cada vez que implorabais con apremio nuevas gracias –¿qué digo?– prodigios de misericordia?...

¡Ah, sí! Más de una vez os tornáis a Mí en demanda de milagros. Sabedlo, quiero otorgarlos, pero los reservo para los amigos generosos, que me lo dan todo... Los reservo para aquellos que me lo arrebatan con la dulce violencia de su inmensa gratitud...

Pero quiero perdonar aun ese pecado vuestro..., he aquí la hora propicia del verdadero arrepentimiento, de la reparación cumplida y de la gran misericordia... Protestadme, pues, ahora mismo que, de aquí en adelante, me amaréis todos como amigos verdaderos; esto es, con nobleza de gratitud y con generosidad a toda prueba...

No temáis a quien no os llama y os aguarda sino para perdonaros y además enriqueceros... Tengo hambre de amor, hambre del pan de vuestros corazones... Dádselo al Dios de caridad, que se goza con el título de Hermano y de Amigo vuestro...

(Aquí puede cantarse el "Magníficat" en acción de gracias al Sagrado Corazón, o cualquier otro himno en su honor).

Las almas. Maestro muy amado, si en el cáliz de tu Corazón hubiera todavía la amargura de otra queja en contra nuestra, dánosla a beber ahora

mismo, Jesús, que a eso venimos... ¡Oh!, sí, esos reproches suavísimos desahogan tu alma, Jesús...; al brotar como fuego de tus labios, queman también con divinos ardores y fortifican nuestras almas frías y enfermas... Háblanos, pues, Señor, y cura nuestras llagas, mostrándonos la tuya del Costado...

Falta de confianza

Voz de Jesús. Rebañito de mis amores, subid más y acercaos a mi pecho herido para confiaros en toda intimidad a vosotros, los predilectos, otra pena, pena muy honda; ¡la falta de confianza de parte de mis amigos!... Éstos no me aman con el abandono de sencillez y de paz que tanto anhelo... Se diría que desconfían, que recelan de este Señor de Caridad...

No creen lo bastante, ¡oh no!, en mi inmenso amor... Me temen, tiemblan y se alejan... ¡Qué dolor el mío, al no sentirme realmente amado, habiendo sido para esos hijos rebeldes un Dios de caridad y de perdón!...

¿Qué más podría hacer todavía para curar ese mal de *desconfianza*, que hace estragos horrorosos en la viña rica y elegida, en el campo de mis amigos predilectos?... ¡Cómo me duele el ver que no se atreven a considerarme ni, menos, a tratarme como amigo!... ¡Ay! ¿Por qué?... En vano les repito la afirmación del Evangelio cuando dije a mis apóstoles:

"No temáis, soy Yo... Vosotros sois de veras mis amigos...". Todo en vano, pues, dichas almas se empeñan en resistir a ese llamamiento de ternura, y con un sentimiento de temor que Yo no acepto, no se atreven a tomar para sí ese título que es gloria mía... no quieren, no se atreven a saborear el néctar delicioso de una amistad que Yo mismo les ofrezco... ¿Falta algo, por ventura, a la obra de mi amor para inspirar a dichas almas la *confianza*, que reclamo?... Alma querida, pero desconfiada, óyeme:

He dejado por ti, hace siglos, el manto de majestad que hubiera podido justamente aterrarte..., y con todo sigues temblando y temiendo...

Pon los ojos en mi cuna...; mírame en ella, pobre, manso y pequeñito, más pequeño que tú mismo, para presentarme como Hermano tuyo y atraerte a mis brazos... Y con todo sigues temblando y temiendo...

Ven, penetra conmigo en la casita humilde de Nazaret: medita esa vida, sencilla como la tuya, y mucho más todavía... Dime: ¿qué encuentras en esa vida de oscuridad, de llaneza y de trabajo, que espanta?... ¿Qué?... Y con todo, sigues temblando y temiendo...

¿Será, tal vez, el esplendor de mi vida pública que te atemoriza?... ¿Por qué?

Mira, por el contrario, cómo al hablar, al tender los brazos, al llamar, las turbas me siguen... Mira cómo los pequeñitos y los enfermos, los mendigos y los pecadores y todos los desdeñados, todos los leprosos morales, acuden, se precipitan hacia Mí y se disputan el honor y la dicha de estar a mi lado... ¿Y tú, alma querida?...

Bien sabes que soy el mismo Jesús, ¡y con todo, sigues temblando y temiendo!...

Si tomara en cuenta tu desconfianza, no me atrevería, por cierto, a invitarte con Zaqueo, con Simón y Leví, y en unión con tantos otros publicanos y pecadores al banquete de mi divina misericordia...; pues tal vez por temor me harías un desaire, rechazando la amorosa invitación... ¿Olvidas entonces que he venido para salvar todo lo que había perecido: los que yacían en el abismo..., los cadáveres del espíritu..., el desecho de la sociedad..., los leprosos del corazón?; ¿lo has olvidado?... ¿Crees tú ser uno de esos desventurados?... Debieras por ello mismo acudir presurosa... ¡Y, con todo, sigues temblando y temiendo!...

¡Qué! ¿Has olvidado, por ventura, las maravillas de mi amor y mi ternura, realizadas en la última Cena?... ¿No te acuerdas ya de mis postreras palabras de esperanza y de perdón, en el Calvario, en las que legué a mi Madre, que es la tuya, el supremo testamento de mi caridad?... Oh, sí. Tú conoces, alma querida, dicho testamento. ¡Y con todo... sigues temblando y temiendo!...

Y, en fin, aquí me tienes en la Hostia más aniquilado aún que en mi cuna; más pobre que en Nazaret, más dulce, si es posible, más paciente, tierno y misericordioso que en Samaria, Cafarnaum y Galilea... –¿lo creerás?...–, ¡más

Salvador, si cabe, que en la misma Cruz!... Aquí, en la Sagrada Eucaristía, soy más que nunca un Dios-Amor; y con todo... ¡sigues temblando y temiendo!...

Dime, pues, ¡oh!; dime, alma muy amada, ¿qué más debo hacer para disipar tus temores, para provocar y alentar *la confianza inmensa* que exijo de aquellos a quienes llamo mis amigos?... ¡Esta debe ser la prueba por excelencia de tu amor! Piensa que la virtud que salva es esta Caridad...

En mi Divino Corazón esta virtud toma el nombre de misericordia, y en el corazón de mis verdaderos amigos, se llama virtud de confianza y de abandono.

¡Ah! Sin que tú me lo declares, porque Yo sé leer en las almas, leo en la tuya la razón aparente de este temor; antes que me lo digas, te lo diré Yo mismo: ¡son los pecados de tu vida pasada!...

Pobrecita, palideces con sólo nombrarlos, y su recuerdo te tortura con exceso, en desmedro de mi amor... ¿Tus pecados?... Confíalos a mi Corazón, y no dudes que ya estás perdonada... Lo que necesitas, en vez de tanto temor, es creer, pero creer con fe inmensa en mi amor y... amar...

Ven, acércate, arrójate en el abismo de ternura de mi amante Corazón; no temas. ¡Qué!... ¿Arguyes todavía que eres miserable?... Yo lo sé mejor que tú, y por eso dispones de mi paciencia, que no se cansa; de mi bondad, que no se agota...

¿Aludes también a tu gran debilidad?... Bien sé cuán grande es ésta; pero ¿por qué te olvidas que dispones de mi omnipotencia, de mi gracia, con la que lo puedes todo?... ¿Quieres todavía –lo veo– justificar tus temores excesivos con el principio de mi justicia?... ¡Ah! Pero no olvides nunca que ésta será terrible, inexorable, sólo para aquellos que, rechazando el amor y la misericordia, no se confiaron en Mí...

Aprovecha, alma querida; aprovecha con usura la gracia de la hora presente, hora bendita, de luz, de fuerza y de piedad... Sábete que tus pecados que fueron, los he arrojado en el abismo de un eterno olvido...; ya no son...; los he aniquilado... ¡Oh, hazme el honor y dame el inmenso placer de creer con fe sin límites que soy Jesús...; esto es, Salvador!...

(Pausa)

Voz de las almas. Estamos confundidos, Señor Jesús, al considerar la verdad tan amarga y triste de esos reproches, por no haber correspondido al título incomparable de amigos de tu Divino Corazón... ¡Cuántas y cuántas veces al tendernos Tú, Jesús, los brazos, al brindarnos tu adorable Corazón, nosotros retiramos los nuestros, cediendo a temores que te hieren, negándote aquella expansión de dulcísima confianza a que sólo Tú tienes derecho soberano!... Perdona, Señor, una vez y para siempre; perdona esa desconfianza, que no es sino falta de fe en tu amor y el desconocimiento de la ley de tu misericordia...

Y en testimonio tan sincero como elocuente de nuestro arrepentimiento, dígnate escuchar una plegaria que regocijará el Corazón del Amigo incomparable que Tú eres:

Jesús amado, no sólo a pesar, sino a causa de nuestros pecados. (Todos)

Creemos con fe inmensa en tu amor.

Jesús amado, no sólo a pesar, sino a causa de nuestras ingratitudes.

Creemos con fe inmensa en tu amor.

Jesús amado, no sólo a pesar, sino a causa de nuestras debilidades.

Creemos con fe inmensa en tu amor.

Jesús amado, no sólo a pesar, sino a causa de nuestras tinieblas.

Creemos con fe inmensa en tu amor.

Jesús amado, no sólo a pesar, sino a causa de nuestras tentaciones.

Creemos con fe inmensa en tu amor.

Jesús amado, no sólo a pesar, sino a causa de nuestra pobreza moral.

Creemos con fe inmensa en tu amor.

Jesús amado, no sólo a pesar, sino a causa del abuso de tantas bondades.

Creemos con fe inmensa en tu amor.

Jesús amado, no sólo a pesar, sino a causa de nuestras grandes cobardías.

Creemos con fe inmensa en tu amor.

Jesús amado, no sólo a pesar, sino a causa de tantas recaídas.

Creemos con fe inmensa en tu amor.

Sí, Jesús misericordioso y dulcísimo, para probarte en adelante cuánto creemos en tu amor, cuya medida sobrepasa infinitamente nuestra miseria, por grande que ésta sea, te prometemos con toda el alma arrojarnos en tus brazos y acudir a tu Corazón con confianza ilimitada...

Cada vez que sintamos el aguijón de un remordimiento saludable..., iremos a Ti... Volaremos a la herida del Costado, en vez de retraernos y alejarnos con una distancia que desconoce y ofende tu Bondad... ¿Qué más anhelas?... ¿Qué más reclamas, Señor, de tus amigos?... ¡Habla, Dios de amor!...

Falta de intimidad

Voz de Jesús. Sí, amigos y hermanos; ¡oh!, sí, quiero más todavía..., no sólo un amor grande, sino una amistad íntima y estrecha entre vosotros y Yo... No temáis, pues no sois vosotros los que me elegís como el Amigo íntimo, sino Yo, Jesús... No sois vosotros quienes, por pretensión inaceptable, pedís un título de gloria inmerecida, no... Seréis mis íntimos por condescendencia mía... Soy Yo quien se inclina hacia vosotros... Yo, quien os ruega que aceptéis la dulce intimidad de mi Divino Corazón.

Desde esta Hora Santa las distancias que podrían separarnos, quedan, pues suprimidas por voluntad mía... Pero ¿a qué asombraros, hijitos míos, como de una novedad, con este lenguaje?... Meditad lo que mi Eucaristía os ha predicado siempre... Considerad con qué abandono y con qué perfecta intimidad, suprimidas todas las distancias, me entrego en la Hostia Santa a vosotros... Penetrad en el misterio augusto del altar...; ved cómo mi Sabiduría, en perfecto acuerdo con mi infinita misericordia, ha salvado para siempre y ha colmado el abismo insondable que nos separaba...

Si pues Yo mismo he colmado dicho abismo, conociendo a fondo vuestra ruindad y miseria...; si, no obstante vuestra indignidad y vuestros pecados, mantengo mi derecho de llamaros mis amigos íntimos y os hago una obligación de descansar confiados en la paz y amistad de mi adorable Corazón... ¿con qué derecho rehusaríais este título que es mi gloria y volveríais a abrir en nosotros un abismo de distancia?...
¿Pretenderíais acaso

darme a Mí, vuestro Hermano-Salvador, vuestro Dios y Maestro, una lección de justicia austera o de sabiduría?... ¿Por qué no ha de obtener mi Corazón amantísimo la dulce intimidad con que tratáis todos a una madre, a una hermana, a un amigo íntimo?... ¿Ellos tendrán, por ventura, ese privilegio, y no Yo, vuestro Jesús?... ¿Habéis olvidado que soy un Amo celoso de mis derechos?...

¡Cómo!... ¿les daríais a ellos vuestra intimidad y la rehusaríais al Amigo divino de los pobres, de los débiles, de los pequeños y los pecadores?... ¿No sabéis, acaso, que todos éstos fueron siempre los primeros invitados al banquete de mi intimidad y de mis ternuras?... No terminéis esta Hora Santa sin hacerme esta gran promesa... ¡Si supierais con qué ansias del Corazón la aguarda este Dios que no quiere esclavos entre vosotros, sino amigos que le sirvan con amor y que se den a Él en las expansiones de la confianza..., en la intimidad del abandono!... ¡Prometédmelo, hijitos míos!...

(*Sí, prometámoselo en un momento de plegaria y de silencio... Digámosle con el corazón en los labios que, en realidad, seremos sus amigos, sus íntimos, ya que Él así lo pide... Prometámosle una amistad que le abandone el corazón sin reservas, que se lo dé con una confianza ilimitada, con un perfecto abandono...*).

(*Y ahora como manifestación solemne de esta promesa íntima, digamos cinco veces, en honor de las cinco llagas del Señor Crucificado, tres jaculatorias sencillas, pero hermosísimas, en su significado... Al oírlas palpitará de júbilo el Corazón del Rey Prisionero del Sagrario*).

(Todos en voz alta) (Cinco veces)

¡Te amamos, Jesús, porque eres Jesús!

¡Corazón de Jesús, en Ti confiamos!

¡Creemos, Jesús en tu amor!

Falta de sacrificio

Voz de Jesús. Acudid amigos, venid vosotros los preferidos, los colmados con mercedes singulares, venid y ved si hay un dolor semejante a mi dolor... ¡Hace siglos que subo por amor vuestro la cuesta del Calvario... ¡ay!, y cuán rara vez encuentro en ese camino de amargura al Cireneo-amigo que me aligere la pesadumbre de la Cruz!... ¿Dónde están?... ¿Qué se han hecho en la hora de la tribulación los que me protestaban de su amor? Cuando multiplico milagrosamente los panes es inmensa la muchedumbre que me sigue...

En la apoteosis del Domingo de Ramos se dan cita todos, ¡oh, sí!, todos mis discípulos...

Cuando rasgo el velo y muestro el esplendor de mi divinidad en el Tabor..., ¡ah!... no duermen entonces mis amigos... ¡Estos me son fieles, se muestran animosos en la Cena!...

Pero ¿dónde están... por qué enmudecen, en Getsemaní?... ¿dónde están... por qué han desaparecido en el Pretorio y en el camino del Calvario?... Se me pide un puesto de honor, el derecho a sentarse a un lado y otro de mi trono en el Reino de los cielos, se quisiera una virtud fácil y una piedad acomodaticia... ¡Ah!... Todo ello me prueba que no se ama con un amor hondo y verdadero, *con amor de cruz y sacrificio...*

¡Cuántas y cuántas veces recibo protestas y promesas que no son sino entusiasmos artificiales, fruto de un amor de veleidad caprichosa, antojadiza, y no de aquel amor fuerte como la muerte que espero con derecho de los míos!... ¡Ah, cuántas veces éstos, los mejores del rebaño, temen con pavor la Cruz y recelan de Mí, el Dios Crucificado!...

¡Cuántas veces, al presentarme a ellos como el Hombre-Dios de los dolores, tal como me presentó Pilatos..., cuántas veces, al proponer con dulzura a mis amigos la gloria de cubrirlos con la púrpura divina de mi sangre y mis dolores... ¡ay!, me encuentro abandonado de ellos!... ¡Y quedaría solo, enteramente solo, si no fuese por la compañía fidelísima de mi Madre, de Juan y Magdalena!... Decidme, consoladores míos, ¿no querríais uniros vosotros con amor de sacrificio a ese rebaño pequeñito, pero esforzado y resuelto, que me siguió hasta la cima del Calvario? ¿Tendríais también vosotros el valor de abandonarme en la vía Dolorosa?... Dadme el consuelo de comprender vosotros, los íntimos, que Yo nunca soy más dulce y tierno, nunca más amante ni más Jesús que, cuando confiando en vosotros, os hago entrega del tesoro de mi Cruz y de mis lágrimas, tesoro vuestro y mío... Y ahora, contestadme: ¿Os sentís con valor de comer de mi pan y beber de mi cáliz?... Aguardo la respuesta.

(Sin vacilación, y poniendo en vuestra voz las vibraciones de un corazón leal y a prueba de sacrificios, contestémosle que sí, que puede contar con estos amigos como con otros tantos Cireneos... Prometámosle seguirle hasta el Gólgota con la fidelidad con que le seguiremos un día al Tabor eterno que su Corazón nos reserva).

103

Las almas. Sí, Jesús: con tu gracia podremos y deseamos beber de tu cáliz... Y por esto, Señor Crucificado, te adoramos con adoración la más rendida y amorosa en la transfiguración sangrienta de tu Cruz... por esto cantamos ahora la gloriosa ignominia y la gloria dolorosa de reproducir en nosotros los estigmas de tu Pasión sacrosanta... Bien sabemos que ello es indispensable, Jesús, para seguirte de cerca... y por esto, pensando desde ahora en nuestros pesares y cuitas de familia..., en los posibles reveses de fortuna..., en las crueles y constantes decepciones de la vida, te decimos todos, Señor, poniendo el corazón en los labios:

Cuando Tú permitas o mandes, Jesús, que nos crucifiquen la enfermedad y los dolores del cuerpo; te amaremos más todavía, Señor...

(Todos)

Te amaremos más todavía, Señor, ¡Hosanna al Rey del Calvario!

Cuando Tú permitas o mandes, Jesús, que nos torturen las angustias, los tedios y las grandes tristezas; te amaremos más todavía, Señor...

Te amaremos más todavía, Señor, ¡Hosanna al Rey del Calvario!

Cuando Tú permitas o mandes, Jesús, que nos asedien penas y muy hondas, penas secretas, y que entonces nos sintamos abandonados y solos; te amaremos más todavía, Señor.

Te amaremos más todavía, Señor, ¡Hosanna al Rey del

Calvario!

Cuando Tú permitas o mandes, Jesús, que nos laceren el alma penas de hogar y aquellas espinas que redimen a los mismos que nos las hacen sufrir; te amaremos más todavía, Señor.

Te amaremos más todavía, Señor, ¡Hosanna al Rey del Calvario!

Cuando Tú permitas o mandes, Jesús, que la tormenta rompa lazos muy fuertes o que nos desengañen los mejores amigos; te amaremos más todavía, Señor.

Te amaremos más todavía, Señor, ¡Hosanna al Rey del Calvario!

Cuando Tú permitas o mandes, Jesús, que nos fustigue y purifique el rigor de la justicia, siempre buena y misericordiosa; te amaremos más todavía, Señor.

Te amaremos más todavía, Señor, ¡Hosanna al Rey del Calvario!

Cuando Tú permitas o mandes, Jesús, que el vendaval eche por tierra nuestros proyectos y cuando nos hagas beber el cáliz amargo de la injusticia humana; te amaremos más todavía, Señor.

Te amaremos más todavía, Señor, ¡Hosanna al Rey del Calvario!

(Pausa)

Nos acercamos ya al final de la Hora Santa. ¡Oh!

Aprovechemos los instantes que todavía nos quedan, acerquémonos a Jesús sin temor, nuestro puesto es el de Juan en la última Cena... No perdamos ni una gota del cáliz de su Corazón, que nos ofrece fuego divino y luz del cielo.

Falta de celo

Voz de Jesús. *"Sitio"*, me abraso, amigos queridos, ¡oh!, me abraso en una sed ardiente, devoradora, que podríais apagar vosotros *con un celo ardiente e inmenso por mi gloria...*

Recordad y ponderad los tesoros inapreciables que os he confiado con largueza inagotable... Y ¿dónde están, amigos míos, los intereses de ese capital sagrado?... *¿Dónde los intereses sacrosantos de mi gloria?*... ¿Queríais saldar la cuenta y cancelar la deuda de amor que me debéis?... Pues entonces a la obra todos... ¡Oh, dadme almas, muchas, muchas almas!... *¡Sitio!...*

¿Queréis, con voluntad generosa, reparar los crímenes de tantos desdichados y, al mismo tiempo, reparar vuestros propios pecados?... Pues entonces, a la brecha todos, sí, todos, y con denuedo de caridad, trabajad en extender y afianzar el reinado de mi amor... *¡Sitio!...*

¿Tenéis verdadero interés de amor, en que mi Corazón sea más vuestro todavía... querríais estrechar el lazo de nuestra amistad, obligándome así a enriqueceros con una nueva y mayor efusión de gracia y de misericordia?... Pues convertíos todos sin demora en los apóstoles de fuego de mi Sagrado Corazón... *¡Sitio!...*

Dadme almas, infinitas almas en retorno del amor inmenso y gratuito que predestinó las vuestras... No penetráis, no meditáis bastante, los deseos vehementes que tiene mi Corazón de servirse de vosotros los amigos para distribuir sus tesoros... Prometedme en esta Hora Santa que seréis en adelante los dóciles instrumentos de que Yo me valga para atraer, con fuerza irresistible, las almas, las familias y la sociedad entera a mi Divino Corazón...

Que si alegarais vuestra incapacidad para desempeñar una misión de tanta gloria, volved los ojos al campo de los enemigos y confundíos... Tomad ejemplo del celo que el odio les inspira... ¡Ah, ellos jamás alegan su incapacidad, jamás!... ¡Cómo!... ¿Se encontrarían ellos capaces y dispuestos para prepararme un Calvario, y vosotros no lo estaríais para convertir ese Calvario en un Tabor?... ¡Si supierais tan sólo el océano insondable de favores que reservo a los apóstoles celosos de mi Sagrado Corazón! Sabedlo: todos sus tesoros infinitos de omnipotencia y de ternura, os pertenecen, todos... Venid, pues, acudid presurosos, hacedlos vuestros y distribuidlos entre los pobres y los hambrientos, dadlos con larguezza a los ignorantes, a los ciegos, a tantos infelices que nunca recibieron lo que recibisteis vosotros, que jamás supieron, que jamás oyeron lo que estáis aprendiendo ahora de mi boca... ¡No saben ellos cuán bueno soy, porque soy Jesús!... Id a decírselo... Recordad que

esos mala-venturados son hijos míos; son, pues, hermanos vuestros... ¡Oh! Tenedme piedad en la persona de esos vuestros hermanos que están a punto de perecer...

Qué... ¿Querríais acaso que, no encontrando encendido vuestro celo, acuda a otros que comprendan mejor los secretos y los intereses de mi gloria?... *¡Sitio!* El tiempo apremia, pues ha sonado ya la hora solemne de mi gran misericordia..., la hora prometida del triunfo y del Reinado Social de mi Divino Corazón en la omnipotencia de su amor... Sí, lo prometí yo mismo y sabré hacer honor cumplido a mi palabra... El mundo, con sus afirmaciones fatuas, con sus palabras huecas, pasará, pero mis palabras y promesas no pasarán jamás... Yo soy la fidelidad misma. Yo soy el Rey de amor...

¡Sitio!... Tengo sed de ser amado... Tomad, pues, del horno encendido de mi pecho, las centellas de apostolado, e id todos, id resueltos a conquistar el mundo, incendiándolo en mi caridad... Sembrad, ¡oh!, sembrad la doctrina tan poco comprendida de mi amor..., sembrad ese fuego...

¡Sitio!... Tengo sed de ser amado; amadme vosotros, mis amigos, con amor apasionado, amadme con amor inmenso y conseguid que muchos otros me amen también como Yo los he amado. Oídme, amigos, reparadores y apóstoles; os confío mi Corazón, os lo doy con sus tesoros y su gloria; sabed que quiero reinar por la omnipotencia de mi amor... "*¡Sitio!*"...

(Respondamos a tan hermosa e irresistible invitación con una última plegaria, dicha con el fuego que Jesús acaba de prender en el corazón de sus amigos, los que

desde hoy serán apóstoles celosos de su Sagrado Corazón).

Oración Final. Rey de amor y de misericordia, Jesús amado, apoyándonos en las promesas que Tú mismo hiciste a Margarita María, en favor de las almas consagradas a tu Sagrado Corazón, te suplicamos en esta hora decisiva que afiances el Reinado de tu Corazón adorable... Dígnate, Señor, interesar más y más en esta causa de tu gloria a los ministros de tu altar y a todos tus apóstoles... ¿Cómo podríamos, Jesús, llamarnos tus amigos y desentendernos de tu gloria?... Te pedimos, pues, Señor, en especial una bendición de privilegio para la Cruzada que te entroniza en los hogares, que pregona tu Realeza social e íntima, obra que, con la bendición de tu Iglesia, ha

conquistado ya tantas almas, devolviéndola a tu amante Corazón... Haz que esta obra sea en todas partes el grano de mostaza, convertido pronto en árbol gigante y frondoso, a cuya sombra bienhechora se cobijen, en todas las latitudes de la tierra, millares de familias que en penas y alegrías entonen al Corazón del Rey-Amigo un himno de perenne amor...

Bendice, Jesús, con especial ternura esta empresa, a fin de que ella realice plenamente las peticiones que Tú mismo hiciste en Paray-le-Monial; bendícela con tanta largueza, Jesús, que ella te fuerce dichosamente a cumplir con nosotros, tus apóstoles, aquellas palabras tuyas tan consoladoras: "¡Yo quiero reinar por mi

Sagrado Corazón, y reinaré!".

Bendice este apostolado con gracias de fecundidad, Jesús amado, y haz que los depositarios de la autoridad en la Iglesia bendigan y alienten esta Cruzada, ya que por ella bendecirás especialmente las almas consagradas que promuevan el Reinado de tu amor.

¡Señor, tu gloria es nuestra sola gloria; tus intereses, nuestros únicos intereses: tu amor, nuestro amor supremo, porque según tu gran misericordia, tu Corazón es centro, corazón y vida nuestra!

Y para reforzar nuestra humilde petición, te suplicamos por la Virgen Inmaculada, Reina de los hogares consagrados; por Margarita María, tu confidente y discípula tan amada; por las plegarias, sacrificios y el celo ardiente de tus apóstoles, que te dignes realizar, Señor, *en nosotros y por nosotros* las incomparables promesas de tu Sagrado Corazón... Reconocemos que somos pobrecitos, pero así y todo, dígnate aceptarnos como instrumentos de buena voluntad en el cumplimiento de los designios de tu amor misericordioso.

Te prometemos en cambio nosotros, Maestro adorable, ser, por cuantos medios están a nuestro alcance y en toda ocasión y lugar, los apóstoles de la Cruzada que predica como una Redención, en esta hora sombría, tu Realeza social: ¡oh, Jesús, la Realeza de tu Divino Corazón, que pide reinar por el amor!

¡Gracias, Señor Jesús! ¡Oh, gracias por la vocación de gloria inmerecida al constituirnos, a pesar de nuestra pobreza, los dispensadores del amor y de la gloria de tu Corazón misericordioso!...

(*Padrenuestro* y *Avemaría* por las intenciones particulares de los presentes.

Padrenuestro y *Avemaría* por los agonizantes y pecadores.

Padrenuestro y *Avemaría* pidiendo el reinado del Sagrado Corazón mediante la Comunión frecuente y diaria, la Hora Santa y la Cruzada de la Entronización del Rey Divino en hogares, sociedades y naciones).

(Cinco veces)

¡Corazón Divino de Jesús, venga a nos tu reino!

(Aclamaciones) (Dos veces y en voz alta)

Creemos, Jesús, en el triunfo de la Cruz.
Creemos, Jesús, en el triunfo de tu Eucaristía. Creemos, Jesús, en el triunfo de tu Iglesia.
Creemos, Jesús, en el triunfo de tu Sagrado Corazón.
Reina, Señor, a pesar de Satán.

(Cinco veces)

¡Corazón de Jesús: venga a nos tu reino!

(Cántese al final un himno al Corazón de Cristo-Rey).

V Marzo

y víspera del Corazón Inmaculado de María.

Te adoramos, Corazón de Jesús Sacramentado, en unión con los nueve coros de tus ángeles, que te ensalzan en el Paraíso.

Te bendecimos, Corazón de Jesús Sacramentado, en unión con las legiones de serafines y de santos que te adoran en tu solitario Tabernáculo.

Te glorificamos, Corazón de Jesús Sacramentado, en unión de amor y de reparación ferviente con María Inmaculada y Reina del cielo en las alturas, y la Soberana del cielo terrenal de tus Sagrarios... ¡Oh, sí, en unión con Ella sobre todo, venimos a cantar, Jesús, tus misericordias infinitas y a llorar tus agonías místicas, los pecados de ingratitud del mundo y tus soledades en la Hostia!

En unión con Ella, queremos en esta Hora Santa recorrer la Vía Dolorosa, para convertirla, con las glorias de la Inmaculada y con nuestros consuelos, en el camino de tus victorias, y para hacer de tu Calvario el Tabor de triunfo de tu adorable Corazón.

Jesús amado, después de veinte siglos, no te conocemos todavía lo bastante en tu Santa Eucaristía; perdona y acepta en desagravio la visión amorosa de María, las adoraciones extáticas de su Corazón de Madre...

Jesús benditísimo, no obstante tus larguezas y las maravillosas invenciones de tu ternura, no te amamos aún con la generosidad sin límites con que debiéramos corresponderte... Perdona y acepta, en compensación de nuestra frialdad, los fuegos divinos que abrasaron las entrañas y el alma de María el día de la anunciación venturosa.

Jesús-Hostia, amor de nuestros amores, vida de nuestra vida, aparta tus ojos hermosísimos de nuestros culpables desvíos, de tantas tibiezas, de tantos desmayos en nuestros propósitos de virtud, en nuestras promesas de santidad... y perdona en obsequio a la Madre, cuyo Corazón Inmaculado te ofrecemos en reparación de caridad y en homenaje de la más cumplida y fervorosa adoración.

Jesús divino, en honor, pues, de la Inmaculada, en agradecimiento a los cuidados de la Virgen, en obsequio a la encantadora Nazarena, te rogamos, Señor, que olvides los incontables olvidos de tu ley en que han incurrido estos hijos tuyos, que vienen a llorar sus faltas y las de tantos hermanos culpables en el cáliz de oro del Corazón de María.

Recoge en el nuestro llanto de arrepentimiento y prométenos reinar, Jesús, con más intensidad de fe, de amor, de humildad y de pureza en nuestras almas, en nuestras familias, en la sociedad entera, por el amor y los martirios de la Virgen Madre...

(Pausa)

(Decidle a Jesús en silencio elocuentísimo que le amáis mucho, pero que deseáis amarlo más, inmensamente más todavía, en respuesta a su Corazón, que solicita los nuestros. Pero ya que nuestra pobreza es tan grande, ofrecedle el don incomparable, casi divino, del Corazón de María... ¡Ah!, y pedidle a Ella que al ofrecerse por nosotros en esta Hora Santa, nos consiga la gracia inapreciable de amar con santa pasión y de hacer amar con celo infatigable al Corazón de su Hijo Salvador).

Voz de María. Nadie más que Ella tiene ciertamente el derecho de hablar de las intimidades del Corazón de Jesús y de sus propias angustias redentoras. Escuchémosla con filial cariño:

"Yo soy, desde el día de la anunciación del ángel, la madre del Amor Hermoso, y quiero que las almas se abrasen en las llamas de mi caridad... En esta hora mil veces sublime y venturosa, desde el 25 de marzo, en que Jesús y yo formamos una sola corriente de vida, pensé en vosotros, que me llamáis vuestra Madre... y decís verdad, porque lo soy...

(Lento y cortado)

Como tal he gemido, he sollozado, hijos míos, quemando con mis lágrimas ardientes las mejillas de Jesús Infante, en Belén inolvidable... Al arrullarlo entonces, al contemplarlo Dios e Hijo mío entre mis brazos, al besarlo en su frente divina, yo le ofrecía, previendo con entera certidumbre el deicidio de siglos y más siglos, que destrozaría, con dardo de pecado, el Corazón de vuestro Salvador. Yo, su Madre, lo levantaba en alto al Padre, rogándole, con martirios del alma, lo aceptara por la redención de los hijos ingratos...

(Cortado)

Besé sus manos, que me acariciaban, y marqué sus llagas con mis besos.

Puse mis labios en sus pies, reparando de antemano con mis ósculos las heridas de los hierros inclementes...

Ungí su frente con mis lloros y, sobre todo, puse mi cabeza, torturada con pensamientos de agonía, y luego mi boca, abrasada de sed de más amor, en su Costado ardiente, celestial... Y en ese Getsemaní de deliciosas amarguras, ahí Jesús y yo, su Madre, resolvimos, amando y padeciendo, la resurrección de tantos pródigos del hogar, de tantos renegados de la Cruz y del altar"...

(Pausa)

¡Oh, noche de paz y de tortura salvadora la que envolvió en sus tinieblas la cuna de Jesús! Extática y de rodillas, María velaba el reposo del Niño, del Eterno, y meditaba en otro Belén, con otra cuna de reposo aparente y de perpetuo sacrificio: el Sagrario, contemplado en lontananza... A través de los siglos, veía la Virgen amante y dolorida ese portal permanente, indestructible, donde Jesús Infante nacería millares de millones de veces entre las sombras de un altar humilde, para ser aprisionado en seguida en la cárcel inerte, pero dulcísima, de incontables tabernáculos... En cada uno de ellos el Dios-

Prisionero, Jesús, infinitamente pequeño, sigue dormitando, mientras su Corazón Divino vela sobre nosotros y mientras, sobre su Cuna-Sagrario vela la Reina de sus amores, la Virgen María.

(Pausa)

Las almas. ¡Oh, sí, Jesús-Eucaristía, al lado del dorado copón que te aprisiona está tu Madre; ella te nos regala en esta Hostia Sacrosanta! Bendícela, Señor, en nuestro nombre, ya que Tú también le debes el haber realizado tu anhelo de encontrar tus delicias entre los hijos de los hombres... Cántale con los ángeles de tu Santuario, ensálzala con los ángeles de tu Paraíso, glorifícala, con los hijos, con los desterrados que la llaman su Madre, gimiendo en este valle de lágrimas. ¡Ah! En obsequio a ella, a quien no puedes negarle nada, danos, Señor, el reinado de tu Corazón en tu Santa Eucaristía. No quieras permitir que queden defraudadas tus esperanzas y las de tu Madre, siempre omnipotente en la causa de tu gloria.

(Cortado y vehemente)

Reina, Jesús Sacramentado, entre los afligidos, como un consuelo, en aquel Pan consagrado de cada día, que nos da la Reina de los Dolores.

Reina, Jesús Sacramentado, entre los niños como un valladar de inocencia perfecta y de candor, mediante aquel Pan consagrado de cada día que nos da la Reina de las Vírgenes.

Reina, Jesús Sacramentado, entre los pobres y desamparados, como un aliento en tantas penalidades, mediante aquel Pan consagrado de cada día que nos da la humilde Reina de los pastores de Belén.

Reina, Jesús Sacramentado, entre los sacerdotes, como un fuego en amor de santidad y celo, mediante aquel Pan consagrado de cada día que nos da la Reina de los Apóstoles.

Reina, Jesús Sacramentado, en los hogares, como virtud de fe vivísima en las almas de los padres y los hijos, mediante aquel Pan consagrado de cada día que nos da la Reina del edén de Nazaret.

Reina, Jesús Sacramentado, en el Episcopado, en tu Vicario, en tu Iglesia, con un Pentecostés de caridad abrasadora, mediante aquel Pan consagrado de cada día, que nos da la Reina omnipotente del Cenáculo.

Jesús amabilísimo y adorable del Belén de los Sagrarios, paga los desvelos, los ósculos de ternura, los abrazos, las lágrimas de tu Madre, sus deliquios de amor junto a tu cuna pajiza, coronando a María Inmaculada, con las glorias y los triunfos de tu Corazón Sacrosanto.

(Pausa)

Quejas de María. Su voz doliente es la de una Madre cruelmente herida, que pide compasión a los hijos fieles, por la decepción de los otros..., de los pródigos, que en el mismo hogar, oprimen con amarguras su Corazón santísimo.

La historia de Jesús de Nazaret no es historia antigua; es, hoy día, una triste historia de dolores que cercan al hijo y a su Madre con el mismo vallado de agudísimas espinas...

Que nos hable la Virgen dolorida:

"Una tierra extraña, una tierra de gentiles, de enemigos, brindó un asilo a mi Hijo-Dios allá en Egipto... El desierto mitigó sus ardores y sus oasis tuvieron manantiales y refrigerios que nos negaron los ingratos, los preferidos nazarenos... ¡Ay, cómo hirió el Corazón de vuestro Dios ese desdén de soberbia, esa envidia enconada de los de su propia casa! Ahí donde hubieran debido aclamarlo batiendo palmas, tramaron con ira en su contra, y buscaron piedras para ultimarlo, y un horrendo abismo para despeñarlo con su gloria... Lloramos juntos, Jesús y María, los desvíos de los nuestros, el desprecio altivo e injurioso de aquel Nazaret de tantos y de tan suavísimos recuerdos... La soledad nos hizo silenciosa compañía. Y el odio nos tejió, en ese terruño de ternuras, nuestra primera corona de espinas... Ahí donde yo, su Madre, le

contemplé, Niño y adolescente encantador entre las flores y las ovejitas de esa hondonada perfumada, ahí donde canté su hermosura divina, a coro con los ángeles, lo vi maldecido, y hube de llorar el desconocimiento con que Nazaret rechazó al manso Redentor... ¡Ay!, su pena y la mía se ahondaban, pensando en las edades por venir, previendo que tantos hijos desdichados, que tantos cristianos soberbios y renegados, desconocerían a su vez, en el seno mismo de Israel y de la Iglesia, la ley de gracia y la verdad del Señor Jesús. ¡Oh, sí!, los vio huyendo del cercado del Pastor, lejos y olvidados del hogar del Padre celestial...

Vosotros, hijos míos, porque sois los hermanos menores de Jesús, mi Primogénito, y que habéis venido en busca de su Corazón Divino consoladlo en su desamparo... Tomad mi amor, mis finezas y mis sacrificios y ponédselos en el ara del altar, como un holocausto de reparación cumplida. Vuestra Reina os pide para Él una íntima plegaria... Yo, la Inmaculada, la Virgen-Madre, quiero repetirla con vosotros...".

(*Digámosla en unión con María*) (Lento y cortado)

Las almas. ¡Jesús de Nazaret, retorna y queda encadenado, como Rey, entre nosotros! No cedas, mil veces no, al clamor de un mundo malo, que te arroja o te hiere con desprecio de altivez satánica... Retorna y queda encadenado, como Rey, entre nosotros... Serán muchos, Señor, los que maldigan tu nombre y nieguen tu Evangelio; pero, mira, estamos tan resueltos, somos tan tuyos los que te suplicamos, que no te vayas jamás, jamás, de nuestro lado; retorna, pues, y queda encadenado, como Rey, entre nosotros...

¿Qué haría el mundo sin Ti, que eres su paz; sin Ti, que eres su cielo? ¿Qué haría, sino gemir entre cadenas por haberte desterrado siendo Tú su libertad?... Los desgraciados que así pudieron ofenderte, no han sabido lo que han hecho, perdónalos... Salvador benigno, retorna y queda encadenado, como Rey, entre nosotros... ¡Ah! los mismos que, como los nazarenos ingratos, te arrojaron de tu suelo y de tu casa, extrañarán un día el calor de tu Corazón, que salva y que

perdona; recordarán que Tú, que sólo Tú, has dicho la verdad, enseñado la justicia y prodigado la misericordia... Y entonces, muchos de esos mismos te llamarán y te rogarán con lágrimas que vuelvas... Retorna, Jesús, retorna entonces perdonando, y queda para siempre encadenado, como Rey, entre nosotros. Sí, para siempre; no te vayas, no nos dejes jamás... Maestro; por eso venimos en nombre de todos los ingratos de la tierra, y para ellos y nosotros te pedimos:

(Todos en voz alta)

Tu Corazón Divino, Señor Jesús.

Venimos a buscarte en nombre de muchos enfermos del alma, de muchos que vacilan entre dos abismos: el del pecado y el del infierno, y para ellos y nosotros te pedimos:

Tu Corazón Divino, Señor Jesús.

Llegamos a tus pies en nombre de los agonizantes, que en la vida te insultaron, que en su juventud te hirieron y olvidaron... Pobrecitos, necesitan clemencia infinita; y por esto, para ellos y nosotros te pedimos:

Tu Corazón Divino, Señor Jesús.

Nos acercamos a tu Sagrario en nombre de tantos padres que han olvidado sus deberes para contigo, en nombre de tantas madres que padecen de amarga incertidumbre por el porvenir eterno del esposo y de los hijos; para ellos y nosotros te pedimos:

Tu Corazón Divino, Señor Jesús.

Hemos venido, llenos de confianza en tu misericordia, a pedirte, sin vacilaciones, grandes prodigios y aquellos milagros de ternura, prometida a la Hora Santa y a la Comunión frecuente y cotidiana; venimos a pedir tu reinado en la conversión de muchos y de grandes pecadores; para ellos y nosotros te pedimos:

Tu Corazón Divino, Señor Jesús.

Aquí nos tienes, Señor, traídos por tu Madre; inspirados por Ella, venimos a pedirte por las almas buenas, por tus Apóstoles, por el sacerdocio, por los corazones que te están consagrados y que te hicieron promesa de vivir en santidad...; para ellos y nosotros te pedimos:

Tu Corazón Divino, Señor Jesús.

Y, en fin, ¡oh, Dios Sacramentado!, venimos en demanda del triunfo grande, universal, decisivo, de tu Corazón en tu santa Iglesia, en tu Eucaristía, en tu Evangelio, en tu Vicario. Para los niños y gobernantes, para los ricos y los pobres, para los cristianos, los herejes y los gentiles, para todos, Jesús, para todos, y en especial para nosotros, tus amigos, te pedimos:

Tu Corazón Divino, Señor Jesús.

Dánoslo hoy, Señor, en nombre y por amor al Corazón de María Inmaculada...

(Pausa)

Enseñanzas de María. Una Hora Santa es una solemne meditación de amor que lleva a Jesucristo... ¿Qué camino puede llevarnos a Él que no sea el de María, su dulce Madre? Y en estos días en que nos rodean tinieblas tan espesas de ignorancia y de pecado, pongamos atento el oído a las insinuaciones de esta amable soberana. Que nos enseñe, pues, los peligros del desierto. Ella, que le atravesó llevando sobre su pecho virginal, sano y salvo, al Hijo de su Corazón Inmaculado... Oídla...

"¡Hijos de mi amor y de mis angustias, escuchadme: No hay sino un mal grave imponderable, solo uno, y es perder a Jesús, cuyo Corazón es la vida, el amor y el Paraíso!...".

Yo, su Madre, lo perdí, durante tres días en Jerusalén, y mi alma padeció agonías inenarrables. ¡Ay!, saberlo ausente...; vivir a distancia de Él, no verlo, no sentirlo, no poseerlo, después de haberlo estrechado sobre el corazón, después de haberlo visto sonreír y llorar, después de haberle entregado toda el alma en un beso de cariño, ¡qué suplicio horrendo!...

Mas ¿qué podré deciros si os cuento los dolores de mi alma maternal, destrozada en la tarde del Jueves Santo con la suprema despedida?... ¿Ni qué dolor superó jamás a mi dolor, cuando, el amanecer del Viernes Santo, me trajo la visión de

122

sus ignominias, de su flagelación y de sus escarnios?... Sangre y espinas, y blasfemias y odio y gritos de muerte; tal fue el cuadro de desolación infinita que Dios Padre quiso poner ante mis ojos de Madre, la más triste y dolorida de todas las madres de la tierra... Decid, vosotros que me amáis, decidme en esta Hora Santa, si es posible, si conocéis un dolor semejante a ese dolor...

Hijitos míos; no queráis saber jamás cuán mortal es esa angustia. Jesús es vuestro; yo, María, os le he entregado; es enteramente vuestro; no queráis

jamás, jamás, perderle por la culpa grave. Los que habéis conservado todavía la pureza bautismal, la inocencia, ¡oh!, no le lastiméis con la cruel lanzada del primer pecado mortal, que desgarra el Costado del amabilísimo Jesús.

¡Esa primera hora de orgullo, de placer, en contra de su ley; ese primer pecado grave, atraviesa con dardo de fuego su Corazón ternísimo! Pero... si hubierais ya caído, si os hubierais manchado, yo os conjuro a que lavéis con lágrimas esa afrenta quemante del rostro de Jesús... Recobradlo, hijos míos; venid donde Él, venid pronto, abrazaos a sus pies y no lo dejéis ya más... ¡Os ama tanto!... ¡Amadlo!...

(Y en especial oídme vosotras, madres de un hogar, que debe ser el templo santo de Jesús, cuidad que el esposo y que los hijos no pierdan, por tibieza vuestra, la compañía deliciosa de mi Hijo-Dios.

Que reine siempre en ellos...

Sí, que se quede, eternamente con el padre, con la madre, con los hijos del hogar cristiano que lo adora; que se quede en los días de invierno y de pesar en las horas de primavera y de alegría...).

Almas queridas, aferraos con pasión divina a Jesucristo, dejad que Él os encadene para siempre, sobre el Corazón, entre sus brazos... ¡Ah, no lo perdáis jamás!...

(*Digámoselo nosotros mismos al Señor Sacramentado*).

Las almas. ¡Jamás te abandonaremos, Jesús, con el auxilio de tu gracia y de tu Madre, jamás! ¡Pero como nuestra fragilidad es tanta, te rogamos, Salvador amado, que no nos dejes de tu mano, que Tú también te aferres a nosotros, por tu gran misericordia...!

(Lento y cortado)

Corazón de Jesús, no nos dejes en la vorágine de tentaciones que nos asedian, como fieras hambrientas del infierno; no consientas que nosotros te perdamos.

Corazón de Jesús, no nos dejes en las grandes debilidades del corazón humano, tan propenso a las seducciones del amor terreno; no consientas que nosotros te perdamos.

Corazón de Jesús, no nos dejes en la desesperación de nuestros males, porque Tú bien sabes que ciertos sufrimientos agostan, enferman de muerte el alma; no consientas que nosotros te perdamos.

Corazón de Jesús, no nos dejes en las desolaciones y soledades en que, con frecuencia, nos abandonan las criaturas que no saben amar, como Tú amas, y que son indiferentes a nuestras penas o no pueden aliviarlas...; no consientas que nosotros te perdamos.

Corazón de Jesús, no nos dejes en el abismo de nuestras constantes recaídas, en aquellas postraciones de nuestra endeble voluntad, tan tornadiza, en el propósito de amarte con verdadero sacrificio; no consientas que nosotros te perdamos.

(Breve pausa)

Por amor de la Virgen Madre te conjuramos a que permanezcas, Jesús, siempre a nuestro lado, no quieras jamás dormir durante la borrasca, en la barca tan frágil de nuestro pobrecito corazón, que hoy día te ama.

(Todos en voz alta)

Corazón de Jesús, en ti confiamos.

En los momentos de amargura:

Corazón de Jesús, en ti confiamos.

En los días de debilidad moral:

Corazón de Jesús, en ti confiamos.

En los momentos de vacilación e incertidumbre:

Corazón de Jesús, en ti confiamos.

En las horas de hastío y de cansancio:

Corazón de Jesús, en ti confiamos.

En las ocasiones tan frecuentes de olvido de nosotros mismos:

Corazón de Jesús, en ti confiamos.

En los días de desaliento en tu servicio:

Corazón de Jesús, en ti confiamos.

En las horas de fragilidad y de caída:

Corazón de Jesús, en ti confiamos.

En los momentos de duda peligrosa o de temible ilusión.

Corazón de Jesús, en ti confiamos.

En los días de enfermedad y en los peligros de muerte:

Corazón de Jesús, en ti confiamos.

En nuestros postreros instantes, en las convulsiones de la suprema agonía:

Corazón de Jesús, en ti confiamos.

Jesús, amor de nuestra vida y amor de nuestros amores, confiamos nuestra existencia, nuestras tribulaciones y la esperanza final de nuestro cielo, en tu benigno, en tu dulce, en tu misericordioso Corazón...

Dolores inenarrables de María. Sus agonías fueron más amargas y más hondas que el océano; las lágrimas de su alma virgen, maternal y mártir, si se convirtieran en luz, formarían muchos soles... Que Ella nos lo diga. ¡Háblanos tú, María, Reina de los mártires!...

"Mis dolores son inenarrables, porque no son míos; son las agonías del Corazón de mi Jesús que inundan, como un mar embravecido, mi corazón de Madre... Es el dolor infinito de un Hijo-Dios, el que ha torturado mi alma con aflicciones sin medida... ¡Y cómo no iba a ser así cuando he visto bañado en sangre, cubierto de baldones, vejado con maldiciones, pisoteado por los soberbios, escarnecido por el fango de los caminos a mi Señor, al Hijo de mis entrañas, a mi Dios y mi todo!... Lo he visto a través de mis lágrimas; lo he visto, por iluminación de lo alto, en la Vía, perpetuamente dolorosa de siglos y más siglos, siempre jadeante, siempre desolado y triste, bajo el madero infame de todas las perfidias... Lo he visto en lontananza, concluida su vida terrena y la pasión de su Calvario; lo he visto arrastrado siempre por las turbas, despojado de su realeza, coronado de espinas, burlado en su soberanía, escupido en aquel rostro que es el encanto de todos los bienaventurados... Lo he visto, hijos míos, en la cuesta de ese Gólgota perpetuo, seguido por los hipócritas, por los impuros, por los sacrílegos, por los traidores, por los blasfemos, y todos, con ira en el alma, con hiel en las palabras, lo insultaban, a El, que bendecía entre sollozos y que perdonaba agonizando... Lo he visto ¡oh dolor!, buscando con la mirada, desde millares de Sagrarios empolvados, desde la prisión del Tabernáculo, casi siempre solitario, buscando en la distancia los ojos del amigo, del hermano, de la esposa, del consolador y del apóstol; y ¡cuántas veces, cuántas, no ha encontrado sino el silencio, el olvido y la soledad de un hielo, que ha renovado la profunda herida de su pecho destrozado!... ¡Ah, y lo he visto morir, y morir inútilmente, estérilmente para tantos infelices pecadores, para tantos hijos renegados de su Templo, de su Cruz y de su Ley!...

Por lo menos, vosotros, sus amigos, que traéis el lienzo de pureza y de cariño de la amantísima Verónica, vosotros, que lo conocéis de cerca, subid conmigo, Su Madre, subid hasta su Costado abierto, y ponedle ahí, en un beso apasionado, el alma, enardecida en viva caridad. Venid, lloremos juntos tanta desventura; venid, y amemos en nombre de un mundo que le dio la muerte con la apostasía de perversa ingratitud...".

(Pausa)

(No *olvidemos; la historia de la horrenda noche del Jueves Santo, del pretorio, de la Vía Dolorosa, es historia escrita hoy con caracteres de culpa deicida y es culpa nuestra. Pecaron nuestros padres, pecaron los verdugos, y nosotros seguimos recayendo en el pecado. ¡Ea!, reparemos y lavemos, si preciso fuera, con sangre, nuestra propia afrenta. Digámosle a Jesús Sacramentado una palabra de amoroso desagravio*).

Las almas. Señor, acuérdate que dijiste que habías venido a dar la vida y a darla con superabundancia inagotable; te pedimos, por María Inmaculada y por tu Corazón piadoso:

(Todos en voz alta)

Que no seas nuestro Juez, sino nuestro dulce Salvador.

Señor, acuérdate que dijiste que habías venido en busca de las ovejillas descarriadas de Israel; ¡ah!, no las desampares entre las espinas del camino extraviado; te pedimos, pues, por María Inmaculada y por tu Corazón piadoso:

Que no seas nuestro Juez, sino nuestro dulce Salvador.

Señor, acuérdate que prometiste celebrar en el hogar de tus ternuras la llegada del pródigo arrepentido, con cantares y festejos de ángeles; te pedimos, pues, por María Inmaculada y por tu Corazón piadoso:

Que no seas nuestro Juez, sino nuestro dulce Salvador.

Señor, acuérdate que, invitado a la mesa de tus enemigos, de los pecadores, aceptabas el convite para conquistarlos, en seguida, con palabras de ternura y de esperanza; te pedimos, pues, por María Inmaculada y por tu Corazón piadoso:

Que no seas nuestro Juez, sino nuestro dulce Salvador.

Señor, acuérdate que buscaste siempre con marcada preferencia a los más caídos, y que Magdalena, la Samaritana, el Buen Ladrón y tantos culpables, saborearon la suavidad infinita de tu Evangelio; te pedimos, pues, por María Inmaculada y por tu Corazón piadoso:

Que no seas nuestro Juez, sino nuestro dulce Salvador.

Señor, acuérdate, por fin, en tu vida de Hostia redentora, que perdiste la vida terrena por perdonar al hombre, y que expiraste convidando al cielo de tu Padre a un dichoso desdichado que endulzó tu agonía y compró tu Paraíso con una sola palabra de arrepentimiento humilde; te pedimos, pues, por María Inmaculada y por tu Corazón piadoso:

Que no seas nuestro Juez, sino nuestro dulce Salvador.

Que así sea, Jesús, en especial para aquellos que han sabido consolarte en la Comunión Reparadora y en la bellísima plegaria de la Hora Santa. Cumple con ellos y los suyos tus promesas de misericordia.

(Pausa)

Triunfos de Jesús y Glorias de su Madre. El hijo de María es Dios en su muerte y debe ser Dios en su triunfo. Los resplandores que cubren el sepulcro despedazado, envuelven su Cruz, su Iglesia, su Tabernáculo y glorifican a la Virgen María.

Pero ese triunfo del Señor Crucificado, es un triunfo secreto y misterioso, es una victoria, íntima como la gracia y como las almas... Así es cómo ese Dios, realmente presente, pero oculto en esa Hostia, va dominando todas las tempestades del infierno... todas mueren ante el humilde

Sagrario.

Y esa gran victoria, inamovible, eterna, es también la victoria y la exaltación de la Mujer purísima de María Inmaculada, unida a Él como en las supremas angustias del Corazón del Hijo, en las inefables alegrías de su gloria y de su triunfo.

Terminemos, pues, esta Hora Santa con una plegaria de alabanza y con un hosanna de júbilo.

Las almas. Jesús adorable, ya es llegado el tiempo en que veamos convertido tu altar en el Tabor de tus glorias, pues con este fin revelaste a Margarita María las magnificencias de tu victorioso Corazón... Tu Vicario y el sacerdocio, encendidos en nuevo celo; tu Eucaristía, amada y recibida con la vehemencia de un amor inusitado; la práctica de la Hora Santa; la consagración de los hogares, convertidos en tus templos, todo, en fin, ¡oh, Dios Sacramentado!, todo nos está diciendo con idioma elocuentísimo que el lábaro de tu Corazón avanza, recuperando el mundo que derramó tu sangre... Afianza, pues, Señor, tu reinado, y avanza más y más, ¡oh, Rey de los amores!, te lo rogamos en nombre de María Inmaculada, en cuyos brazos te encontramos siempre asequible y siempre a nuestro alcance.

Corazón de Jesús, Tú lo sabes todo; Tú sabes que te amamos; perdona, pues, y derrama por el mundo entero las gracias prodigiosas con que alientas y confirmas esta sublime devoción; por el Corazón Inmaculado de María:

(Todos)

Venga a nos tu reino.

Corazón de Jesús, Tú lo sabes todo; Tú sabes que te amamos; perdona, pues, y dilata hasta los últimos confines de la Tierra el fecundo aliento de regeneración cristiana que ofreces a las almas en este amor incomparable; por el Corazón Inmaculado de María:

Venga a nos tu reino.

Corazón de Jesús, Tú lo sabes todo; Tú sabes que te amamos; perdona, pues, y afianza la realeza de tu suavísima ternura en el hogar, en todas las familias que te están diciendo que eres su paz y su cielo anticipado; por el Corazón Inmaculado de María:

Venga a nos tu reino.

Corazón de Jesús, Tú lo sabes todo; Tú sabes que te amamos; perdona, pues, y alienta a los apóstoles que anhelan coronarte con diadema de almas, de muchas almas pecadoras, conquistadas con tu caridad infinita, inagotable; por el Corazón Inmaculado de María:

Venga a nos tu reino.

Corazón de Jesús; Tú lo sabes todo; Tú sabes que te amamos; perdona, pues, y cumple con tu Iglesia las solemnes promesas de victoria hechas a Margarita María, como bendición y recompensa de este querido y fecundo apostolado; por el Corazón Inmaculado de María:

Venga a nos tu reino.

Corazón de Jesús; Tú lo sabes todo; Tú sabes que te amamos; perdona, pues, y, en obsequio a la Virgen Madre, da a los trabajos y a las palabras de tus apóstoles la virtud irresistible de entronizarte dondequiera que haya un alma o un hogar que necesiten de tu gran misericordia; por el Corazón Inmaculado de María:

Venga a nos tu reino.

Sí, establécelo, Señor, en la familia, en el pueblo, en el gobierno, en la enseñanza, ¡reina por tu Corazón Divino!

Te conjuramos por las lágrimas de tu Madre... te lo exigimos por el honor de la Virgen Inmaculada, ¡reina en el mundo y en la Iglesia universal, reina por tu Sagrado Corazón!

(*Padrenuestro* y *Avemaría* por las intenciones particulares de los presentes.

Padrenuestro y *Avemaría* por los agonizantes y pecadores.

Padrenuestro y *Avemaría* pidiendo el reinado del Sagrado Corazón mediante la Comunión frecuente y diaria, la Hora Santa y la Cruzada de la Entronización del Rey Divino en hogares, sociedades y naciones).

(Cinco veces)

¡Corazón Divino de Jesús, venga a nos tu reino!

VI Abril

En una Hora Santa como ésta, hora de silencio y de plegaria íntima, confió Jesús-Eucaristía los anhelos de su Corazón a Margarita María, su primer apóstol. ¡Oh!, qué momento de ventura, qué solemne instante aquel, en que la tierra volvió a resonar con la súplica ardorosa del Dios-Hombre, que, gimiendo, mendigaba amor... Sí, pedía amor, y ofrecía en pago, no los tesoros ya entregados en la Cruz..., regalaba, en esa noche radiante y deliciosa más que el cielo, nos entregaba su adorable Corazón...

Cristianos fervorosos: ¡Hosanna en las alturas!... ¡El nos pertenece desde entonces por entero!...

Almas reparadoras: ¡Hosanna acá en la tierra!... ¡El es nuestro en la vida y será nuestro más allá de los umbrales de la muerte!...

Oremos, hermanos, y si lo amamos, levantemos un clamor de fe y de caridad, roguémosle nos descubra, en esta Hora Santa, las ansias vehementes de su apasionado Corazón... "Revélanos, Señor Jesús, a tus amigos, descúbrenos aquí, como a tu dichosa confidente los anhelos, los propósitos de triunfo que encerraste en esta prodigiosa devoción.

Di, Señor, ¿qué pides?... Habla sin tardanza, reclama con imperio, exige..., pues ya ves cómo esperamos sedientos tu palabra... Somos tus consoladores..., queremos ser el nido blando en que descanse tu cabeza destrozada; y acéptanos, como a Gabriel, de aliento y de sostén en tu agonía redentora... Míranos, Señor, como miraste a la Verónica, pues nuestras almas deben ser el lienzo de pureza que recojan tus hermosas lágrimas... Aquí estamos los fidelísimos, los resueltos, que hemos querido velar una hora con tu Corazón agonizante... Habla, Jesús Sacramentado, ya que todos éstos que rodean el Calvario del altar solicitan, como el Cireneo, el premio anticipado de llevar tu Cruz.

Corazón Divino, cuéntanos en este instante de divina confidencia tus ambiciones de reinado, confíanos tus anhelos de victoria... Ordena, Jesús, que muramos por tu amor, y moriremos. Háblanos por esa herida del Costado, que, desde hace ya tres siglos, está venciendo con ternura y con perdón al mundo... Que no nos hablen otros... háblanos Tú, Jesús-Eucaristía, y viviremos...".

(Pausa)

(Pedidle gracia para escuchar su voz divina)

Voz de Jesús. Acércate, alma querida, soy Yo, no temas... No traigo majestad que te espante... vengo pobre, me llego a ti desamparado... no tengo en este instante más resplandores de gloria que mis llagas, ni más tesoro que este Corazón que te ha querido tanto... Soy el Nazareno, hijo del pueblo, nacido en un establo... He sido un artesano humilde y pobrecito... he caminado descalzo y he sufrido incertidumbres y penurias infinitas por el amor del pueblo. Quiero reinar en él..., quiero ser su Soberano..., quiero que los humildes, que los que trabajan, que los que sufren, acepten la realeza amabilísima de mi Corazón Divino... ¡Oh, sí!... Quiero que el pueblo sea mío, conquistado en la desnudez de Belén y del Calvario..., quiero y reclamo que la muchedumbre que llora, que padece hambre de pan y sed de justicia, adore, crea, espere y ame..., quiero que sea mía... Vosotros, mis amigos íntimos, preparadme esa Pascua y el trono y la diadema en la Hora Santa... Clamad ante el altar, rogad sin tregua y devolvedme así el alma de ese pueblo, que me arrebatan indignados los que reniegan de la Cruz y de mi sangre. Haced venir a mí a los pobres...; entronizadme en sus hogares, soy Jesús, el Nazareno pobre...

(Pausa)

Las almas. Sí, Jesús, Tú reinarás entre los pobres, y el pueblo, vencido por tu dulce Corazón, te aclamará su Rey... Cediendo, pues a tu reclamo, recoge la plegaria que va a resonar ahora mismo en tu Sagrario.

Por tus lágrimas vertidas en la cueva humilde de Belén.

(Todos en voz alta)

Triunfa entre los pobres, tus amigos, ¡oh Divino Corazón!

Por tus lágrimas derramadas en secreto en el Nazaret de tus cariños.

Triunfa entre los pobres, tus amigos, ¡oh Divino Co-

razón!

Por tus lágrimas lloradas en la muerte de tu amigo Lázaro.

Triunfa entre los pobres, tus amigos, ¡oh Divino Corazón!

Por tus lágrimas sentidas que te arrancaron la ruina de tu pueblo y de tu patria.

Triunfa entre los pobres, tus amigos, ¡oh Divino Corazón!

Por tus lágrimas de sangre que empaparon el huerto de Getsemaní, mil veces venturoso.

Triunfa entre los pobres, tus amigos, ¡oh Divino Corazón!

Por tus lágrimas amargas, arrancadas por la pérfida traición de Judas.

Triunfa entre los pobres, tus amigos, ¡oh Divino Corazón!

Por tus lágrimas de desengaño, lloradas en la triple negación de Pedro y en el abandono de todos tus apóstoles.

Triunfa entre los pobres, tus amigos, ¡oh Divino Corazón!

Por tus lágrimas de desconsuelo, derramadas al ver destrozado el Corazón de tu Madre en la Vía Dolorosa.

Triunfa entre los pobres, tus amigos, ¡oh Divino Corazón!

Por tus postreras lágrimas con que, en el Calvario, te despediste de la tierra, y en especial, de los pobres tus amigos.

Triunfa entre los pobres, tus amigos, ¡oh Divino Corazón!

(Pausa)

Voz de Jesús. ¡Cómo os bendice mi Corazón, consolado por la súplica ardorosa que acabáis de hacerle!... Sí, triunfaré; soy Rey; para esto nací y vine al mundo. Ese mundo ingrato, como un mar embravecido, me rechaza... En la barca de mi Iglesia atravieso las edades ofreciendo la calma, la libertad, la paz a los humanos... ¡Ay, la tempestad arrecia!... Hay gobernantes que quieren el

naufragio de la Iglesia, esta Arca salvadora... y hay muchos hombres ricos, sabios, poderosos, que, como el inicuo Sanedrín, traman la ruina del sacerdocio y de mi templo... Mi Vicario está afligido... mi soberanía, desconocida oficialmente... dispersos, por el huracán del odio, y desterrados mis apóstoles y amigos... Profanados muchos lugares de retiro y oración...; conculcados mis derechos y mi Ley... Soy Rey porque soy Jesús, el Hijo del Dios vivo.

¡Ah!, los que amáis de veras la gloria de mi nombre... vosotros, al menos, mis amigos, pedid conmigo, pedid al cielo la victoria sacrosanta de mi Iglesia... no olvidéis que sus congojas son las mías... Quien la ultraja, ultraja y hiere mi Divino Corazón...

(Pausa)

Las almas. Hemos oído, Jesús, la sentencia de blasfemia contra Ti y tu santa Iglesia... y también el grito de dolor que te arranca esa ingratitud de los poderosos, a quienes diste autoridad... y de las naciones a quienes otorgaste libertad por tu Evangelio...

Perdona, Monarca escarnecido, y confunde a tus enemigos... te lo pedimos con apremio fervoroso.

Por la desnudez y el desamparo de tu maravilloso nacimiento. (Todos, en voz alta)

Triunfa en tu Iglesia, ¡oh Divino Corazón!

Por la oscuridad en que viviste tantos años en el taller de Nazaret.

Triunfa en tu Iglesia, ¡oh Divino Corazón!

Por tu fuga tan penosa hasta el Egipto, perseguido por encarnizados enemigos.

Triunfa en tu Iglesia, ¡oh Divino Corazón!

Por tu retiro de cuarenta días de plegaria y penitencia en las soledades del desierto.

Triunfa en tu Iglesia, ¡oh Divino Corazón!

Por el desdén de los Doctores de Israel, por las afrentas con que recibían la predicación de tu Evangelio.

Triunfa en tu Iglesia, ¡oh Divino Corazón!

Por la ingratitud con que te lastimaron tantos a

quienes bendijiste con bendición de milagros portentosos.

Triunfa en tu Iglesia, ¡oh Divino Corazón!

Por la veleidad incomprensible de ese pueblo que pagaba tus favores pidiendo para Ti la sentencia de la Cruz...

Triunfa en tu Iglesia, ¡oh Divino Corazón!

(Pausa)

Voz de Jesús. Almas fervorosas, si por lo menos, tuviera mi Corazón; ya tan lastimado y perseguido, el refugio tan ambicionado del hogar... el calor de la familia. ¡Ay, ese santuario caería hecho pedazos si Satán y el mundo consiguieran desterrarme de él, a Mí, que soy la vida en el amor! ¡Oh, preguntad a Lázaro, a Marta y a María, mis amigos de Betania, qué mal resiste, qué dolor no se endulza, qué herida no se cicatriza, cuando Yo, Jesús, traslado mis reales al seno de un hogar que adora y ama!... Padres que arrastráis una vida fatigosa, abrumados por el peso de incertidumbre y responsabilidades, dejadme entrar a vuestro hogar... Yo soy el sol de paz, de fuerza: Yo soy el alma de una vida nueva...

Madres acongojadas..., que sufrís por vosotras y por vuestros hijos... madres dolorosas, como mi dulce Madre..., ¿por qué no me invitáis a bendecir la aurora y el crepúsculo, la paz y la tribulación, las risas y las lágrimas del hogar querido?... Vosotros, testigos cariñosos de la mística agonía de mi Corazón en el Sagrario, sabed que vuestra fe y que vuestro apostolado podrán abrirme las puertas del hogar, que se me cierran culpablemente tantas veces. Velad por mis derechos, y orad... pedid que reine en la familia cristiana y a pesar del infierno, triunfará mi Corazón...

(Breve pausa)

Las almas. Jesús, errante Peregrino... ven... No quedes en el umbral de nuestras casas, empapados tus cabellos y tu túnica en el rocío de la noche... Ven... y entra..., y avasalla las familias de nosotros todos, que te amamos... ¡Oh, sí! Jesús Esposo, Jesús Hermano, Jesús Amigo..., ven... Reina en todos los hogares..., te lo rogamos.

Por el amor filial que profesaste a tu divina Madre, por las ternuras y los desvelos de su Corazón Inmaculado.

(Todos en voz alta)

Triunfa en los hogares, ¡oh Divino Corazón!

Por el afecto de santa intimidad que profesaste al Carpintero humilde, a quien llamaste padre.

Triunfa en los hogares, ¡oh Divino Corazón!

Por el cariño de predilección con que trataste a Juan, el apóstol de tus inefables confidencias...

Triunfa en los hogares, ¡oh Divino Corazón!

Por la simpatía que tuviste siempre por los pequeñitos del rebaño, por los niños, tus amigos fidelísimos...

Triunfa en los hogares, ¡oh Divino Corazón!

Por aquella amistad envidiable, deliciosa, de Betania..., donde no había sino un solo sufrimiento insoportable y era el de tu ausencia.

Triunfa en los hogares, ¡oh Divino Corazón!

Por la fineza que gastaste con los esposos de Caná y por tu ternura con la arrepentida Magdalena.

Triunfa en los hogares, ¡oh Divino Corazón!

Por la deferencia que tuviste con Zaqueo, y con Simón el Fariseo... y, en fin, por la sed que despertaste en el alma de la feliz Samaritana.

Triunfa en los hogares, ¡oh Divino Corazón!

(Breve pausa)

Voz de Jesús. Puesto que habéis venido a consolarme, que no termine esta Hora Santa sin recordar aquí, a mis plantas, a los preferidos de mi Corazón piadoso: son los caídos, los pródigos, los extraviados del redil...

¡Ah, cómo pasan delante de esta Hostia, que me oculta a vuestros ojos, cómo desfilan los soberbios que ultrajan mi humildad..., los blasfemos que me escarnecen con el fango..., los apóstatas y los impíos que llegan hasta mí con la hiel de su sarcasmo...! ¡Ay!, qué numerosa es la legión de los ingratos... e infinito es el número de los que me atormentan con glacial indiferencia... ¡Quién lo diría!... los veo desde aquí; hay también amigos traidores, desleales... Sí, y también hay niños..., oídme, madres, hay niños que maldicen el Corazón de Jesús, su amigo.

Mi alma está triste hasta la muerte, por la muerte del alma de tantos infelices pecadores... Escuchadme: en este momento mismo están agonizando muchos de ellos... Caed de rodillas..., cerradles el infierno con una plegaria

fervorosa, y abridles el cielo de mi Corazón, que los aguarda con perdón y misericordias infinitas... Salvadlos..., son almas que me pertenecen..., su redención os la confío.

(Pausa)

Las almas. Gracias, buen Jesús, por el don precioso de esas almas extraviadas...; las quiero como mías, las amo como lágrimas de tus divinos ojos... No pueden condenarse, no, mientras no cierres esa herida hermosa de tu pecho... ¡Ah!, esa llaga, que es el Paraíso ha de quedar eternamente abierta como el Cielo... Acoge, pues, benigno y manso, la súplica que por el Corazón Inmaculado de María te presentamos en favor de los desventurados pecadores... ¡Ay, y no olvides, Jesús, que los hay también en mi propio hogar!...

Por tu frente despedazada con la corona de espinas crudelísimas. (Todos en voz alta)

Triunfa en los pecadores, ¡oh Divino Corazón!

Por tus manos perforadas en castigo de habernos bendecido y perdonado.

Triunfa en los pecadores, ¡oh Divino Corazón!

Por tus pies divinos traspasados, que dejaron en la tierra las huellas de la paz y del amor.

Triunfa en los pecadores, ¡oh Divino Corazón!

Por tus labios, que hablaron sublime caridad, y sintieron sed de nuestras almas pobrecitas.

Triunfa en los pecadores, ¡oh Divino Corazón!

Por tus ojos divinales, que prendieron la luz del Paraíso y que lloraron para no ver las culpas, sino para lavarlas para siempre.

Triunfa en los pecadores, ¡oh Divino Corazón!

Por tu cuerpo sacrosanto, convertido en llaga viva para dar la vida al mundo.

Triunfa en los pecadores, ¡oh Divino Corazón!

Por tu Costado, abierto por la lanza venturosa, y en el que queremos guarecernos en la vida, en la muerte y en la eternidad.

Triunfa en los pecadores, ¡oh Divino Corazón!

(Pausa)

Voz de Jesús. No quiero que os alejéis de este Sagrario, amigos de mi Corazón, sin recordaros una queja, siempre viva como el llanto que me arrancaron tantos, que se llaman y que son mis amigos; tantos justos..., que me corresponden con tibieza... que me ofenden, midiéndome su amor. ¡Ay!..., si supierais cómo llora, angustiado, el Corazón de vuestro Dios, mirado con cortés indiferencia y con respetuosa frialdad por los

144

hijos de la propia casa... por aquellos que he sentado, día a día, al banquete de mis gracias... por aquellos que han vivido, hace años, al sol de mis favores... por millares de almas que serían santas con sólo hundirse en el abismo de mi pecho, en que nacieron, y en que han crecido, por predilección gratuita de mi amor, tan mal correspondido... ¡Ah!, son almas que me pertenecen, pero a quienes la tibieza abate..., son corazones buenos, pero sin celo por mi gloria; me ven llorar en mi patíbulo y no lloran...; me encuentran solitario en esta cárcel..., y se cansan de mi soledad...; no me hablan..., hay un hielo que las mata y que me hiere... Se van y, como mis apóstoles, me dejan a solas con mis angustias y mis ángeles.

Almas-verónicas que estáis aquí, sedientas de beber mis lágrimas amargas, hacedme un desagravio, por la herida tan cruel que me infiere la falta de fineza, de generosidad y de celo de tantos de los míos... Cantadme amor, y amor apasionado, y amor ardiente...; cantad el triunfo de mi gloria, el triunfo de mi Corazón, a fin de que olvide la tristeza de verme tantas veces lastimado de los hijos predilectos..., herido cruelmente, en mi propio hogar... Vosotros, que ardéis en mi caridad y en fervor de celo..., tened piedad de aquel Jesús que busca confidentes, apóstoles y amigos... y no los encuentra..., porque hablo, redimo y santifico con la Cruz... Vosotros, que me amáis de veras, consoladme con celo y amor de santidad.

(Breve pausa)

Las almas. También yo, Señor Jesús, he sido de los tibios que se mantuvieron a distancia de tu Corazón, por temor del sacrificio... He temido las santas exigencias de tu caridad y de tu ternura...; he temido verme prendido en las redes de tu hermosura...; he recelado de caer en tus brazos, y tener que rendirme sin reserva y para siempre a tu Corazón, irresistible, vencedor... Perdona, Jesús..., perdona también y olvida esa culpa de apatía, de pobreza en

el cariño, de irresolución en el sacrificio, de tantos amigos que Tú predestinaste a mucha gloria y santidad... Perdónanos y triunfa...

Por las primeras palabras de ternura con que, cuando niño, hiciste sonreír a tu dulce Madre.

(Todos)

Triunfa en los justos, ¡oh Divino Corazón!

Por tus palabras de bienaventuranza en el sermón de la Montaña.

Triunfa en los justos, ¡oh Divino Corazón!

Por tus palabras de intimidad y de consuelo a tus amigos tan amados de Betania.

Triunfa en los justos, ¡oh Divino Corazón!

Por tus palabras vencedoras de los doce apóstoles, simiente y esperanza de tu Iglesia.

Triunfa en los justos, ¡oh Divino Corazón!

Por tus palabras de inefable bendición para la infancia, siempre predilecta.

Triunfa en los justos, ¡oh Divino Corazón!

Por tus palabras de caridad y de esperanza que recogieron los enfermos, los tristes y los pobres.

Triunfa en los justos, ¡oh Divino Corazón!

Por tus palabras de promesa incomparable para los atribulados, los humildes y los desprendidos de la tierra.

Triunfa en los justos, ¡oh Divino Corazón!

Por tus palabras de infinita dulcedumbre con que te despediste de los tuyos en la noche del incomparable Jueves Santo.

Triunfa en los justos, ¡oh Divino Corazón!

Por las siete últimas palabras con que nos legaste tu espíritu y tu Madre, al expirar en la cima del Calvario.

Triunfa en los justos, ¡oh Divino Corazón!

Voz de Jesús. He venido a prender fuego a la tierra, y ¿qué he de querer sino que arda? Con ese fin de caridad, he aquí en esta Hostia, el Corazón que ha amado a los hombres hasta la muerte, y muerte permanente de altar, de Eucaristía... Me encadené por vosotros a la tierra... y la tierra me tiene relegado en cautiverio de indiferencia, de desdén y de cruel olvido: mi cárcel es de hielo. ¿Dónde están mis redimidos?... ¿Dónde las almas consoladas y libradas de la muerte? ¿Dónde los que alimenté con pan milagroso en el desierto?... ¿Qué se han hecho los ciegos del alma, los leprosos de corazón, sanados en esta fuente prodigiosa, que es mi pecho atravesado?... ¡Ah, gemid conmigo, vosotros mis amigos, que habéis venido a interrumpir el silencio doloroso de mi prisión de amor! Estoy encarcelado y habéis venido a visitarme... ¡Oh, no me dejéis!... Llevadme, ahora al mundo y contadle mi amor y mi cautiverio de vuestros amantes corazones... Id ahora al mundo y

contadle mi amor y mi abandono... Traedlo aquí... Que venga dolorido, ansioso de consuelo... Traedme almas, despertad en ellas sed de comulgar... Predicad mi Santa Eucaristía... y glorificad la Hostia donde vivo Yo, Jesús de Nazaret, de Betania y del Calvario... Venid a mí, en este Sacramento; honradme en él, amad y haced amar mi entristecido Corazón.

(Pausa)

Las almas. No es otra, Jesús-Eucaristía, nuestra ambición de amor sino arrastrar las almas hasta el Sagrario... y conseguir que, enamoradas de ti, busquen asilo eterno en tu Sagrado Corazón. Por esto, colocamos en un altar de oro, en el Corazón Inmaculado de María, una plegaria que endulzará las amarguras de tu prisión... Escúchanos, Jesús Sacramentado:

Por el ultraje de tu prisión del Huerto, y por el beso inicuo que te entregó. (Todos)

Triunfa en tu Eucaristía, ¡oh Divino Corazón!

148

Por la bofetada cruel que afrentó la hermosura de tu faz divina.

Triunfa en tu Eucaristía, ¡oh Divino Corazón!

Por la irrisión cruel y la sangrienta befa de que fuiste objeto toda la noche angustiosa del Jueves Santo.

Triunfa en tu Eucaristía, ¡oh Divino Corazón!

Por la ignominia de la flagelación de esclavo, a que te condenó un juez cobarde.

Triunfa en tu Eucaristía, ¡oh Divino Corazón!

Por el vilipendio a la majestad de tu persona al ser vestido y tratado como loco.

Triunfa en tu Eucaristía, ¡oh Divino Corazón!

Por la afrenta crudelísima de ser equiparado y aun pospuesto a un villano criminal.

Triunfa en tu Eucaristía, ¡oh Divino Corazón!

Por la fiereza del verdugo que, sin respetarte en la agonía blasfemando, colocó en tus labios moribundos la hiel de nuestra ingratitud.

Triunfa en tu Eucaristía, ¡oh Divino Corazón!

(Breve pausa)

Señor, Tú reinarás por tu Divino Corazón, a pesar de Satán y sus secuaces; ¡sí, Tú reinarás!

El pueblo será tuyo, pues le dominarás con cetro blando de misericordia y él, tranquilo o agitado, te cantará como el mar y te aclamará su Rey... Apresura, pues, Jesús, el triunfo prometido de tu dulce Corazón.

Señor, Tu reinarás, glorificado por tu Santa Iglesia... Ella pondrá en tu frente una diadema de almas, y Tú serás exaltado por encima de todas las potestades del cielo, de la tierra y del abismo... Apresura, pues, Jesús, el triunfo prometido de tu dulce Corazón.

Señor, Tú reinarás, cantado y bendecido en el hogar creado por tus dolores y santificado por tu Madre... En el serás "entronizado", por tus ternuras. Apresura, pues, Jesús, el triunfo prometido de tu dulce Corazón.

Señor, Tú reinarás, atrayendo al abismo de la vida, a tu Corazón, los empedernidos pecadores, que no adoran y que no aman... Tú quebrantarás sus cadenas y los harás libres, en el cautiverio de tu amor... Apresura, pues, Jesús, el triunfo prometido de tu dulce Corazón.

Señor, Tú reinarás desde la Hostia Sacrosanta, Tú vencerás en el comulgatorio, dominarás la tierra por la amable omnipotencia de tu Divina Eucaristía... Sí, por ella recobrará los dominios que conquistó tu amor hasta la sangre, hasta la muerte de Cruz, hasta el exceso de tu inmolación sacramental... Apresura, pues, Jesús, el triunfo prometido de tu dulce Corazón... Apresúrate, Maestro, y sálvanos por él...

(*Padrenuestro* y *Avemaría* por las intenciones particulares de los presentes.

Padrenuestro y *Avemaría* por los agonizantes y pecadores.

Padrenuestro y *Avemaría* pidiendo el reinado del Sagrado Corazón mediante la Comunión frecuente y diaria, la Hora Santa y la Cruzada de la Entronización del Rey Divino en hogares, sociedades y naciones).

(Cinco veces)

¡Corazón Divino de Jesús venga a nos tu reino!

Acto final de consagración

El divino fuego que viniste a prender en la tierra, se ha encendido, Jesús, amado, en nuestras almas, y llevados de él, ya no sabemos pedir ni desear sino tu gloria.

Tú lo dijiste al revelar las maravillas de tu Corazón; él es el supremo y el último recurso de redención humana. Apoyados, pues, en tus revelaciones, acudimos a tu altar en busca de palabras de vida eterna, y a tu Corazón adorable, anhelosos de aquellas aguas que deben regenerar el mundo, inflamándolo en tu caridad.

¡Oh!, sé Rey de los ingratos, que te miran como un Soberano derrocado en sus almas infelices; reconquístalos, Jesús, por tu perdón.

Sé Rey de los apóstatas que te miran como Monarca de escarnios, y que ríen, desdeñosos, al quebrar el cetro de tu divina realeza; vuélveles la luz perdida y véngate de sus ofensas, perdonando esas traiciones.

151

Sé Rey de las muchedumbres soliviantadas por aquellos sanedristas, Jesús, que te aborrecen... Calma ese océano rugiente de almas pervertidas, desorientadas..., impera por tu Evangelio y gana el corazón del pueblo por tu Sagrado Corazón.

Sé Rey de tantos buenos, pero tímidos y apáticos, que temen exagerar en el tributo de amor encendido que te deben... Derrite el hielo, sacude el sopor maligno en que viven tantos, mientras el mundo te juzga y te condena.

Sé Rey en los hogares, ¡oh, sí!; traslada a ellos tus reales, inspira Tú la vida de trabajo, de amores y de penas de las familias que te han brindado el sitial de honor entre los padres y los hijos...

Sé Rey, en fin, en los Sagrarios; rompa ya el silencio de tu cárcel un himno inmenso, universal, de familias, de pueblos y naciones, himno de amor que diga, del uno al otro confín de la tierra redimida: ¡Alabado sea el Divino Corazón, por quien hemos alcanzado la salud!... ¡A él, sólo a él, gloria y honor por los siglos de los siglos!... ¡Venga a nos tu reino!... Amén.

(Cinco veces, en voz alta)

¡Corazón Divino de Jesús, venga a nos tu reino!

VII

El calabozo del Jueves Santo y la Prisión

permanente del Sagrario.

Ignominias con que se alhajó y se alhaja aún el Rey Sacramentado en una y otra cárcel.

Observación. Esta Hora Santa está especialmente dedicada para reparar el gran pecado de aquel público, en todas partes numeroso, que pretende la alianza híbrida, imposible, de la piedad y de una mundanidad social pecaminosa. He aquí una lección de amor verdadero y de reparación solemne, pero también una lección, misericordiosa y severa a la vez, para tantos católicos que oran y confiesan en el templo, pero que violan la ley del Señor en su vida social.

Ya que no podemos sorprender al Verbo, como San Pablo, en la magnificencia de su gloria inaccesible, sorprendamos al Rey de los cielos en la gloria de su calabozo el Jueves Santo por la noche... Ved la escena que llenó de estupor a los ángeles: a guisa de palacio, un sótano-cárcel...; por trono, un escaño...; por diadema, el dolor...; por cetro, la burla...; por corte, la soldadesca, ebria de vino, una horda ebria de odio mortal... Blanco de las iras, de los sarcasmos y los golpes, manso, majestuoso y humilde, con ojos suplicantes y faz de angustia, bañado en sangre, pero sediento de más dolor, está Jesús...

"Y así, en esa misma cárcel de amor y de gloriosa ignominia, te sorprendemos, Señor, esa tarde después de veinte siglos... Tu Corazón ha hecho el milagro de perpetuar indestructible el calabozo del Jueves Santo... No han cambiado, ¡oh, Rey de Reyes!, ni los arreos de tu majestad escarnecida, ni los grillos de amor que te aprisionan, ni la cohorte que te ultraja, ni menos aún has cambiado Tú, Jesús, Amor de amores, inmutable en tu propósito de ser nuestro cautivo hasta la consumación de las edades... Los que queremos cambiar la rebeldía de pecado en cautiverio de caridad, somos nosotros...

Por esto:

Conviértenos a Ti, Jesús Sacramentado.

(Todos)

Conviértenos a Ti, Jesús Sacramentado.

Rey-Cautivo, pon cadenas de fe a nuestra triste libertad, y conviértenos a Ti, Jesús Sacramentado.

Conviértenos a Ti, Jesús Sacramentado.

Rey-Cautivo, pon cadenas de amor a nuestro ingrato corazón, y conviértenos a Ti, Jesús Sacramentado.

Conviértenos a Ti, Jesús Sacramentado.

Rey-Cautivo, pon cadenas de gracia a nuestros sentidos rebeldes y conviértenos a Ti, Jesús Sacramentado.

Conviértenos a Ti, Jesús Sacramentado.

Rey-Cautivo, pon cadenas de fortaleza a nuestra voluntad tan tornadiza, y conviértenos a Ti, Jesús Sacramentado.

Conviértenos a Ti, Jesús Sacramentado.

Rey-Cautivo, pon cadenas de santo temor a nuestro espíritu orgulloso, y conviértenos a Ti, Jesús Sacramentado.

Conviértenos a Ti, Jesús Sacramentado.

Rey-Cautivo, pon cadenas de ternura y de piedad a nuestra naturaleza tan frágil e inconstante, y conviértenos a Ti, Jesús Sacramentado.

Conviértenos a Ti, Jesús Sacramentado.

¡Oh, sí!, conviértenos de esclavos de un mundo que, cantando, vende muerte; conviértenos, Jesús, en esclavos tuyos, pues tu servidumbre es mil veces más gloriosa y más fecunda que reinar...

Y ahora, Maestro adorado, mira a través de las rejas de tu cárcel esta legión de amigos fidelísimos...; son los que faltaron en Getsemaní y aquí reparan el celo abominable de Judas y sus sicarios... ¡Ah!, reparan, sobre todo, la ausencia de los que, en la hora de la agonía, dormían y que, en la hora de la traición, huyeron...

No llames en esta Hora Santa a tus ángeles; bástales a ellos tu gloriosa eternidad... reserva para esta legión de amigos las confidencias íntimas de tu Corazón Sacramentado... ¡Oh!, háblanos, Jesús-Hostia, con ternezas de Padre, con intimidad de Hermano; háblanos con abandono de Amigo, con súplicas y quejas de Cautivo, con imperio de Señor.

(Todos)

¡Háblanos, Jesús y viviremos! ¡Háblanos, Jesús y te amaremos! ¡Háblanos, Jesús y triunfaremos!

Sólo Tú tienes, Maestro, palabras de vida, de amor y de verdad... Callen las criaturas, para oírte a Ti, y sólo a Ti. Ábranse los cielos para escucharte, Divino Verbo, a Ti, y sólo a Ti...

Háblanos ya, Jesús, Amor de nuestros amores...

(Escuchad la voz que parte de este calabozo divino; oídle con el amor y el dolor con que le oyeron en la noche espantosa del Jueves Santo los ángeles).

Voz de Jesús. *"Filioli"*, hijitos... *"amici mei"*, amigos míos: Aquí tenéis el Corazón que os ha amado más allá de los abatimientos de Belén y Nazaret... Muy más allá de la crucifixión de cuerpo y de alma, del Calvario... Este es el Corazón que os ha amado hasta el extremo límite, hasta la sublime locura que me tiene encadenado para siempre en el calabozo del Sagrario; aquí, en la Hostia, agoté mi inagotable caridad.... ¡Ay, y aquí ha agotado también el hombre su inmensa ingratitud!...

Padres y madres que habéis sufrido a veces tanto, desgarrado el corazón, por los hijos que mimasteis..., sumad todas vuestras amarguras y medid, si podéis, la mía, que es un mar, comparada con la gota, que es la vuestra...

Acercaos vosotros, los tristes, los desengañados, los heridos en el propio hogar, los azotados por la injusticia, los despedazados por la muerte o las desgracias... Acercaos vosotros, los desheredados de la dicha, los que arrastráis un alma en jirones, los que habéis saboreado el cáliz de todos los duelos, de todas las crueldades de la vida... Acudid todos, venid y ved que el torrente de vuestras desventuras no es sino una lágrima, apenas una, del océano que ha vertido vuestro Dios en este calabozo, en castigo de haber amado a un mundo que le hiere como nunca hirieron los hijos más ingratos...

Aquí se me olvida, como jamás olvidaron los más desleales de los amigos... Aquí se me pospone y desdeña, como jamás fue desdeñado ni pospuesto el último villano... Y yo soy Jesús, el Salvador del mundo. Mi alma, por esto, está triste hasta la muerte...

(Lento)

Desde esta cárcel contemplo la caravana inmensa, los millares de redimidos con mi sangre, que *jamás, jamás, comulgarán*... Vivieron a mi lado, nuestras casas se tocaron; les di pan, hogar y bienestar...; pero jamás vinieron en busca de este Pan divino que Yo soy... ¡Ay dolor! Esos hijos morirán de hambre, vecinos a la casa de su Padre... ¡Oh, cuántas almas samaritanas que han hablado alguna vez conmigo, almas que he lla-

157

mado, que he buscado con milagros de ternura, almas que han llegado hasta el brocal del pozo del Sagrario; cuántas de esas almas no quisieron beber las aguas vivas que de mi Costado abierto saltan hasta la vida eterna!

Y aquellas otras, tan numerosas, que saborearon alguna y muchas veces las delicias de mi Corazón Sacramentado..., que pusieron los labios en la herida de mi pecho, y que después..., ¡ay! me olvidaron para siempre... No han vuelto hace ya largos años... Su desamor me mata...

Y, en fin, los incontables aturdidos en el tráfago del mundo...; los que, a duras penas, distraen de tarde en tarde unos breves instantes para este Dios Sacramentado... ¡Ah, me los dedican muy contados y muy de prisa; no tienen tiempo para Aquel que les dedica una eternidad!

¿Y será, tal vez, alguno de esta triple caravana de ingratos, una fibra querida de vuestro hogar?...

Llorad por él aquí, pedid por él, amad por él...

(Unámonos en una gran plegaria que repare, que consuele al Señor y que salve a tantos anémicos de alma, exangües de vida divina y cristiana, por falta de Eucaristía...)

Las almas. Jesús Sacramentado, Rey de los siglos y conquistador del mundo desde el banquillo del Sagrario, no permitas que algunos de los nuestros perezcan de sed a dos pasos de tu Corazón, Fuente de aguas vivas..., no consientas que desfallezcan de hambre, rechazándote a Ti, el Pan consagrado y vivo descendido del cielo...

(Lento y con gran unción)

Sin consultar, Jesús, su ignorancia, que te rechaza; ni su debilidad, que te elimina, consultando únicamente tu infinita piedad y la compensación de fe y reparación de amor que por ellos te ofrecemos tus amigos, conjurámoste, Señor Sacramentado, a que los salves: ¡oh, dales de beber del cáliz de tu amor!

(Todos)

¡Oh, dales de beber del cáliz de tu amor!

¿Recuerdas, Jesús Infante, las ternezas con que en el pesebre te cuidó tu Madre?... ¿Recuerdas la primera sonrisa, el primer abrazo, el primer ósculo de amor inmenso de María?... Si la amas siempre como el Hijo-Dios, por Ella, por María, atrae las almas que queremos al Sagrario... ¡Oh, dales de beber del cáliz de tu amor!

(Todos)

¡Oh, dales de beber del cáliz de tu amor!

¿Recuerdas, Jesús Infante, que en los brazos de María recibiste las adoraciones de pastores y de reyes?... ¿Recuerdas ese Trono de su pecho inmaculado, donde se quemó a tu gloria el más rico incienso de adoración reparadora?... Si la amas siempre como el Hijo-Dios, por Ella, por María, atrae a las almas que queremos al Sagrario... ¡Oh, dales de beber del cáliz de tu amor!

¡Oh, dales de beber del cáliz de tu amor!

¿Recuerdas, Jesús Infante, aquel tu cielo de Nazaret..., tus plegarias cuando pequeñito, sobre las rodillas de María, sus cantares de paloma al lado de tu cuna?... ¿Recuerdas todavía cuando sorprendiste ya entonces las perlas de sus lágrimas en aquellos ojos virginales?... Si la amas siempre como el Hijo-Dios, por Ella, por María, atrae las almas que queremos al Sagrario... ¡Oh, dales de beber del cáliz de tu amor!...

¡Oh, dales de beber del cáliz de tu amor!

¿Recuerdas, Jesús adolescente, el afán amoroso con que esa Reina inmaculada te buscó tres días?... ¿Recuerdas el fulgor de su mirada, las palpitaciones de inmenso júbilo de su Corazón, al encontrarte a Ti, su único tesoro?... Si la amas siempre como el Hijo-Dios, por Ella, por María, atrae las almas que queremos al Sagrario... ¡Oh, dales de beber del cáliz de tu amor!...

¡Oh, dales de beber del cáliz de tu amor!

¿Recuerdas, Jesús Rey y Salvador, tu despedida de María el Jueves Santo?... ¿Recuerdas su dolor al encontrarte, camino de la muerte?... ¿Recuerdas lo que dijo Ella con su mirada en los estertores ya de la agonía?... Si la amas siempre como el Hijo-Dios, por Ella, por María, atrae las almas que queremos al Sagrario... ¡Oh, dales de beber del cáliz de tu amor!...

¡Oh, dales de beber del cáliz de tu amor!

(Si alguna alma en especial os interesa, nombrádsela y pedidle su conversión).

¿Qué lazo tan misterioso como inquebrantable, qué cadena y forjada dónde, retiene a todo un Dios, prisionero del hombre, desleal e ingrato?... ¿Cuál es el secreto divino de este misterio de misterios, cuál la razón determinante de este milagro de milagros?

"Respóndenos, Jesús, Tú mismo, ya que ni ángeles ni hombres pueden darnos la clave de tan profundo misterio... Respóndenos, divino Prisionero... ¿Dinos por qué edificaste esta cárcel y la hiciste indestructible; dinos por qué, teniendo un Paraíso, eres Tú mismo el Centinela y el Cautivo, siendo así Tú el responsable de ese vivir solitario, desconocido y profanado en el calabozo del Santo Tabernáculo?... ¿Quién te encadenó?... ¿Quién te detiene?...".

Voz de Jesús. ¡El delirio, la locura de mi amor! ¡Mi Corazón me encadenó!... Que si por amarte, me encarné..., que si por amarte me entregué en la Cruz... sábete, alma querida, que por un prodigio mayor de caridad me quedé en la Hostia..., sólo por amor soy el Cautivo del Sagrario...

(Muy lento y entrecortado)

"Soy tu Dios... y tú, una creatura pecadora; para ti, pobrecita, polvo rebelde, me quedé en la Hostia sólo para ti... ¡Oh, dame, pues, el corazón herido, dámelo y toma el mío!...

Soy tu Dios..., y tú, un enfermo, un leproso voluntario... Para ti, empero, gusanillo que vives de soberbia, me quedé en la Hostia... sólo para ti... ¡Oh dame, pues, el corazón leproso, dámelo y

161

toma el mío!

Soy tu Dios... y tú, un náufrago del Paraíso, un desgraciado, culpable en su desgracia... Para ti, rama desgajada, y que fue maldita, para que revivieras,

con lozanía eterna, me quedé en la Hostia, sólo para ti... ¡Oh, dame, pues, el corazón exangüe y triste, dámelo y toma el mío!

¡Ah!... ¿Querías tu saber cuál era la fuerza que me arraiga en la tierra que bebió mi sangre?... Ya lo sabes: ¡el Amor!... ¿Quieres saber ahora cuál es el más amargo de mis dolores?... Óyeme, y solloza al oírme: *¡Amar y no ser amado de los míos!*... ¡Los míos!... ¡Los regalados y preferidos, sí; los muy míos, los que se dicen mis seguidores fieles y mis amigos, no me aman!... Amáis tanto, tanto a los vuestros del hogar..., pero, más que a ellos..., ni siquiera como a ellos, no amáis, ¡oh, no!, a este Dios de amor, a Mí, a vuestro Jesús...

Amáis tanto a los que os aman, os dais a ellos, os desvivís por probarles un amor, a las veces extremado... Para ellos, ternura y delicadezas y generosidad...; para ellos, atenciones y nobleza y gratitud... ¡Oh!, no es ése, no, el amor que brindáis a este Dios encarcelado por amor... Así no me amáis a Mí, vuestro Jesús...

Sois buenos con los pobres, con los huérfanos; tenéis amor para los desatendidos y los desamparados...; tenéis ternura y piedad y lágrimas para todos, propios y extraños... ¡ah!; pero así, con tanta nobleza y hondura; así, con esa donación desinteresada del corazón, así no amáis a este Huérfano de amor, a este Peregrino, desterrado voluntario de los cielos... Así no me amáis a Mí, el Pobre divino de Belén, el mendigo y el Encarcelado del Sagrario... ¡Y yo soy Jesús, el Dios de Amor!...

Estoy herido... y la herida es honda y ancha, como es hondo y grande el desamor con que me pagan los de mi propia casa... Y ya veis: mi queja es un lamento amable... este reproche, una caricia de mi Corazón que quiere enternecer y conquistar los vuestros. ¡Oh, dadme más amor, al menos vosotros, mis amigos, dadme amor más verdadero!... ¡*Sitio*! Me abraso en una sed devoradora.

¡*Sitio*! Tengo sed de ser amado con amor más generoso, con amor de sacrificio en la observancia de mi Ley...

¡*Sitio*! Quiero ser amado, mucho más amado; probádmelo en el aborrecimiento del mundo mundano, que es el verdugo cruel e implacable que me crucifica a Mí en el tiempo, ¡para crucificaros, hijitos, a vosotros en una eternidad de desventura!... Desfallezco de amor y de angustia en este Huerto de mi agonía mística y sacramental... Sostenedme en vuestros brazos mejor

que el ángel... ¡Oh, decidme con fuego del alma que me amáis mucho... y que me amaréis de veras!...".

(*No dejéis que el texto mienta, ni siquiera que exagere; lo que digan las palabras, comprobadlo con pal-*

163

pitaciones del corazón).

Las almas. Jesús adorable, llenos de confusión, pero también de gran confianza, reconocemos que nuestra ingratitud no tiene más medida que la de tu amor ilimitado... Hemos pecado, tus amigos; hemos delinquido por desamor, y con esa culpa de hiel te hemos herido más cruelmente que tus enemigos con la fiereza de sus golpes deicidas... Mas, porque eres Jesús, querrás, sin duda, perdonar nuestro desamor cuando te pospusimos, Señor, a mezquinos intereses de bienestar, de afectos y de goces terrenales... Y en prueba que borras y olvidas, consolado, nuestra culpa, acepta por manos de María Inmaculada nuestro dolor, a la vez que una gran promesa... Te lo diremos en este grito espontáneo del corazón: "Queremos pagarte, Jesús, amor con amor".

(Todos)

Queremos pagarte, Jesús, amor con amor.

En recuerdo agradecido a tus lágrimas de Belén, te amaremos llorando... y en reparación por aquellos que no aprecian el valor cristiano de sus llantos: Queremos pagarte, Jesús, amor con amor.

Queremos pagarte, Jesús, amor con amor.

En recuerdo ternísimo de tu diadema de espinas, te amaremos cuando nos corones con ellas... y en reparación por tantos cristianos que viven de una fiebre loca de placer... Queremos pagarte,

Jesús, amor con amor.

Queremos pagarte, Jesús, amor con amor.

En recuerdo de tus cuitas y amarguras secretas, te amaremos cuando nos regales con esos mismos sinsabores..., y en reparación por la falta de conformidad con que se las recibe de ordinario de tu mano... Queremos pagarte, Jesús, amor con amor.

Queremos pagarte, Jesús, amor con amor.

En recuerdo de lo mucho que sufriste de parte de tus elegidos y amigos, te amaremos cuando nos hagas beber algunas gotas de ese cáliz... y en reparación por la rebeldía con que protestamos de esta prueba: Queremos pagarte, Jesús, amor con amor.

Queremos pagarte, Jesús, amor con amor.

En recuerdo conmovido de tantos siglos de abandono, de soledad e ingratitud, sobrellevados con infinita dulzura en el Sagrario... te amaremos mucho cuando permitas que nos traten los hermanos, como eres tratado Tú en la lobreguez del Tabernáculo; y en reparación por esas afrentas y por el encono con que nosotros protestamos cuando descargas unos instantes esa Cruz sobre nuestros hombros...: Queremos pagarte, Jesús, amor con amor.

Queremos pagarte, Jesús, amor con amor.

(Silencio y plegaria íntima).

Tocamos al fin de esta Hora Santa...

Hacia las once de la noche, hace veinte siglos, sufría Jesús el ultraje de parte del primer tribunal, que lo recibió como recibe la hoguera encendida la leña seca que cae en sus llamas... Momentos después, a media noche, arrojado en un calabozo y entregado a la brutalidad de una soldadesca infame, se desarrolla en la semioscuridad de esa mazmorra una de las escenas más bochornosas y crueles de toda la Pasión... Ahí fue flagelado en el Corazón, y más que sus vestiduras, rasgada en jirones su alma... Este dolor y esta ignominia aterran y paralizan con pavor el espíritu del cristiano... Además, hay en esta noche espantosa un misterio tal de dolor íntimo que nadie puede revelar sino El, el Divino Encarcelado... Pues entonces que nos cuente aquí, El mismo, la agonía de su Corazón en la misma noche en que, desencadenado el poder de las tinieblas, quiso vengar en un calabozo de ignominia, las maravillas que haría el Señor, a través de las edades, en este otro calabozo sacrosanto.

Oigámoslo, trémulos de emoción, sobrecogidos.

Jesús. ¿Por qué me pedís, hijitos y amigos, que os refiera, como historia antigua, una pasión y una agonía de afrentas que se renueva hoy y que perdura en este calabozo del Altar?... El otro ha desaparecido hace siglos; en éste del Sagrario, son los míos, los que me torturan el Corazón; en aquel fueron mercenarios y enemigos que afrentaron mi rostro adorable...

Las almas. Pero, Señor Jesús, déjanos preguntarte con el ansia de tus apóstoles en la última

166

Cena: ¿Quiénes son aquellos desventurados amigos, que convierten todavía tu Sagrario en mazmorra de tortura?... Porque, los que aquí estamos te seguiríamos a la muerte... ¿Seremos, por ventura, nosotros, Señor?

Voz de Jesús. Todos estáis limpios hoy... pero ¡oh, dolor, no lo estáis siempre!... ¡Hay quienes se sientan a mi Mesa..., sí, hay quienes comen de mi plato y beben de mi cáliz... hay hijos y hermanos y discípulos, hay amigos que he amado mucho, y que despedazan mi Divino Corazón!... No pongáis el pensamiento al oírme esta queja, en los blasfemos de lengua en miserables arrabales... ¡Ah, los hay más ensañados: *la blasfemia social, que es el escándalo social*; ése es el látigo que abre surcos en mi carne y muestra al descubierto mis huesos!...

¿A dónde y por qué caminos de fango me llevan ciertas almas cristianas que comulgan por la mañana y que me flagelan por la tarde?... ¡Yo soy un Dios de santidad!... ¿Quién ha dicho, quién, que es lícito el impudor, llamado artístico, impudor pecaminoso siempre en la escena teatral?... ¡Yo maldigo lo nefando!... ¡Es tristeza infinita para mi Corazón que almas creyentes desdeñen como escrúpulos baladíes lo que es infracción mortal y grave de mi ley de castidad!...

Pagar la escena indecorosa, la desenvoltura de pobres infelices que no saben lo que hacen...; pagar actitudes equívocas y cuadros provocativos de pecado, entre oropeles de arte: ¡ay!..., que un público cristiano y consciente, pague y aplauda en la escena, lo que sería crimen de pensamiento o de deseo en la conciencia, escándalo en el hogar, eso es más que pagar mi flagelación... eso es alentar, con dinero cristiano, la crueldad de mis verdugos... ¡Esos dineros están manchados con mi sangre!... ¡Ay de aquellos por quienes se fomenta el escándalo!...

Tenedme piedad los que por situación y fortuna tenéis el camino sembrado de halagos y seducciones..., los que podríais ser norma y lección viva del ejemplo, o ser, por el contrario, pendiente que arrastre a muchas almas al abismo... ¡Bañado en mi sangre... llorando..., Jesús flagelado os pide piedad!...

Tenedme piedad los que, gastando rango y boato; los que, influyendo de muy arriba, aceptáis en hábitos, en modales y en modas, licencias de carne descubierta, con que flageláis la mía divina...; los influyentes que patrocináis, con sello de elegancia y de buen tono, las sensualidades sociales, refinadas, los instintos menos castos, el hervor de sangre, que será mañana perdición de muchas almas... ¡Bañado en mi sangre..., llorando..., Jesús flagelado os pide piedad!...

Tenedme piedad los grandes y nobles y ricos, en cuyos salones no se debe jamás tolerar diversiones y danzas y atavíos que yo condené al destrozar los

ídolos paganos..., ídolos que tantos hijos míos, que comulgan, pretenden reconstituir con licencias pecaminosas de vida social..., éstas me azotan el rostro... ¡Bañado en mi sangre..., llorando..., Jesús flagelado os pide piedad!

Tened piedad, vosotras, madres y esposas de abolengo cristiano y de influencia social, a quienes otras imitan y siguen: no temáis exagerar marcando con severidad la ley de pudor, la hermosura de modestia de las hijas que os confié para mi gloria... ¡Oh, no cedáis al mundo pervertido y corruptor! Yo mando, y sólo Yo, en vuestras casas... Yo juzgaré a los padres y a los hijos, según el marco de mi ley... No olvidéis que yo maldije al mundo... *Yo soy el Amo en el templo, en el salón y en la calle, en la vida y en la muerte... ¡Yo..., y jamás él!...* ¡Bañado en mi sangre..., llorando..., Jesús flagelado os pide piedad!...

Gozadores de la vida, almas débiles, seducidas por la sirena del placer, por la diosa versátil de la vanidad... Almas sedientas de sensaciones, enfermas de vértigo social...; corazones buenos, pero complacientes en exceso, sin carácter...; conciencias fáciles y acomodaticias a todo viento de opinión, de moda y de doctrina, deteneos al borde de un abismo... El vallado es mi Evangelio...; el criterio seguro, el de mi ley y de mi Iglesia... ¡Deteneos!... No paséis sobre mi Cruz ensangrentada... Sabed: sólo Yo os amo... Amadme también con un corazón leal y entero... Os tiendo los brazos... para daros asilo; rasgo la herida de mi Pecho...; entrad por ella, robadme, amigos, el Corazón enamorado..., llevadle sin devolución..., que sea todo vuestro en el tiempo y en la eternidad...; pero tenedme piedad... ¡Bañado en mi sangre..., llorando..., Jesús flagelado os pide piedad!...

(Un breve instante de silencio)

(Después de oír esta queja divina... tan tristemente fundada y por esto tan amarga, no nos queda sino contestar con un gemido de arrepentimiento humilde a ese Jesús que pide compasión desde el calabozo del Sagrario).

Voz del alma. ¿Qué tengo yo, Señor Jesús, que Tú no me hayas dado?...

¡Qué sé yo que Tú no me hayas enseñado?...
¿Qué valgo yo si no estoy a tu lado?

¿Qué merezco yo, si a Ti no estoy unido?...

Perdóname los yerros que contra Ti he cometido.

Pues me creaste sin que lo mereciera... Y me redimiste sin que te lo pidiera...

Mucho hiciste en crearme, mucho en redimirme, y no serás menos generoso en perdonarme.

Pues la mucha sangre que derramaste,
Y la acerba muerte que padeciste,
No fue por los ángeles que te alaban,
Sino por mí y demás pecadores, que te ofenden...
Si te he negado, déjame reconocerte;

Si te he injuriado, déjame alabarte;
Si te he ofendido, déjame servirte.
Porque es más muerte que vida
La que no está empleada en tu santo servicio...

¡Señor Jesús, no pidas piedad a tus hijos!

Recuérdales tan sólo tus derechos... refresca en nuestra mente la soberanía de tu ley, y manda, porque eres Rey de la sociedad... Esta te elimina y te proscribe poco a poco, con la suavidad y la cautela peligrosa con que la pantalla del crepúsculo va cubriendo el sol... Nosotros, sí, culpables, te pedimos piedad.

Como tus ángeles, como la Magdalena, como la Verónica, fueron recogiendo las gotas de tu sangre sobre las piedras y en los instrumentos de suplicio... así, Jesús flagelado, estos tus íntimos amigos, sin transacciones

culpables, visitan ahora en espíritu aquellos "halls" y vestíbulos elegantes, aquellos regios salones..., aquellos escenarios de teatro, salpicados con la púrpura de tus venas... Cortinajes, escalinatas ricas, alfombras preciosas, decoraciones y bastidores, trajes ligeros y cortísimos, atavíos de lujo, marcados con las huellas de tu sangre, como el atrio de Pilatos, como tu horrendo calabozo...

Piedad, Jesús, por los amigos culpables y como venganza de misericordia y en prueba que perdonas: Envía fuego del cielo, fuego de amor.

(Todos)

Envía fuego del cielo, fuego de amor.

Piedad, Jesús, para aquellas familias, buenas en el fondo, pero arrastradas en su debilidad por exigencias paganizantes del gran mundo... Como venganza de misericordia y en prueba que perdonas: Envía fuego del cielo, fuego de amor.

Envía fuego del cielo, fuego de amor.

Piedad, Jesús, para aquellas madres demasiado condescendientes en desmedro del pudor y la modestia de sus hijas..., piedad para las hijas que, no malas, pero aturdidas por su juventud y vencidas por la vanidad o el qué dirán, son, sin pensarlo, un látigo cruel en tus espaldas... Como venganza de misericordia y en prueba que perdonas: Envía fuego del cielo, fuego de amor.

Envía fuego del cielo, fuego de amor.

Y ahora, Jesús, al despedirnos de tu Cárcel-Sagrario, al dejarte confiado a tu Madre y a los ángeles en ese Huerto de agonía y de gloria, permite que nos despidamos con un himno de Eucaristía... Éste es, Jesús, el don de tus dones, confiado a la tierra para darle vida inmortal, a la hora misma y en la misma noche en que ella preparaba complot y sentencia de muerte para Ti, su Rey manso, el Cristo de paz...

Acércate, oh Rey-Cautivo, Jesús Eucaristía, acércate a los barrotes de tu prisión de amor y escucha sonriente, entre lágrimas de consuelo, escucha, amoroso y complacido, el salmo vibrante de alabanza, de reparación y de amor que queremos entonar en nombre de la Iglesia y del mundo a tu Corazón Sacramentado.

¡Oremos juntos, hermanos!

Nos has bendecido, Jesús amado, como no bendijiste jamás, a tu paso, las flores de los campos y los lirios de los valles de tu patria, y en pago, hemos sido nosotros las zarzas y las espinas de tu corona. Pero no te canses de nosotros; acuérdate que eres Jesús, para estos pobres desterrados...

Nos has bendecido, Jesús amado, como no bendijiste jamás las mieses, las viñas y los jardines de Samaria y Galilea, y nosotros te hemos pagado siendo tantas veces la cizaña culpable de tu Iglesia; pero... no te canses de nosotros; acuérdate que eres Jesús, para estos desterrados...

¡Oh, Jesús amado! Tu Corazón nos ha bendecido como no bendijiste jamás las aves del cielo, ni los rebaños de Belén y Nazaret, y nosotros te hemos pagado huyendo de tu redil y temiendo la blandura de tu cayado amorosísimo...; pero no te canses de nosotros; acuérdate que eres Jesús, para estos pobres desterrados.

¡Oh!, en esta hora venturosa, déjanos, porque hemos sido ingratos contigo, Jesús Sacramentado; déjanos ofrecerte un himno de alabanza en el tono inspirado del Profeta-Rey; en su lira te cantamos con la Madre del Amor Hermoso; Espíritus angélicos y santos de la corte celestial, bendecid al Señor en la misericordia infinita con que nos ha colmado: Hosanna al Creador, convertido en creatura y en Hostia por amor.

(Todos)

¡Hosanna al Divino Prisionero del Amor!

Sol, luna y estrellas, desplegad vuestro manto de luz sobre este Tabernáculo, mil veces más santo que el de Jerusalén, lleno de la majestad de su dulzura...; bendecid al Señor en la misericordia infinita con que nos ha colmado: Hosanna al Creador, convertido en creatura y en Hostia por amor.

¡Hosanna al Divino Prisionero del Amor!

Fulgor de la alborada, rocío de la mañana, lampos de luz muriente del crepúsculo, glorificad la majestad del silencio del Rey del Sagrario...; bendecid al Señor en la misericordia infinita con que nos ha colmado: Hosanna al Creador, convertido en creatura y Hostia por amor.

¡Hosanna al Divino Prisionero del Amor!

Océano apacible, océano rugiente en tempestad, profundidades vivientes del abismo, proclamad la omnipotencia del Cautivo de este altar: bendecid al Señor en la misericordia infinita con que nos ha colmado: Hosanna al Creador, convertido en creatura y en Hostia por amor.

¡Hosanna al Divino Prisionero del Amor!

Brisas perfumadas, tempestades devastadoras, flores de la hondonada, torrentes y cascadas, cantad la hermosura soberana de Jesús Sacramentado; bendecid al Señor en la misericordia infinita con que nos ha colmado: Hosanna al Creador, convertido en creatura y Hostia por amor.

¡Hosanna al Divino Prisionero del Amor!

Nieves eternas, selvas, volcanes y mieses, colinas y valles, ensalzad la magnificencia del Dios aniquilado del Altar...; bendecid al Señor en la misericordia infinita con que nos ha colmado: Hosanna al Creador, convertido en creatura y Hostia por amor.

(Todos)

¡Hosanna al Divino Prisionero del Amor!

Creación toda entera, ven, acude presurosa en nuestro auxilio; ven a suplir nuestra impotencia; los humanos no sabemos cantar, bendecir ni agradecer; ven, y con cantares de naturaleza, ahoga el grito de blasfemia, repara el sopor, la indiferencia del hombre ingrato, colmado con la misericordia infinita de Jesús Eucaristía: Hosanna al Creador, convertido en creatura y en Hostia por amor.

(Todos)

¡Hosanna al Divino Prisionero del Amor!

(*Padrenuestro y Avemaría* por las intenciones particulares de los presentes.

Padrenuestro y Avemaría por los agonizantes y pecadores.

Padrenuestro y Avemaría pidiendo el reinado del Sagrado Corazón mediante la Comunión frecuente y diaria, la Hora Santa y la Cruzada de la Entronización del Rey Divino en hogares, sociedades y naciones).

(Cinco veces)

¡Corazón Divino de Jesús, venga a nos tu reino!

VIII Mayo

Adorámoste, Jesús Sacramentado, y bendecímoste, que por la gracia de tu Corazón Divino estás redimiendo el mundo... Sálvanos en él, como lo prometiste a tu sierva Margarita María... sálvanos, te lo rogamos, por el amor de tu Madre Inmaculada...

(De rodillas, y con gran recogimiento interior, pedidle luz para conocer su Divino Corazón y gracia para amarle y darle gloria).

(Breve pausa) (Lento y cortado)

Confidencia de Jesús. No me habéis elegido vosotros a Mí... Yo os he predestinado a vosotros y os he seleccionado entre millares para que participéis aquí, en Hora Santa y sublime de intimidad conmigo, de las confidencias, de las ternuras y de las gracias que os tengo reservadas en mi lastimado Corazón...

Acercaos, tendedme los brazos, arrancadme las espinas, brindadme consuelo..., pues desfallezco de amor y de amargura..., acercaos. ¡Oh he amado tanto..., tanto!... Si os encontráis aquí en la cena deliciosa de mi caridad, vecinos al Señor de los ángeles, sintiendo los ardores de mi Corazón... es porque os preferí gratuitamente... Vosotros sí que sois los míos..., habéis sido los siervos y sois, ahora, los hijos... Venid, pues, y comed conmigo, a la sombra de Getsemaní, el pan de mis dolores...

Necesito desahogar mi alma con vosotros, pues en ella hay tristezas que los ángeles no conocen, y lágrimas que no corren en el cielo... Siento ansias de

hablaros en confidencia dolorosa, la más íntima... Que si no podéis penetrar todo el abismo de mis congojas, no importa; lleváis, como Yo, una fibra que solloza, y que, herida por la tempestad, gime con angustia... Los espíritus angélicos vienen a sostenerme en este huerto de la agonía...; pero vosotros estáis mucho más cerca que ellos del mar de mis quebrantos...; vosotros podéis beber mis lágrimas..., podéis endulzarlas, sufriendo mi pasión y mis dolores... Desentendeos, pues, del mundo, dejad su mentira y el recuerdo de sus devaneos, y aquí a mis plantas, condoleos con el Dios encarcelado, que quiere participaros amor doliente, amor crucificado..., aquel amor que, entre estremecimientos de agonía, dio la paz y dio la vida al mundo.

(Pausa)

El alma. Haz, Señor Jesús, que vea..., haz que saboree la hiel de tus tedios infinitos...; concédeme el favor de penetrar con fe vivísima en tu alma dolorida... Divino Agonizante, sé benigno y aunque soy un pecador, pon en esta Hora Santa el cáliz de Getsemaní en mis labios: dadme de beber en tu Corazón... ¡*"Sitio"*, tengo sed de Ti, Jesús-Eucaristía!

(Breve pausa)

Voz del Sagrario. Vosotros me conocéis, hijitos

178

míos, porque escucháis mis palabras de vida eterna... y al conocerme a Mí conocéis a mi Padre, pues Yo soy el camino que a El conduce... Pero ¡ay!, pensad en que hay millones de hermanos vuestros, creados para adorarme, redimidos para bendecirme, y que levantan contra el cielo este grito de blasfemia: ¡"No hay Dios"!... Hasta mi trono de paz, hasta ese altar de mansedumbre, llega ese grito airado, eco de la rebeldía de Luzbel... Esos mismos que me niegan, viven de mi aliento y se agitan en el piélago de mi bondad, y, sin embargo, me proscriben de palabra, me rechazan en sus obras...

Yo, solo Yo, no existo para ellos... Mi nombre los perturba, mi yugo suave los aterra, mi Calvario los irrita... ¡Me blasfeman!...

(Breve pausa)

¡Buscan la paz! ¿Qué paz puede sentir el que no adora, el que no espera, el que no me ama a Mí que soy la Vida?... ¡Ah!, y con qué tranquilidad prescinden de mi persona en todo, absolutamente en todo lo grande y lo pequeño de su vida... Yo no tengo parte en la ternura de sus madres, en el desvelo de sus padres, ni en el cariño de los hijos... Se me excluye en absoluto de las alegrías del hogar... No se me llama ni por un recuerdo vago, en sus duelos, al abrirse alguna tumba crudelísima... En sus empresas, en sus proyectos, en tantas incertidumbres y desgracias, me tienen relegado al más completo olvido... ¿Lo creeréis, amados míos? Yo, Creador y Redentor, no tengo en millares de almas la parte que en su corazón y pensamiento tienen los servidores, las avecillas y las flores de sus casas... ¡Así me paga el mundo el haberme entregado por su amor a la muerte, más que de Cruz, de Eucaristía!...

(Recemos en voz alta, con fe ardorosa, un Credo, en reparación solemne de la negación de Dios y de Jesucristo en que viven tantos infelices descreídos).

(Pausa)

Voz del Sagrario. Llevo hace siglos el corazón doliente y anegado en lágrimas; ¡ay, cuántas almas, cuyo precio fue mi sangre, se condenan!... Destinadas a abrasarse en las llamas de mi amor, han caído ya, por millares, al abismo de otras llamas horrendas, vengadoras... ¡Y son mías!... Oídlas..., maldicen, desde lo profundo de su infierno, mi cuna de Belén, mi pobreza, primer llamado a los humanos... Maldicen esa Cruz, marcada con sangre en su conciencia... maldicen mi Iglesia, que les ofreció los tesoros de la redención... maldicen mi Eucaristía, desdeñada por ellos, que hubieran vivido eternamente, si se hubieran alimentado con el pan de la inmortalidad, mi Corazón Sacramentado... ¡Ah, y cuántos de esos réprobos, estuvieron alguna y muchas veces, como estáis vosotros, a mis plantas!... ¡Y se perdieron!... Los llamé,

corrí tras ellos, los estreché en mis brazos..., pero rompieron todas las cadenas..., eligieron el gozar por un instante, y después, llorar con llanto eterno... Y maldicen con eterna maldición... ¡Y fueron míos!... ¡Oh, dolor de los dolores!... ¡Cómo laceró, en Getsemaní, mi alma esa sentencia de reprobación irrevocable!... ¡Y fueron míos todos..., mías fueron esas legiones incontables de condenados al suplicio de una cólera infinita!... Los tuve aquí, sobre mi pecho, al borde del abismo de mi amante Corazón... y me los arrebató otro abismo..., y para siempre... y son hoy día lágrimas arrancadas para siempre a mis ojos... criaturas despedidas para siempre de mi reino... hijos desechados, por los siglos de los siglos, del hogar del cielo. Tras ellos se han cerrado las puertas de un infierno..., y ved, mi Corazón herido ha quedado abierto por fuerza de esa angustia inenarrable..., ha quedado abierto para que vosotros, que me amáis, tengáis en él una vida superabundante, un cielo..., una vida eterna...

(Breve pausa)

Voz del alma. Beso tus manos atravesadas, Jesús, y por tu agonía del Huerto, libra a los consoladores de tu Corazón de las llamas del infierno...

Beso tus pies despedazados, Jesús, y por tu agonía del Huerto, libra a los amigos de tu Corazón de una reprobación eterna...

Beso tu Costado abierto, Jesús, y por tu agonía del Huerto, libra a los apóstoles de tu Corazón del suplicio de maldecirte eternamente...

(Breve pausa)

Voz del Maestro. ¿Y sabéis por qué camino fácil se llega a la reprobación final?... Hiriendo mi Corazón con pecado de fea ingratitud..., abusando de la misericordia de este Dios, que es todo caridad.... Soy Jesús, esto es, Salvador... Vine para los que tenían necesidad de medicina, de paz y fortaleza, y, sobre todo, para los que necesitan perdón..., misericordia..., y mucho amor. A esos

enfermos les mostré la piscina de toda sanidad; mi Corazón, que lo absuelve todo... ¡Oh, y de esa ternura han abusado tantos!... Jamás negué el perdón a quien me lo pidió con humilde contrición, jamás... Por esto, porque mi bondad es infinita..., porque espero con paciencia inalterable al pródigo..., porque, a su regreso, olvido sus olvidos y hago fiestas para celebrar a la oveja que llega ensangrentada al redil de mis amores..., por esto, tantos colman la medida y se condenan en el abuso de la absolución que les otorgo... Deteneos, hijos míos, en la pendiente de ese camino, y llorad el extravío fatal de tantos hermanos vuestros que me hieren, porque soy Jesús dulcísimo con ellos...

(Pedidle perdón por el abuso de su misericordia, especialmente en los Sacramentos de Confesión y Eucaristía, diciéndole):

¿Qué tengo yo, Señor Jesús, que Tú no me hayas dado? ¿Qué sé yo, que Tú no me hayas enseñado?
¿Qué valgo yo, si no estoy a tu lado?
¿Qué merezco yo, si a Ti no estoy unido?...

Perdóname los yerros que contra Ti he cometido... Pues me creaste, sin que lo mereciera.
Y me redimiste, sin que te lo pidiera...
Mucho hiciste en crearme,

Mucho en redimirme,
Y no serás menos poderoso en perdonarme, Pues
la mucha sangre que derramaste,
Y la acerba muerte que padeciste,
No fue por los ángeles que te alaban.

Sino por mí y demás pecadores que te ofenden...
Si te he negado, déjame reconocerte;
Si te he injuriado, déjame alabarte;
Si te he ofendido, déjame servirte,

Porque es más muerte que vida
La que no está empleada en tu santo servicio...

(Pausa)

Confidencia de Jesús. Tengo una amable confidencia que haceros todavía; recibidla con especial cariño, pues quiero hablaros de Mi Madre...
Jamás estuvo ausente de mi Corazón, María..., y
su nombre repercutía en él con especial ternura,
en mis horas de soledad y de agonía... En Getsemaní, ¡oh! cuánto pensé en Ella... La vi llorar
amargamente la muerte del Hijo y de los hijos...,
y su dolor hizo desbordar el cáliz de mis amarguras... Atado a la columna, despedazaron mi
carne, y al hacerlo, flagelaron también a la Virgen Inmaculada, que me dio esa carne pura, para
ser hermano vuestro en su regazo... Y en ese
mismo instante, mientras salpicaban los verdugos las paredes del calabozo con mi sangre..., vi,
en el transcurso de las edades, el ultraje que
harían a mi Madre, los que negarían su materni-
dad divina, ofendiendo al mismo tiempo al Hijo
y a la Madre... Muchos otros pretenden adorarme, y la relegan a un glacial olvido, que hiere

en lo más vivo mi Corazón filial... María es vuestra..., amadla, hacedla amar... ¡Oh, dadme un gran consuelo en esta Hora Santa!: unid mis lágrimas a las de mi dulce Madre, al consolar mi entristecido Corazón.

(Pedid perdón al Señor Jesús por el dolor que le causan tantos católicos indiferentes con su Madre, tantos disidentes y protestantes que le rehúsan su amor y que menosprecian o niegan la dignidad y prerrogativas de la Virgen María).

(Breve pausa)

Y ahora, habladme vosotros, cuyos nombres tengo escritos en mi Divino Corazón...; habladme palabras que broten de lo más íntimo de vuestras almas, unidas a la mía por lazos de dolor y de cariño inmenso... Si tenéis tristezas, contádmelas...; si sentís el tedio de la vida, y al mismo tiempo el sobresalto de la muerte, decídmelo... ¡Oh!, habladme sobre todo de las santas ambiciones que sentías de verme consolado..., y luego de contemplarme, Rey de amor, por la misericordia de mi Sagrado Corazón...; hablad, que vuestro Dios escucha.

(Pausa)

El alma. Señor Jesús, en esta Hora Santa traemos a tus plantas una queja amabilísima. Nos presentamos cargados los hombros con tus mercedes, colmada el alma con tus favores, mientras Tú arrastras fatigado, agonizante, la Cruz de nuestras iniquidades... ¡Ah!, no es posible, Maestro, que para el culpable destines principalmente la deliciosa pesadumbre de tu largueza y el cáliz de tus ternuras..., y que reserves para Ti la hez de la agonía... y la hiel de los olvidos y de las perfidias incontables de la tierra... Comparte, pues, Jesús Sacramentado; comparte con nosotros en la Hora Santa todas tus tristezas, y aunque no lo merezcamos, acéptanos de Cireneos en la vía desolada, dolorosa, que conduce a la cima del Calvario... Desde luego, te agradecemos los sinsabores de la vida... No sólo los aceptamos resignados, en expiación justísima de tantas culpas propias y ajenas, no, Jesús: te bendecimos por las espinas que has hecho brotar en nuestro camino con fines de misericordia... ¡Ay!, no ignoras cómo se resiente nuestra naturaleza en los combates de la enfermedad... de la pobreza..., de la calumnia..., de la ingratitud..., de los olvidos..., del cansancio de la vida..., de la tristeza..., de las incertidumbres... Estamos hablando con Jesús de Nazaret, Hermano nuestro, cuyo Corazón de carne, ¡oh, encantadora y divina flaqueza!..., se resintió con las debilidades de la miseria humana... Te bendecimos, Jesús, por aquellas decepciones que nos desapegan de las criaturas. Permites que nos acerquemos a ellas, esperas tantas veces que un afecto legítimo busque en ellas consuelo para el corazón..., energía y paz para el espíritu... Y luego, Tú mismo rompes esas ligaduras y desgarras esas almas..., exiges, con soberano imperio, un corazón entero...

¡Gracias, Jesús, por esas tus divinas y amables crueldades..., gracias! Y así como juegas con el corazón del hombre para santificarle, así también juegas, Dueño irresistible, con la salud de tus

185

hijos..., y sacas de sus dolencias la santidad del alma, así también sabes trocar los quebrantos de la fortuna en manantial de fe; y, en ocasiones, del hambre y de la desgracia, sacas la resurrección y la vida... Bendito seas, mil y mil veces, Corazón providente, benigno, salvador, que, de nuestras grandes desolaciones, sabes producir efluvios de paz, dulzuras inefables y delicias de cielo...

Divino agonizante de Getsemaní, te bendecimos y alabamos por las tribulaciones y pruebas con que has querido hacernos participantes de las glorias de tu sangre...

Espinas del Corazón Sagrado de Jesús, formadme la corona que aprisione el mío...

Torturas y agonía del Corazón Sagrado de Jesús, apagad mi sed de amor terreno y de ventura...

Cruz bendita y llamas del Corazón Sagrado de Jesús, crucificad mi sensualidad y orgullo...

Herida sangrienta del Corazón Sagrado de Jesús, dadme entrada en ese Huerto de la agonía, del amor hermoso y de una sublime santidad.

(Pausa)

El anatema de justicia tremenda que te arranca tantas almas, atraviesa tu propio Corazón, Salvador amado..., y hiere también los nuestros, ansiosos de glorificarte, de ver santificado tu nombre y utilizada tu sangre en toda la redondez de la tierra...

¡Oh, quedaríamos felices aunque no arrebatáramos sino un alma al averno con nuestro clamor de desagravio, aquí, en la Hora Santa, para gloria de tu Corazón Sacramentado!... Recoge esa plegaria, Señor, y salva a tantos que están en peligro de perderse...

Conviértelos, Jesús, por tu Divino Corazón.

(Todos en voz alta)

Conviértelos, Jesús, por tu Divino Corazón.

A los soberbios negadores que rechazan la existencia de un Dios, Creador del Cielo y de la tierra, y de todo cuanto existe...

Conviértelos, Jesús, por tu Divino Corazón.

A los infelices que niegan, Salvador amado, tu Encarnación maravillosa, que no quieren que Tú seas nuestro Hermano por naturaleza humana...

Conviértelos, Jesús, por tu Divino Corazón.

A los que propagan estas negaciones y hacen de ellas bandera de combate, en contra de tu Evangelio y de tus derechos soberanos...

Conviértelos, Jesús, por tu Divino Corazón.

A los que, seducidos por esas palabras tenebrosas apostatan de tu fe y reniegan de tu amor y de tu ley...

Conviértelos, Jesús, por tu Divino Corazón.

A los que conspiran con rabia de infierno en la destrucción de las instituciones cristianas, y que han jurado derrocarte en la ruina de tu Iglesia...

Conviértelos, Jesús, por tu Divino Corazón.

A los que en odio a tu persona pretenden borrar tu Cruz de la conciencia del niño, del alma del pueblo y del hogar...

Conviértelos, Jesús, por tu Divino Corazón.

A los que, con apariencia de luz y con delicadeza de formas pretenden, sin violencia, eliminar, Señor, tu persona divina de todas las actividades de la vida...

Conviértelos, Jesús, por tu Divino Corazón.

A los que por ignorancia lastimosa hacen caso omiso de tu palabra y viven tranquilos lejos del ambiente de la fe y de las insinuaciones de tu gracia...

Conviértelos, Jesús, por tu Divino Corazón.

Y, en fin, Jesús, a los millares de almas que, en lejanas tierras, viven, se agitan y duermen en sombras letales de paganismo, de herejía y de muerte...

Conviértelos, Jesús, por tu Divino Corazón.

(Pausa)

Has querido confiarme, Jesús, el Corazón de la Virgen Madre a fin de reparar tus penas y las suyas por la ofensa de aquellos que pretenden ser cristianos y que rechazan tu última palabra a Juan en el Calvario: "Hijo, en ella, en María, ahí tienes a tu Madre...". Señor, la acepto confundido y te ofrezco, en desagravio, los dolores, las penas, los llantos, las plegarias de todas las madres que te adoran en la tierra y que aclaman a María como Reina... Tú sabes, Maestro, qué caudal de amor y de sinceridad hay en sus almas de heroínas... Tú sabes cuánto valen, cómo oran, cómo aman, cuánto sufren... Jesús, por el recuerdo de María Inmaculada, por las lágrimas que Tú lloraste al verla llorar en tu ausencia, en las afrentas de tu pasión ignominiosa, escucha a las madres que redimen, padeciendo, a tus pies ensangrentados... Míralas cómo piden, con fe ardorosa, la redención de sus hogares..., escucha cómo te aclaman Rey sobre la cuna de sus hijos, sobre el sepulcro de sus esposos... Ellas te piden, Señor, la victoria decisiva de tu Corazón...; en él confían todos los tesoros de su amor... ¡Ay!... ¡Son tantas las que temen por el porvenir cristiano de sus hijos!... ¡Son tantas las que padecen con ellos las tristes consecuencias de sus primeros extravíos!... ¡Son tantas las que ven, con ojos llorosos, que las diversiones mundanas, que las amistades y las lecturas peligrosas, amenazan las conciencias y tal vez la eterna salvación de los suyos! Tú les confiaste, adorable Nazareno, las almas del esposo y de los hijos, y ellas las depositaron, con amor, sobre el altar de tu Sagrado Corazón... ¡Oh, Jesús!... Acuérdate en esta Hora Santa de tu Madre, como te acordaste de ella en el Huerto de Getsemaní... y, en obsequio a sus ternuras, a sus virtudes y a sus dolores, salva el hogar, salva la familia... Señor; si una sola madre conmovió tu Corazón y obtuvo la resurrección de su hijo, ¡ay!, a pedido de tantas madres doloridas en esta hora omnipotente, santifica el santuario del hogar, que Tú ambicionas como Rey de amor...

(Pedídselo con fervor del alma).

(Pausa)

Tú mismo solicitaste, amable Prisionero del altar, la compañía consoladora de la Hora Santa... Tu caridad nos ha vencido; ya ves; hemos venido, dejándolo todo, todo, para reclamar, con santo apremio, el advenimiento de tu reino... ¿Qué esperas, Jesús, para vencer, cuando ésta es la hora de la misericordia y del poder irresistible de tu amor?... Antes, pues, de dejarte sumido en la suavísima penumbra de tu prisión sacramental, déjanos exclamar con grito de una caridad triunfante:

(Todos en voz alta)

¡Venga a nos el reinado de tu amante Corazón!

1a. Promesa. Pronto, Jesús, sí, reina, presto, antes que Satán y el mundo te arrebaten las conciencias y profanen, en tu ausencia, todos los estados de la vida...

¡Venga a nos el reinado de tu amante Corazón!

2a. Adelántate, Jesús, y triunfa en los hogares, reina en ellos por la paz inalterable prometida a aquellos que te han recibido con Hosannas.

¡Venga a nos el reinado de tu amante Corazón!

3a. No demores, Maestro muy amado, porque muchos de éstos padecen aflicciones y amarguras que Tú solo prometiste remediar.

¡Venga a nos el reinado de tu amante Corazón!

4a. Ven, porque eres fuerte, Tú el Dios de las batallas de la vida, ven, mostrándonos tu pecho herido, como esperanza celestial en el trance de la muerte.

¡Venga a nos el reinado de tu amante Corazón!

5a. Sé Tú el éxito prometido en nuestros trabajos; sólo Tú la inspiración y recompensa de todas las empresas.

¡Venga a nos el reinado de tu amante Corazón!

6a. Y tus predilectos, quiero decir; los pecadores, no olvides que para ellos, sobre todo, revelaste las ternuras incansables de tu amor.

¡Venga a nos el reinado de tu amante Corazón!

7a. ¡Ay, son tantos los tibios, Maestro, tantos los indiferentes a quienes debes inflamar con esta admirable devoción!

¡Venga a nos el reinado de tu amante Corazón!

8a. "Aquí está la vida", nos dijiste, mostrándonos tu pecho atravesado...; permite, pues, que ahí bebamos el fervor, la santidad a que aspiramos.

¡Venga a nos el reinado de tu amante Corazón!

9a. Tu imagen, a pedido tuyo, ha sido entronizada en muchas casas...; en nombre de ellas te suplico sigas siendo, en todas, el Soberano muy amado.

¡Venga a nos el reinado de tu amante Corazón!

10a. Pon palabras de fuego, persuasión irresistible, vencedora, en aquellos sacerdotes que te aman y que te predican, como Juan, tu apóstol regalado.

¡Venga a nos el reinado de tu amante Corazón!

11a. Y a cuantos enseñen esta devoción sublime; a cuantos publiquen sus inefables maravillas, resérvales, Jesús, una fibra vecina a aquella en que tienes grabado el nombre de tu Madre.

¡Venga a nos el reinado de tu amante Corazón!

12a. Y, por fin, Señor Jesús, danos el cielo de tu Corazón a cuantos hemos compartido tu agonía en la Hora Santa; por esta hora de consuelo, y por la Comunión de los Primeros Viernes, cumple con nosotros tu promesa infalible; te pedimos que en la hora decisiva de la muerte.

¡Venga a nos el reinado de tu amante Corazón!

(Pausa)

Señor Jesús, hemos podido velar una hora contigo en Getsemaní, y gustosos quedaríamos encadenados al Sagrario para siempre, si tu amor lo consintiera... Nos vamos, llevando paz, consuelos, nueva vida... ¡Ah! Pero, sobre todo, nos despedimos con la satisfacción de haberte dado a ti, Maestro, alivio de caridad, desagravio de fe y reparación de amor, que reclamaste, entre sollozos, a tu confidente Margarita María... Atiende, pues, Señor Jesús, acoge manso y bueno nuestra última oración:

(Lento y cortado)

Corazón agonizante de Jesús, triunfa..., y sé la perseverancia de fe y de inocencia de los niños que comulgan..., sé su Amigo.

Corazón agonizante de Jesús, triunfa..., y sé el consuelo de los padres del hogar cristiano..., sé su Vida.

Corazón agonizante de Jesús, triunfa..., y sé el amor de la multitud que sufre, de los pobres que trabajan..., sé su Rey.

Corazón agonizante de Jesús, triunfa..., y sé la dulcedumbre de los afligidos, de los tristes..., sé su Hermano.

Corazón agonizante de Jesús, triunfa..., y sé la fortaleza de los tentados, de los débiles..., sé su Victoria.

Corazón agonizante de Jesús, triunfa..., y sé el fervor y la constancia de los tibios... sé su amor.

Corazón agonizante de Jesús, triunfa..., y sé el celo ardiente y victorioso de tus apóstoles..., sé su Maestro.

Corazón agonizante de Jesús, triunfa..., y sé el centro de la vida militante de la Iglesia..., sé su lábaro triunfante.

Corazón agonizante de Jesús, triunfa..., y sé en la Eucaristía, la santidad y el cielo de las almas..., sé su paraíso de amor..., sé su Todo.

Y mientras llega el día eterno de cantar tus glorias, déjanos, dulcísimo Maestro, sufrir, amar y morir sobre la celestial herida del Costado, murmurando ahí, en la llaga de tu amante Corazón, esta palabra triunfadora: ¡Venga a nos tu reino!

(Pausa)

(*Padrenuestro y Avemaría* por las intenciones particulares de los presentes.

Padrenuestro y Avemaría por los agonizantes y pecadores.

Padrenuestro y Avemaría pidiendo el reinado del Sagrado Corazón mediante la Comunión frecuente y diaria, la Hora Santa y la Cruzada de la Entronización del Rey Divino en hogares, sociedades y naciones).

(Cinco veces)

¡Corazón Divino de Jesús, venga a nos tu reino!

Acto final de consagración

¡Oh, amantísimo Jesús! Yo quiero consagrarme a ti con todo el fervor de mi espíritu; sobre el ara santa de tu Corazón, en que te ofreces por mi amor, deposito todo mi ser; mi cuerpo, que respetaré como templo en que Tú habitas; mi alma, que cultivaré como jardín en que te recreas; mis sentidos, que guardaré como puertas de tentación; mis potencias, que abriré a las inspiraciones de tu gracia; mis pensamientos, que apartaré de las ilusiones del mundo; mis deseos, que pondré

194

en la felicidad del Paraíso; mis virtudes, que florecerán al abrigo de tu protección; mis pasiones, que se someterán al yugo de tus mandamientos, y hasta mis pecados, que detestaré, mientras haya odio en mi pecho y que lloraré sin cesar mientras haya lágrimas en mis ojos. Mi corazón quiere desde hoy ser para siempre todo tuyo, así como Tú, ¡oh Corazón divino!, has querido ser siempre todo mío. Todo tuyo para siempre; no más culpas, ni más tibiezas... Yo te serviré por los que te ofenden; pensaré en ti, por los que te odian; rogaré, gemiré y me sacrificaré por todos los que te blasfeman. Tú, que penetras los corazones y sabes la sinceridad de mi deseo, comunícame aquella gracia que hace al débil omnipotente; dame el triunfo en las batallas de la tierra, y cíñeme después con la corona inmortal en las mansiones de la gloria... Pero que mi recompensa seas Tú, y mi Cielo eterno, la herida deliciosa de tu amable Corazón... ¡Venga a nos tu reino!...

IX
El Reinado íntimo, familiar y social-nacional del Corazón de Jesús.

¿Hemos penetrado alguna vez por nuestra meditación en el significado profundo de la hermosísima fiesta de Epifanía?...

¡Oh, qué cuadro embelesador aquel; en una cuna pajiza tirita de frío el Rey de los cielos..., sostenido en los brazos de María, el más rico de sus tronos, sonríe dulcísimo y bendice amabilísimo, Aquel, cuyos dominios comprenden el Universo!

Se acercan ya los Reyes Magos... Han hecho una larga travesía, han salvado enormes distancias, pues vienen a cumplir con un deber imperioso: quieren reconocer de rodillas al gran Libertador, al Rey de reyes, al Conquistador, tanto tiempo esperado, de las almas, de las sociedades y de los pueblos, en la persona del Divino Infante...

Antes que los Magos del Oriente, ya el cielo mismo había aclamado con cantares de victoria la realeza de victoria de ese Niño envuelto en pañales y reclinado en un pesebre... Y después de los ángeles, los dichosos pastores habían acudido a su vez para presentarle el homenaje por excelencia, el de su amor, besando con ternura sus pies divinos y estrechándolo sobre sus pechos con sencillo abandono....

No falta, pues, sino un trono, más regio por cierto que esa cuna miserable..., y también una púrpura, más espléndida aún que el manto de la Virgen- Madre...

Vedlo ya en su verdadero trono, por El mismo elegido: ¡la Cruz!

Contempladlo, realzada ahí su hermosura celestial, levantado así por encima de todas las potestades de cielos y de tierra... ¡Qué hermoso, qué dominador, qué dulce este Rey, cubierto con la púrpura escarlata de su sangre preciosísima!...

No falta ahora sino la reproducción indispensable de una nueva Epifanía; aquella en que las almas y las naciones, herencia que su Padre le ha confiado, vengan a postrarse ante su altar, y reconociendo su Realeza Divina, se sometan a su imperio de luz, de paz, de misericordia y de amor...

Pero ¡qué!... Su Reinado ha comenzado ya hace veinte siglos y su victoria se ha extendido desde entonces como un piélago de luz esplendorosa y profunda... que ha penetrado la humanidad regenerada, y la ha informado de un alma nueva, de una hermosura divina... Esa victoria la va acentuando de día en día el Pentecostés permanente de la Iglesia, a medida que ésta arraiga en la tierra la Soberanía del Señor Crucificado...

Pero he aquí que un acontecimiento sobrenatural viene dando, desde hace cosa de tres siglos, un impulso decisivo al carro victorioso del Rey de amor... Un Pentecostés de fuego se ha levantado... parte de Paray-le-Monial y parece envolver ya y abrasar el mundo, transformando las almas y las sociedades... reanimando a los apóstoles..., confirmando las esperanzas y enardeciendo los anhelos de la Iglesia...

¡Oh, qué hermoso grito de victoria y de amor aquel que llena ya los ámbitos de la tierra, del uno al otro polo, grito de júbilo y plegaria de esperanza que dice: "Corazón divino de Jesús, venga a nos tu reino!".

Ya viene, ¡oh, sí!, se acerca triunfante el Rey de amor... Mirad cómo ostenta sobre el pecho, enardecido por la caridad, su Corazón Divino como un Sol que siembra incendios en su carrera... V ed cómo avanza bendiciendo con dulzura... Ved cómo atrae, cómo llama con un gesto de ternura imperiosa, irresistible...

Y si dudáramos todavía que la hora de un triunfo divino parece acercarse, oíd trémulos de santa emoción, una palabra de Jesús, armonía que hace saltar de júbilo a sus apóstoles y amigos, a la vez que provoca el espanto entre los secuaces del infierno...

Jesús ha hablado, el Señor lo ha dicho, el Rey divino lo ha afirmado: "*¡Yo quiero reinar por mi Sagrado Corazón y reinaré!...*". Transportados de gozo, respondamos nosotros esta tarde, en nombre de nuestros hogares, en nombre de nuestra patria, y haciendo eco a la voz de la Iglesia: "¡Hosanna al Hijo de María, al Rey de amor!...".

(Todos) (Dos veces)

¡Hosanna al Hijo de María, al Rey de amor!
¡Rogámoste, Jesús, que seas nuestro Rey!

(Todos) (Dos veces)

Rogámoste, Jesús, que seas nuestro Rey! ¡Hosanna al
Corazón de Cristo-Rey!

Estas aclamaciones, por sinceras que sean, no
bastan... El corazón de Jesús reclama con derecho
obras vivas de amor vivo que ratifiquen el Hosanna que resuena todavía clamoroso en el Sagrario...

"¡Cuántas veces, ¡ay!... recibiste, Señor, oraciones
de labios... y después de la oración, la lanzada en
tu Divino Corazón!".

No una, sino mil veces, por desgracia, se ha re-
producido el cambio sacrílego de decoración de
Jerusalén, tu pueblo...

Ved: al cabo apenas de una semana, los himnos
de victoria se trasforman en vocerío de cólera
que pide su muerte...; y aquellas mismas manos
que aplaudían con palmas y laureles, recogen
con furor las piedras y luego los azotes...

(Con vehemencia)

"No así nosotros, Jesús, ¡oh!; no así, ¡Rey de
reyes!... El agasajo de esta Hora Santa no será
efímero como el del Domingo de Ramos...

Tú, Maestro adorable, que lees en el fondo de
nuestras almas, sabes con qué lealtad y con
cuánto ardor no sólo te amamos, sino que queremos a nuestra vez verte amado, extendiendo tu

reinado en las almas y en la sociedad... Te lo decimos, Jesús, con el corazón en los labios.

Con este fin, Señor, te hemos pedido esta cita; con este único objeto nos hemos congregado ante este trono de gracia y de misericordia... Venimos, pues, a recabar las órdenes para el combate, resueltos como estamos a darlo todo, a sacrificarlo todo, con tal de entronizarte victorioso, preparando y precipitando la hora de tu reinado de amor...

¡Ah! La victoria será ciertamente nuestra; pues Tú, el Omnipotente, eres nuestro Prisionero..., más cautivo aún, si cabe, de tus amigos, que no lo fuiste en Getsemaní, de tus verdugos... Pero esta vez, Jesús amado no querrás, por cierto, renovar el milagro con que hace siglos escapaste de las manos de veleidosos entusiastas e interesados que, en beneficio propio, te querían proclamar su Rey... No así en esta Hora Santa, en la que tus servidores leales y tus apóstoles abnegados te aclaman Rey para tu propia gloria... ¡No romperás, pues, las cadenas de amor, Tú, el cautivo del amor!... Tu gloria que es la única nuestra... y tus intereses, nuestros solos intereses, te lo exigen, Dios de caridad... Manda, reina e impera aquí como Rey; díctanos tu voluntad, ya que son tantos los que de palabra y de obra niegan tu soberanía y tus derechos...

Algo y mucho hemos aprendido, ciertamente, por tu confidente y nuestra hermana Margarita María... Pero, ¿no querrás Tú mismo, Señor, mostrarnos... no fuera sino un destello de aquel Sol de tu Corazón, que le revelaste a ella?... Tenemos hambre de conocerte mejor, de amarte y de hacerte amar... Danos,

pues, si no todo el banquete de Paray-le-Monial, que no merecemos... ¡oh!... danos siquiera una migaja sabrosa, empapada en el cáliz de tu Corazón..., y que nos revele sus designios... sus misericordias y ternuras... Pruébanos una vez más que porque eres Jesús... que porque eres Rey de amor, eres espléndido como no lo fue jamás rey alguno de la tierra... Y ahora queremos oírte... Háblanos, Jesús"...

(Mucho recogimiento y silencio)

Voz de Jesús. *"Quid dicunt de me?"* "¿Qué dicen de mí?"... ¿Qué opinan los hombres de vuestro Maestro, hijos del alma?...

¿Pensáis que creen de veras en mi verdad y en mi justicia? ¿Pensáis que creen, sobre todo, en mi amor; que creen en él con fe inmensa?... Porque debéis saber, ante todo, amigos y apóstoles de mi Sagrado Corazón, que el primer reinado que quiero establecer es un reinado *íntimo* en la conquista de vuestros corazones... Sí, ahí... donde sólo yo puedo penetrar..., ahí quiero, ante todo, echar los fundamentos sólidos de mi soberanía divina...

Vuestro interior, ese debe ser mi Reino por excelencia... Reino todo él de luz, de claridad inefable, puesto que yo soy la luz bajada a la tierra..., a fin de que todo aquel que cree en Mí no ande en tinieblas...

(Lento y marcado)

Los hombres creen candorosa y firmemente en la sabiduría de los sabios y en la sinceridad de infelices intrigantes...

Creen en la amistad deleznable de las criaturas y en la lealtad del corazón humano...

Creen en las promesas y en las adulaciones engañosas e interesadas de los grandes...

Sí, creen fácilmente en la nobleza moral, en la rectitud y en la bondad de los hombres; siendo así que día a día sufren sorpresas y decepciones matadoras... Cosa extraña, sangra todavía la herida abierta por la deslealtad humana, y en esa misma llaga, todavía fresca, reflorece, como por encanto, la fe, la confianza en otra criatura... ¡Así no creéis en Mí, vuestro Jesús!

¡Ah, qué proceder tan distinto observa el hombre conmigo, su Señor!... Yo, que me dejé herir para evitaros tantas heridas mortales... Yo, que soy el único amigo fiel y fidelísimo... Yo, que soy la verdad que no miente y la sabiduría que no engaña... Yo, el amor infinito de un Dios que jamás olvida... sí, Yo, que consentí en ser clavado a un patíbulo para aguardar en los umbrales de un Paraíso al verdugo arrepentido..., ¡sólo Yo no encuentro aquella gran fe que debiera reconocerme como al Señor de las inteligencias y como al único Legislador de las conciencias!

Y, sin embargo, sólo Yo soy y seré, a través de los siglos, la luz indefectible, la única luz de los mortales...

¡Ah!... Si supierais cuánto anhelo obtener esta victoria de luz divina, de inmensa luz en vuestras almas, pobres de fe... ¡Oh, dadme esa victoria; ella no depende sino de vosotros! ¿Por qué motivos clarean tanto a veces las filas de aquellos que vienen con hambre de amor en busca mía al comulgatorio?... ¡Ah!... Yo los quisiera mil veces más numerosos; pero la falta de fe viva los aleja de mi sacrosanta Eucaristía...

¡Oh dolor!... La ignominia y también un respeto mal entendido, detienen a tantos por falta de fe en el camino que los llevará a mi Corazón...

¡Pobrecillos!... Sufren de sed y no vienen al manantial de aguas vivas, que soy Yo... ¡Qué distinto sería, hijitos míos, si creyerais con fe ardiente en mi amor!... ¡Ah! Entonces aquel temor infundado que agosta y esteriliza vuestro afecto y que lastima mi Divino Corazón, no sería capaz de deteneros cuando oís que os llamo....

¡Aumentad la luz del alma; creced en fe, amigos míos!... Si supierais quién es Aquel que os aguarda en este altar... Quien Aquel que os llama a grandes voces desde el Sagrario... ¡Oh, qué de secretos íntimos os revelaría, con qué fuerza de caridad abrasaría y transfiguraría vuestras almas pobrecitas, si os dejarais iluminar, arrastrar y penetrar por las claridades de una fe ardiente!... ¿Queréis embriagaros de mi hermosura?... ¿Deseáis embelesaros en las magnificiencias de mi amor y de mi misericordia?

Dejadme, entonces, saturar de luz divina vuestras almas... Creed, ¡oh!, creed en Mí... Sí, creed en Mí, vosotros los hijos de mi Sagrado Corazón; pero no con una fe cualquiera; creed con una fe ardorosa... Creed, sobre todo, en el amor de mi adorable Corazón...

Y si de veras deseáis, como me lo decís, que Yo me establezca como Soberano en vuestras almas con una victoria de intimidad... pedidme, ante todo, que aumente el don de vuestra fe...

(Si de esta Hora Santa no sacáramos más provecho práctico que el de renovar nuestra fe tan lánguida, habríamos dado un gran paso para gloria del Sagrado Corazón... No olvidemos que uno de los mayores males de la época actual, no es tanto la incredulidad de los infelices negadores, cuanto la fe anémica, tímida, de los amigos del Señor ... Pidamos esta gracia incomparable de una gran fe al Sagrado Corazón).

Las almas. Luz de nuestras almas, Jesús muy amado: coloca tus manos creadoras sobre nuestros ojos nublados, y reanima nuestra fe. Manda como Rey de luz, Señor, y caerán deshechas las escamas que enfermaban nuestra vista sobrenatural... ¡Oh, haz que te veamos claramente, Jesús, y reina aumentando en Ti nuestra fe!

(Todos)

Reina aumentando en Ti nuestra fe.

Luz de nuestras almas, Jesús muy amado: queremos verte y encontrarte en aquellas horas tan contadas de paz, de dicha tranquila y sabrosa...;

en aquellas horas tan fugaces de sol, en las flores tan escasas de la vida... ¡Oh, haz que te veamos entonces claramente, Jesús, y reina aumentando en Ti nuestra fe!

Reina aumentando en Ti nuestra fe.

Luz de nuestras almas, Jesús muy amado, queremos verte y encontrarte en la amargura secreta de tantas y tantas penas que Tú solo conoces..., en aquellas desolaciones del corazón que las criaturas no pueden ni comprender, ni menos endulzar... ¡Oh, haz que te veamos entonces claramente, Jesús, y reina aumentando en Ti nuestra fe!

Reina aumentando en Ti nuestra fe.

Luz de nuestras almas, Jesús muy amado: queremos verte y encontrarte en aquellas luchas desesperadas, entre la naturaleza miserable y la conciencia..., entre nuestros devaneos y ambiciones y las crueles realidades de la vida... ¡Oh, haz que te veamos entonces claramente y reina aumentando en Ti nuestra fe!

Reina aumentando en Ti nuestra fe.

Luz de nuestras almas, Jesús muy amado: queremos verte y encontrarte sobrenaturalizando aquellas legítimas aspiraciones de bienestar que provienen del deseo de asegurar el porvenir temporal y cristiano de los nuestros... ¡Oh, haz que te veamos entonces claramente y reina aumentando en Ti nuestra fe!

Reina aumentando en Ti nuestra fe.

Luz de nuestras almas, Jesús muy amado: queremos verte y encontrarte en aquellas horas de penosa incertidumbre, cuando el horizonte se oscurece y se presenta amenazante..., cuando el cielo y la tierra parecen olvidarnos... ¡Oh, haz que te veamos entonces claramente, y reina aumentando en Ti nuestra fe!

Reina aumentando en Ti nuestra fe.

Luz de nuestras almas, Jesús muy amado: queremos verte y encontrarte en todos aquellos innumerables sacrificios que el deber nos impone, y, sobre todo, cuando marcas el hogar que te ama, con la cruz de los pesares... ¡Oh, haz que te veamos entonces claramente, y reina aumentando en Ti nuestra fe!

Reina aumentando en Ti nuestra fe.

Luz de nuestras almas, Jesús muy amado: queremos verte y encontrarte en el problema delicado de nuestra vida interior de conciencia..., cuando por nuestro bien permites luchas, contrariedades y sinsabores que nos toman de sorpresa... ¡Oh, haz que te veamos entonces claramente, y reina aumentando en Ti nuestra fe!

Reina aumentando en Ti nuestra fe.

Señor, confesamos que Tú, y sólo Tú, eres el Camino, la Verdad y la Vida... ¿A quién acudiremos, cuando sólo Tú tienes palabras de vida eterna?...

Habiéndose encontrado, pues, Jesús en nuestro camino azaroso, te detenemos y nos abalanzamos a Ti exclamando: "¡Hijo de David, ten piedad de nosotros..., abre nuestros ojos..., haz en ellos la luz, una gran luz, para poder ver siempre y verte en todas las cosas, y reina aumentando en Ti nuestra fe!".

Reina aumentando en Ti nuestra fe.

(Pausa)

Bajó un día el ángel del Señor a Nazaret, y anunció a María, la Reina de las vírgenes, que si consentía en ser la Madre del Mesías, éste reinaría, salvando a Israel y al mundo...

Pero el Cielo ponía como condición el que María aceptara previamente la construcción de un arca salvadora: ¡un hogar!... Y si daba su consentimiento, Ella, María, sería la Reina y la Virgen-Madre de ese hogar constituido, y desde ese trono dulce y formidable, el Hijo de Dios dominaría sobre la Casa de Jacob y sobre todas las razas redimidas...

No es éste el caso de hoy día. No es un ángel, sino el Rey de los ángeles, quien se presenta a nosotros ofreciéndonos una segunda redención en el Reinado social de su Divino Corazón... Ahí está muy clara y terminante la petición transmitida en su nombre por Margarita María.

Pero, como en Nazaret, el Rey del Paraíso exige siempre un arca, la misma; un trono vivo, el mismo. Quiere avasallar el mundo, reinando ante todo en el hogar, manantial y santuario de la vida.

Esta petición del Señor no es nueva... Sus designios no han cambiado desde que Él mismo construyó con mano creadora, la familia, con el fin de perpetuar la victoria del Calvario... Sí, los hogares son su creación, y constituyen su dominio... Pero, !ay!..., en cuántos de ellos es Jesús un desconocido... de

cuántos de ellos se le ha desterrado... ¿Es de veras el Rey, o es de hecho un mendigo en millares de familias?

Vedlo recorrer el mundo golpeando a las puertas de los hogares... Y, en respuesta... aquí se le pregunta con altanería quién es... más allá se le increpa con insolencia, se le exigen credenciales... ¡Ah, y no faltan quienes lo despiden..., con aparente cortesía o con ultraje abierto, según los intereses mezquinos del momento!... ¡Ahí se realiza después de siglos aquellas palabras acerbas de San Juan: "Vino a sus dominios, y los suyos no quisieron reconocerlo!".

¡Ah, si esas almas, si esos hogares supieran quién es Aquel que en hora de misericordia y de ventura llama a sus puertas... si conocieran a Aquel que al entrar les traería el tesoro, tan deseado y jamás encontrado, de la paz!...

¡Oh, cuántas maravillas realizaría ese Amigo-Rey si reinara con soberanía de amor en la vida interior de esos hogares!

Ahí, a dos pasos, nos está escuchando el Rey divino y desterrado... Aprovechemos que calla, como si dormitara en el Sagrario, para meditar aquí a sus plantas un cuadro, hecho con la hermosura celestial de sus lágrimas y de sus sonrisas... Saboread toda la belleza y penetrad el significado de esta parábola, semejante a aquellas que el Maestro Divino contaba, despidiendo sobre la claridad en sus palabras arrobadoras.

(Con gran unción)

Escuchad: es plena noche..., y noche de crudo invierno... Una alfombra de nieve cubre el suelo, y sopla inclemente el cierzo helado... Hacia media noche, un Peregrino de incomparable hermosura, jadeante de fatiga, húmedo los cabellos, golpea suavemente a la puerta de una pobre cabaña...

Se le abre presto..., y al entrar bendice, diciendo: "¡Que mi paz sea con vosotros!".

La armonía de esta voz sobrehumana despierta sin sobresalto, uno después de otro los pequeñitos del hogar... Se diría que una voz secreta y misteriosa los

ha ido llamando dulcemente uno por uno... Vedlos, han acudido presurosos y están todos agrupados alrededor del misterioso Peregrino... Le han dado con afecto un asiento al lado de la lumbre...

Y, observándolo de más cerca los pequeñitos, "mirad, se dicen en voz queda, mirad qué ojos hermosísimos tiene este Señor..., pero se diría que ha llorado..., ¿verdad?..., y que lleva una pena grande dentro del pecho..., que le duele el

Corazón...".

Y los mayorcitos, después de un momento de silencio, hablando entre sí, observan con emoción: "Oh, qué bueno y qué tierno este Señor... Pero, ved: tiene lastimadas las manos, y la frente, muy herida...".

El hermoso Peregrino despliega los labios... habla; y al hablar descubre poco a poco y revela todo un cielo... ¡Ah, y qué cielo!... ¡Todos, grandes y pequeños, sin decirlo, piensan, adivinan que ese cielo... lo lleva Él mismo dentro del pecho, y en su Corazón!...

Cosa extraña... Desde que ha entrado, una brisa de paz inefable embalsama ese hogar que se siente sobrecogido a la vez que mil veces dichoso... Y a medida que el Peregrino dulcísimo habla..., se olvidan y desvanecen, o, más bien, se suavizan todas las penas...; no se siente ya el frío glacial que soplaba cuando, hace un instante, pedía hospedaje... Toda su persona despide un suavísimo calor celestial..., y, por esto, en santo abandono, todos le cercan, pues, sin darse cuenta de ello, llevaban un hielo mortal en el alma...

¡Oh, confianza deliciosa! Sin que lo haya dicho, todos presienten, adivinan que ese Peregrino es un Rey... ¡Qué, lo saben..., y ni pequeños ni grandes temen su majestad! ¡Ah, no!... Los grandes no temen porque han sufrido, y este personaje atrae y consuela...; y los pequeños tampoco..., porque se sienten amados, porque son almas de lirio...

Pero a medida que habla..., ¡oh, cómo penetran suave y profundamente en las almas los ojos de ese Rey-Peregrino!... Ya lo ha visto todo de una mirada...; las heridas, frescas siempre en el corazón de aquellos padres... En la delicadeza exquisita de su Corazón no ha nombrado a los ausentes..., pero hace sentir que los conoce y ama a todos... Sí...; ha contado ya los vacíos en ese hermoso hogar... Ahí están los niños, los pequeñitos, pero no están todos... ¿Qué se hicieron..., dónde están los otros, los mayores?

¡Ay, la jaula de oro se ha ido despoblando!... ¡Y si no fuera sino esto sólo; pero no!... Otras penas, otros sinsabores más crueles aún han ido cercando de espinas esa casita que lo alberga con tanto cariño... Pero ya lo sabe todo el Peregrino misterioso... Y en el relámpago de una mirada profunda, deliciosa, les ha dicho que lo sabe... Sin más, ved; los padres han caído a sus pies, regándolos con lágrimas... Parecen guarecerse ahí, así como las avecitas, cuando sopla el huracán, buscan por instinto el abrigo del nido o de una roca...

Arroja entonces sobre ellos una mirada de inefable compasión, y dice: "¡No lloréis sin esperanza..., llorad, sí, pero llorad amando; llorad conmigo, pues Yo os conozco y os amo tanto!... Vuestros pesares y vuestras lágrimas me han traído a vuestro hogar!".

Y cuando, desahogado el corazón, los consolados padres levantan la mirada..., ¿qué ven?... El divino Huésped llora también con ellos... Y a medida que esas lágrimas de amor humedecen la frente y los cabellos de los pequeñitos que, en silencio, se han arrojado sobre su Pecho, entre sus brazos... una calma indefinible..., una paz desconocida, enteramente nueva, inefable, parece cernirse sobre este hogar venturoso... Diríase que el cielo entero ha trasladado sus reales a ese rincón.

Un instante más y el Peregrino enjuga su lágrimas para clavar con deliciosa sonrisa sus miradas de compasión infinita y amor inmenso en esa Betania tan sencilla y tan hermosa, oasis apacible de un Rey desterrado... Y sereno ya el rostro, radiante de hermosura, exclama con un tono de dulcísima tristeza: "Yo también tuve muchos hijos..., pero muchos de ellos me han olvidado y me han abandonado... Y aquí me tenéis, siempre de camino en busca de ellos, para ofrecerles mi perdón... Amigos del alma, sabed que la tempestad de hielo que azota esta noche allá fuera los campos, es benigna comparada con el huracán de dolor que estalla aquí dentro de mi afligido Corazón...".

Y esto diciendo, muestra su Costado... ¡Oh, qué herida profunda la suya!... Su túnica está todavía empapada en sangre. Está conmovido y calla...; pero un instante después continúa: "La acogida de amor que me habéis brindado sabré pagarla con esplendidez soberana..., porque, sabedlo, hijitos, ¡Yo soy Rey...! Mas no temáis... ¡Oh, no, pues *soy un Rey de amor!*".

(Lentamente y con pasión de amor)

"Y ahora acercaos más: quiero confiaros un secreto..., el secreto de mi Corazón: si queréis ser felices, ¡amadme!... Y por amor, confiádmelo todo, todo en este hogar... Confiadme tristezas y duelos de ayer..., incertidumbres y angustias del día de mañana... Confiadme estos pequeñitos, tesoro vuestro y mío..., y abandonadme la suerte temporal y eterna de los otros que no están aquí..., de los que se fueron... Grabad, pues, este secreto de paz inalterable; amadme, amad-me con inmenso amor".

El rocío de esas palabras, que son al mismo tiempo luz y fuerza, enternecen y provocan un torrente de dichosas lágrimas, como no las lloró jamás ese sencillo hogar... ¡Oh, más que llanto es un himno de esperanza, un cántico de júbilo y de amor!... Corren todavía esas dichosas lágrimas y ya están todos a los pies del Peregrino; besándoselos conmovidos... Y alentados por esa mano que acaricia blandamente a los pequeñitos, éstos, y luego los padres, exclaman con vehemencia: "¡Danos tu nombre, oh, Rey de amor!... ¡Dinos quién eres!..." "Yo soy Jesús, el Hijo de María..., – les contesta con la voz, y con los brazos extendidos– venid, Yo soy vuestro Rey...".

¡Oh, sí! –responde con un grito de alegría Betania toda entera–: eres nuestro Rey; pero... ¡quédate, convive con nosotros..., vive nuestra vida de hogar!... *¡Quédate, sé nuestro amigo!*

(Pausa)

Si supierais cuánto desea el Señor que éste, más que un cuadro o una parábola, sea una dichosa y divina realidad en nuestros hogares... Durante esta Hora Santa está llamando a las puertas de vuestras casas…, golpea con insistencia de caridad, pues quiere *entrar como Rey y os pide quedarse entre vosotros como amigo fiel.*

Sí; más que nunca quiere reinar en los hogares con un reinado total y vivido, reinado íntimo y práctico… Antes de terminar este ejercicio quiere Él mismo haceros esta petición… Contestadle con una promesa tan solemne como leal y sincera…

Voz de Jesús. Heme aquí; me presento a vosotros como el Rey de mansedumbre que os trae en su corazón un tesoro de paz, y que viene a ofreceros su gloriosa amistad… Pero recordad que no podéis servir a la vez a dos amos opuestos… Yo, vuestro Señor, y el mundo no podemos sentarnos al banquete de vuestro amor… Decidme, pues, ¿cuál de los dos elegís como Rey de amor de la familia?

Las almas. *Corazón de Jesús, Tú solo serás nuestro Rey.*

Voz de Jesús. ¿Y quién será el amigo que participe de la vida de hogar?

Las almas. *Sólo Tú, Divino Nazareno; sólo Tú, fiel Amigo de Betania.*

Voz de Jesús. Es decir, ¿qué puedo entonces mandar como en mi casa e imponer mi ley a vuestro hogar?… ¿Me aceptáis, pues, entonces de veras como Rey?…

Las almas. *Corazón de Jesús, Tú solo serás nuestro Rey.*

Voz de Jesús. ¿Y quién será el amigo íntimo a quien contéis las penas secretas y los sinsabores de familia?

Las almas. *Sólo Tú, Divino Nazareno; sólo Tú, fiel Amigo de Betania.*

Voz de Jesús. ¿Me reconocéis, por tanto, el derecho pleno de reclamar, según mi beneplácito, personas y bienes en vuestro hogar?... Y más aún, ¿aceptáis con amor que Yo mismo trace el derrotero en el porvenir de la familia?... Responded, pues: ¿seré Yo de veras el amo de la Casa?

Las almas. *Corazón de Jesús, Tú solo serás nuestro Rey.*

Voz de Jesús. Y cuando por disposiciones de Mi Sabiduría os imponga la Ley del sufrimiento, ¿quién será en las horas de lucha el Amigo que aliente y el Consolador a quien llaméis llorando?

Las almas. *Sólo Tú, Divino Nazareno; sólo Tú, fiel Amigo de Betania.*

Voz de Jesús. Pero si me reconocéis como Rey, será preciso que ejerza mi Soberanía en vuestra casa... Y como todo en ella me interesa, ¿aceptáis que tome parte y que ordene como el Amo indiscutible, aun los detalles vulgares y menudos de vuestra vida cotidiana?...

Las almas. *Corazón de Jesús, Tú solo serás nuestro Rey.*

Voz de Jesús. Pero no solo porque, Rey y Señor, tengo ese derecho absoluto... Yo soy vuestro Jesús... ¿Queréis, pues que como amigo de ternura me interese en aquella vida fatigosa, ordinaria de cada día? ¿Seré Yo realmente el Amigo en la labor, en la alegría y en las penas del camino trillado de la vida de familia?...

Las almas. *Solo Tú, Divino Nazareno, solo Tú, fiel Amigo de Betania.*

Voz de Jesús. ¿Quedo, pues, entonces aceptado libremente como el Señor y el Consejero divino en las decisiones graves de familia, en aquellas horas negras en que las criaturas ingratas se desentiendan de vosotros?... ¿Me pedís que desde ahora reine e impere en vuestra casa con la misma libertad con que mando en las alturas de mi cielo?...

Las almas. *Corazón de Jesús, Tú solo serás nuestro Rey.*

Voz de Jesús. Y, en fin, hijos queridos, en la hora de inevitables separaciones... Cuando la muerte, en alas de una enfermedad mortal e imprevista, venga a visitaros porque Yo la mando... decidme, ¿quién será entonces, en ese momento de suprema congoja, quién será el Amigo íntimo, el primero y el último de los Amigos en el hogar de mi Divino Corazón?...

Las almas. *Solo Tú, Divino Nazareno; solo Tú, fiel amigo de Betania.*

(Y aquí una gran promesa: en toda ocasión de duelo,

tribulación o alegría; como también en los aniversarios de dolor o de fiesta, renovad el homenaje de la familia al Corazón de Jesús, entronizado como Rey de amor y conviviendo vuestra vida como Amigo fiel y divino de Betania).

(Pausa)

Para que la victoria social del Corazón de Jesús sea en realidad espléndida y dé todos los resultados de gracia prometidos, es preciso que no se reduzca únicamente a una victoria parcial en la familia... Ello es mucho, pero no es todo... Procuremos que en día no lejano se le aclame Rey Divino de los pueblos... Trabajemos con denuedo en obtener para su bandera una victoria *nacional*...

¡Qué de veces durante la guerra europea oyó Jesús esta súplica!: "Dadnos pronto, Señor, la victoria *que nos es debida en justicia*, y confirma, Señor, con ella nuestros derechos...".

Cuán contados fueron, por el contrario, los creyentes que, empleando el lenguaje de verdadera sabiduría cristiana, dijeron con humildad y de rodillas: "Señor Jesús, Rey desterrado en tantas sociedades. Rey ultrajado en tu soberanía, Rey coronado de espinas, otórganos pronto la gracia inmensa y salvadora de *tu propia victoria*... Corazón de Jesús, venga a nos tu reino... y lo demás dánoslo, cuando Tú quieras, por añadidura.

Vivimos, a la verdad, una hora providencial, la hora del Sagrado Corazón, Rey y Centro del Mundo Católico y de la Iglesia... A El se tornan todas las miradas suplicantes, pidiéndole que salve tantas naciones minadas por la base... tantos pueblos en disolución y vecinos a la muerte... El único Libertador será este Rey de amor, y si no, nuestra sociedad rodará al abismo... Los grandes intereses, pues, de orden y de paz, de justicia y de felicidad de familias y naciones reclaman imperiosamente su Reinado Salvador...

Por desgracia, no razonan así muchos pueblos y gobernantes, que se diría coligados en contra de Cristo Señor nuestro; y que así cavan su propia tumba... ¡Qué de extraño que el mundo hierva en una agitación de horrenda turbación y se sienta más que desgraciado y herido de muerte, cuando los que le gobiernan han desterrado al Príncipe de paz y le tienen clavado a un patíbulo de ignominia... y si, condenando al ostracismo a Aquel que es la vida, llaman por ende a la muerte con su cortejo espantable de desgracias mortales!

La sociedad actual se siente agitada por una confusión que viene de lo hondo... Se está partiendo como la roca del Calvario porque, desgraciadamente, nuestra sociedad moderna es el Calvario vivo de un Dios desconocido y ultrajado... No hay para tanto mal sino un remedio, y es: que el mundo, como el Centurión, acepte de rodillas la realeza del Señor Crucificado..., que legisladores y pueblos acaten su Evangelio..., que grandes y pequeños bendigan su cetro de luz y de misericordia..., que hogares y pueblos beban la vida, una vida nueva, en el manantial de su Corazón Sacrosanto.

Por esto, no terminaremos la Hora Santa sin llamar en nuestro socorro a este Rey-Salvador... Le llamaremos a grandes voces, pues urge el que establezca su Reinado...

Pero ya que este Ejercicio es, ante todo, una plegaria de reparación solemne, acerquémonos con entero abandono al Rey de amor. Entronizado como Rey de dolor y de ignominia en el banquillo de los criminales por la obra sacrílega de la sociedad moderna... Postrémonos con un corazón dolorido ante ese Rey Crucificado, rindámosle el homenaje de adoración y de amor que le niegan tantos pueblos apóstatas... ¡Oremos con fervor!

Las almas. No quieras guardar para Ti solo, ¡oh, Rey de amor! el inmenso caudal de tus dolores... Dígnate mostrar a éstos, tus amigos, las cinco llagas de tu cuerpo lacerado...

El patíbulo no fue ayer, Señor, sigue siendo hoy día el trono sangriento y permanente en que te ha clavado la ingratitud de aquellos a quienes prometiste, y para quienes conquistaste un Paraíso...

¡Oh, acércate, Jesús!, pues queremos, esta tarde, convertir en fuente de vida y en soles de gloria tus cinco llagas... Queremos convertir en sitial de honor, en trono de misericordia, tu Cruz... Queremos y pedimos que desde ella atraigas irresistiblemente a tu Sagrado Corazón la multitud de pueblos renegados...

¡Oh, sí! Permite que, llevados de la mano por

María, Reina Dolorosa, nos acerquemos dolientes; y que aplicando nuestros labios a tus heridas deliciosas, pongamos en ellas el refrigerio de reparación generosa y de amor ardiente que Tú mismo pediste a tu Confidente Margarita María.

Adoremos la llaga de la mano derecha, abierta por la *escuela sin Dios*, y, besándola con un vivo amor, digamos tres veces:

(Todos)

Te amamos, Jesús, por aquellos que te odian.

Adoremos la llaga de la mano izquierda, abierta por la ley tan inicua como infame del *divorcio*, y, besándola con inmenso amor, digamos tres veces:

Te amamos, Jesús, por aquellos que te ultrajan.
Adoremos la llaga del pie derecho, abierta por el crimen que *destruye el*

hogar cristiano y lo profana, y, besándola con amor, digamos tres veces:

Te amamos, Jesús, por aquellos que te azotan.
Adoremos la llaga del pie izquierdo, abierta por el delirio de *legislaciones*

anticristianas, y, besándola con un inmenso amor, digamos tres veces:

Te amamos, Jesús, por aquellos que te traicionan.

Adoremos la llaga del Costado, constantemente perforado por los pecados de apostasía y de desconocimiento de la persona divina de Nuestro

Señor, y, sobre todo, por el ultraje sangriento del jansenismo, pecado que se atreve a insultar la ternura y la misericordia infinitas del Corazón de Jesús... Besando con especial fervor esta herida, la más deliciosa, digamos tres veces:

Te amamos, Jesús, por aqullos que te desconocen.

(Pausa)

(Hagamos brevemente, pero en silencio, una reparación por los pecados de la patria y de sus gobernantes).

Las almas. Escucha ahora, Maestro adorable, nuestra última plegaria. Olvida, Jesús, en obsequio a esta Hora Santa, el silencio de tantos Pilatos que, abusando del poder que les fue conferido para tu gloria, han pretendido sentenciarte a muerte... Perdona, Rey de amor, semejante extravío... Y en consideración a los justos, a tus amigos, salva a tantos pueblos desgraciados..., sálvalos en la conquista gloriosa de tu amor, y para calmar la tempestad. ¡Corazón de Jesús, extiende y afianza tu reinado social!

(Todos)

Corazón de Jesús, extiende y afianza tu reinado social.

Bien sabes, Señor, que son muchos los sanedristas, doctores y legisladores modernos que se han empeñado con tesón infernal en borrar tu nombre, en eliminar tu espíritu y en descartar tu persona divina de las instituciones sociales y públicas... ¡Ah, levántate victorioso, León de Judá, sal de tu Sagrario, Rey de Amor! Y para calmar la tempestad, ¡Corazón de Jesús, extiende y afianza tu reinado social!

Corazón de Jesús, extiende y afianza tu reinado social.

Animosos siempre los traidores de la raza de Judas, hace tiempo ya que han resuelto y que trabajan con rabia de infierno en destruir Nazaret, en arrasar,

después de haberla profanado, en arrasar hasta los cimientos la ciudadela de la familia cristiana... ¡Oh, dulce y adorable Nazareno!, te pedimos por María, por Ella, tu Madre y la nuestra, que avances más victorioso que nunca en medio de la tormenta... Ven, Rey de amor, y cerniéndote triunfante sobre un mundo trastornado, avienta como un polvo despreciable los Judas y los sanedristas modernos; y para calmar la tempestad, ¡Corazón de Jesús, extiende y afianza tu reinado social!

(Todos) (Tres veces)

Extiende y afianza tu reinado social.

Pon ahora, Rey de amor, atento oído y el Corazón a la plegaria de despedida de tus apóstoles y amigos:

Oración final

En presencia, ¡oh, Jesús!, de la Reina Inmaculada y de los ángeles que te adoran en esta Hostia Sacrosanta, a la faz del cielo y también de la tierra rebelde y mal agradecida, te reconocemos, Señor, como el único Soberano y Maestro y como la fuente única de toda autoridad, de toda belleza, de toda verdad y de toda virtud...

Por esto, de rodillas y en espíritu de reparación social, te decimos: no reconocemos un orden social sin Dios ni contra Dios; la base de todo orden social es tu Evangelio, Jesús.

(Todos)

La base de todo orden social es tu Evangelio, Jesús.

No reconocemos ninguna ley de verdadero progreso sin Dios ni contra Dios; la ley de todo progreso es la tuya, Jesús.

La ley de todo progreso es la tuya, Jesús.

No reconocemos las utopías de una civilización sin Dios ni contra Dios; el principio de toda civilización es tu Espíritu, Jesús.

El principio de toda civilización es tu Espíritu, Jesús.

No reconocemos una justicia sin Dios ni contra Dios; la justicia integral eres Tú mismo, Jesús.

La justicia integral eres Tú mismo, Jesús.

No reconocemos la noción de derecho sin Dios ni contra Dios; la fuente del derecho es tu Código inmutable, Jesús.

La fuente del derecho es tu Código inmutable, Jesús.

No reconocemos una libertad sin Dios ni contra Dios; el único libertador eres Tú mismo, Jesús.

El único libertador eres Tú mismo, Jesús.

No reconocemos una fraternidad sin Dios ni contra Dios; la única fraternidad es la tuya, Jesús.

La única fraternidad es la tuya, Jesús.

No reconocemos ninguna verdad sin Dios ni contra Dios; la verdad sustancial eres Tú mismo, Jesús.

La verdad sustancial eres Tú mismo, Jesús.

No reconocemos un amor verdadero sin Dios ni contra Dios; el Amor increado eres Tú mismo, Jesús.

El Amor increado eres Tú mismo, Jesús.

(Final, tres veces)

¡Corazón Divino de Jesús, venga a nos tu reino!

(*Padrenuestro* y *Avemaría* por las intenciones particulares de los presentes.

Padrenuestro y *Avemaría* por los agonizantes y pecadores.

Padrenuestro y *Avemaría* pidiendo el reinado del Sagrado Corazón mediante la Comunión frecuente y diaria, la Hora Santa y la Cruzada de la Entronización del Rey Divino en hogares, sociedades y naciones).

(Cinco veces)

¡Corazón Divino de Jesús, venga a nos tu reino!

X Junio
Primera de las almas atribuladas

Te adoramos, ¡oh Dios Sacramentado!, te bendecimos, Redentor del mundo: te amamos, Jesús,
en la hermosura de tu Corazón agonizante... Sólo
Tú eres grande, Tú sólo santo en esta humillación
de la Divina Hostia... Tú sólo altísimo en este
misterio de incruento sacrificio... ¡Gloria, pues, a
Ti, que siendo el Dios de cielo, vives en el Getsemaní del santo Tabernáculo!... ¡Gloria a Ti, Jesús-
Eucaristía, en las alturas de tus ángeles...;
alabanza a Ti, en el corazón de los humanos!...
En nombre de todos ellos y, en especial, en nombre de todos los que sufren con amor y fe, adoramos las lágrimas, la soledad, el tedio, las
angustias, todas las amarguras, las agonías todas
de tu Sagrado Corazón. Creemos que Tú eres el
Cristo, el Hombre-Dios de todos los dolores.

(Ofreced esta Hora Santa *a su Corazón herido, agonizante, como un homenaje de resignación y amor, en
nombre vuestro y de todos los que sufren).*

(Pausa)
(Muy lento y cortado)

Las almas. El abismo de tu Corazón nos ha
arrastrado, Jesús, con la fuerza de tu amor y de
tus lágrimas... Tus tristezas son un cielo... ¡Qué
misterio impenetrable y qué suavísimo consuelo,
saber que Tú has llorado!... ¡Cuán elocuente es tu
palabra de paz, cuando al salir de tus labios,
temblorosos de emoción, ha debido pasar entre

sollozos, y ha brotado de lo íntimo de tu alma, mortalmente entristecida!... Aquí nos tienes, pues, trayéndote, Señor, muchos

dolores, y también las aflicciones de tantos infortunados y dolientes que te adoran... ¡Qué bien puedes comprender, Tú, Jesús, ese mar de penas, cuyas aguas amarguísimas sumergieron tu alma benditísima!...

Y mira, Maestro, te nombro en primer lugar a los que sufren pobreza y enfermedades... Aquí mismo, entre los que hemos venido a acompañarte en esta Hora Santa, o entre sus queridos deudos, hay tal vez enfermos y hay necesitados... ¡Con cuánta compasión miraste siempre a los enfermos!... ¡Con qué ternura buscaron tus ojos la lepra, las heridas, los miembros paralizados, los ojos sin luz, para sanarlos con una sonrisa y con una bendición de amor!... Y si ellos no podían ir en busca tuya, Tú te adelantabas, hendías la turba... Tú pasabas por el camino en que yacían... los mirabas... les tendías la mano y te seguían, sanos de cuerpo y de conciencia... ¡Ah!, pero mucho más numerosos que ellos, son los pobres... los que trabajan rudamente y que sufren penurias... necesidades de pan, de abrigo, de remedios, de solaz... ¿Qué podemos decirte a Ti, el Pobre divino, de los sufrimientos de los pobres, que no lo sepas ya, Nazareno, encantador en tu pobreza?... Tuviste hambre... sentiste frío... ¡Ah!, y, más que todo, sufriste el desdén y la posposición con que el mundo trata a los que no tienen ni casa, ni campos, ni dinero... ¿Qué podías saber Tú, decían tus acusadores, qué podías pedir con derecho en Israel?... ¿Qué podías pretender en Nazaret, señalado como el hijo de un humilde carpintero?... Acuérdate en esta Hora Santa de semejante humillación y pon los ojos en tantos pobres que padecen..., en tantos enfermos que sufren... Te pedimos para todos ellos el don de tu paz y el obsequio de tu bendición milagrosa... Dales la recompensa de su resignación... ¡Oh, sí, y, en cuanto convenga a la gloria de tu Corazón, da también el alivio temporal a tantos enfermos... inválidos, pobres, necesitados y menesterosos!... Tú que cuidas, con desvelos, de la espiga del campo y de la avecita de la montaña... bendice ahora, con particular ternura, desde esta Hostia, a los afligidos para quienes pedimos las aguas vivas y la fortuna de tu adorable Corazón...

(Breve pausa) (Siempre muy lento y cortado)

Acuérdate también, Maestro muy amado, de los que padecen contradicciones que desalientan y reveses que humillan... ¡Con qué sabiduría de caridad permites, con frecuencia, que nuestros proyectos se desvanezcan como el humo, o, lo que es más doloroso, que después de muchos afanes y trabajos, cosechemos inesperadamente espinas muy punzantes!... ¡Cuántos sinsabores, Señor, en cada esperanza humana! Tú sabes el porqué de tantos contratiempos sorpresivos y constantes en la familia... Tú no detienes, porque así nos conviene, no detienes el torrente que va a destrozar el vallado del hogar... Haciéndote violencia en el Sagrario, callas, Jesús, ahí en la Hostia, enmudeces cuando nos amenazan ciertos males que, después, han de acarrear la redención de los nuestros... Y nos ves llorar... y tomas parte, ¡oh, sí!, en todas nuestras decepciones, y estás a nuestro lado en esas horas negras, difíciles, en la hora de Getsemaní, por la que pasamos todos... Recordando tus propias angustias de ese momento crudelísimo, te acercas y nos tienes entre tus divinos brazos, aunque no siempre te sintamos... ¡Oh, sí, Jesús!; ya conocemos las finezas de tu Corazón, y por eso adivinamos claramente sus latidos en medio de las más acerbas contradicciones de la vida... Recíbelas, Señor, como una expresión de desagravio por las que Tú sufriste en la visión mortal del Huerto... y sostén sobre tu Corazón a todos los que sufren.

(Todos, en voz alta)

Sostén sobre tu Corazón a todos los que sufren.

Son muchos, Maestro amado, los que yacen en el lecho del dolor, esperando la visita del Médico divino...

Sostén sobre tu Corazón a todos los que sufren.

Hay niños enfermos y sin madre...; hay ancianos sin hogar, que morirán sin más amparo que el de tu gran misericordia...

Sostén sobre tu Corazón a todos los que sufren.

¡Cuántos padecen, Jesús, largos años de dolencia!... ¡Pobrecitos!... ya no tienen ni remedio humano, ni esperanza...

Sostén sobre tu Corazón a todos los que sufren.

Penetra, Maestro, en las desmanteladas chozas, en los tugurios donde agonizan pobres madres, sin más testigos que sus hijos, pequeñitos y con hambre.

Sostén sobre tu Corazón a todos los que sufren.

Con la suave luz que brota de tu pecho lastimado, alumbra aquellos hogares que vivieron de abundancia, y que hoy día, en silencio, sufren la miseria.

Sostén sobre tu Corazón a todos los que sufren.

Sé bueno, especialmente con aquellos, Jesús, que han sido azotados por los hombres..., con tantos que vieron desvanecerse sus proyectos de bienestar y de riqueza.

Sostén sobre tu Corazón a todos los que sufren.

No ignoras, Señor, que son muchas, incontables, las almas, las familias que viven de perpetua y de cruel incertidumbre...

Sostén sobre tu Corazón a todos los que sufren.

En la continua lucha de encontrados intereses, en los inevitables sinsabores que acarrean los negocios y las naturales aspiraciones de la vida...

Sostén sobre tu Corazón a todos los que sufren.

Tú sufriste, Jesús, la ausencia de todo alivio humano; compadece, pues, a tantos que, pobres, enfermos o decepcionados, anhelan un momento siquiera de tregua y de reposo...

Sostén sobre tu Corazón a todos los que sufren.

(Breve pausa)

Voz de Jesús. Habéis dicho verdad; ¡qué cerca de vosotros me encuentro cuando el sufrimiento os desapega de la tierra!... La Cruz será por siempre el puente de sangre que una vuestro corazón afligido y decepcionado con el mío agonizante... Aquí me tenéis, amados míos; he escuchado vuestro clamor en beneficio de los enfermos, de los pobres y de los combatidos por la contradicción humana... ¡Cuántas gracias han caído sobre todos esos dolientes ahora mismo, desde este trono de misericordia, en el que presido vuestra vida penosa y fatigada!... Seguid hablándome de lo que os apena y entristece... Mi

Corazón necesita de esa confidencia..., vuestros dolores me conmueven... Acercaos, hijitos míos, y en un estrecho abrazo, sollocemos con la misma angustia..., lloremos juntos las inclemencias de la tierra... Acercaos... Desahogad el alma en mi Divino Corazón...

(Pausa)

Voz de las almas. Tu silencio en el Sagrario, tu quietud en la soledad que rodea tu santuario, están acusando al mundo del pecado que más te hiere... el de ingratitud.

(Cortado)

¡Amar, Jesús, y no ser amado...; bendecir y ser maldecido...; colmarnos de favores, e injuriarte con ellos, ése es el pan amargo de tu destierro voluntario entre nosotros...; ése es el pago con que correspondemos tu sublime cautiverio en el altar... Tu Getsemaní no ha terminado!... ¡Ah!, pero, en él, como reparación, tenemos parte también nosotros... No somos más que Tú el Maestro vilipendiado por sus hijos... ¡Ay!, también nosotros sabemos cuán amargo es el cáliz de la ingratitud... Aceptámoslo, Señor, por Ti, sólo por Ti... no lo apartes de nuestros labios... bendice ese brebaje, más amargo que la muerte... y compadece a los probados con esta cruel tribulación... Sí, compadece los hogares, cuyos hijos fueron la esperanza y son hoy día los abrojos de sus afligidos padres... compadece a las esposas, cansadas de gemir por desvíos que las azotan en el alma... Ten piedad de tantos buenos y sencillos, de tantos abnegados y compasivos, traicionados en la amistad, heridos y burlados en su hogar... afrentados por los mismos que solicitaron caridad y beneficios... El mundo paga, primero con palabras y sonrisas, y después..., después con deslealtad y con perfidia... Porque te amamos, Señor Sacramentado, sólo porque te amamos, te agradecemos ese cáliz amarguísimo... y te pedimos gracia para aquellos mismos que nos hieren con la ancha herida que nuestra propia ingratitud abrió en tu pecho.

(Breve pausa) (Siempre cortado)

Jesús, ten piedad también de los que sufren el mal mortal de soledad y de aislamiento... ¡Con cuánta frecuencia, Maestro querido, después de predicar tus maravillas de amor, después de hacer prodigios ante la asombrada multitud, ésta

231

se alejaba recelosa..., se iba indiferente de tu lado... y quedabas entonces, como aquí en el santo Tabernáculo, en la quietud de aquel vacío que te hacen las almas de tus hijos!... Sólo tu Padre y los ángeles penetraron en la intensidad de ese doloroso abandono... Y no ignoras, Jesús, que son muchos... muchos, esos desheredados de todo amor delicado, esos huérfanos de la vida, sin afecciones..., errantes del desierto... sin calor de hogar... Getsemaní y tu Calvario te recuerdan, Nazareno amabilísimo, las angustias de la soledad... ¡Oh qué horrendo es clamar y que la voz se pierda en un silencio!... ¡Llorar..., sufrir... querer... amar..., y encontrarse solo, siempre solo!... Nadie, como Tú, conoció esa congoja horrenda... Surge, entonces, en el fondo de esas almas, algo espantable que Tú sentiste, Salvador bendito, en tu agonía del Jueves Santo: el tedio..., la repugnancia, la fatiga del vivir... ¡Ay!, se siente, entonces, desfallecido el corazón... Esos huérfanos te necesitan a ti en ese instante de suprema congoja...; te necesitan sólo a ti, ¡oh, Corazón agonizante de Jesús! Si Tú no vinieras, llamarían, desesperados, a la muerte... Mas, no: Tú vendrás, así como hemos venido a saborear contigo tu hora de agonía solitaria... ¡Ah, sí! Y a todos los que padezcamos algún día soledad y abandono de los hermanos:

(Todos en voz alta)

Danos refugio y compañía en tu amable Corazón.

Si alguna vez nos pruebas, permitiendo que los nuestros nos olviden...

Danos refugio y compañía en tu amable Corazón.

Cuando la edad y las enfermedades nos aíslen, cortando lazos que creíamos imperecederos...

Danos refugio y compañía en tu amable Corazón.

Puede que algún día nos visite la pobreza...; para entonces, los amigos se habrán ido: sólo en ti confiamos, no nos dejes también Tú...

Danos refugio y compañía en tu amable Corazón.

La desgracia espía nuestros pasos..., cuando llegue y se desentiendan de nosotros los hermanos...

Danos refugio y compañía en tu amable Corazón.

La injusticia humana es grande...; si alguna vez nos flagelara, no te apartes, Señor Jesús, de nuestro lado...

Danos refugio y compañía en tu amable Corazón.

Y si los mismos que hemos amado mucho nos dejaran... en esa hora de cruel ingratitud, ¡oh ven!, en ti esperamos...

Danos refugio y compañía en tu amable Corazón.

¡Ah, si los que nos pidieron amor y sacrificio..., nos odiaran después, como fuiste odiado Tú..., perdónalos en ese instante y acércate a nosotros, buen Jesús...

Danos refugio y compañía en tu amable Corazón.

La calumnia de tus enemigos salpicó de fango tu

divino rostro... Cuando nos manche en la frente... y nos humille..., ven; no nos dejes también... Tú, Señor vilipendiado...

Danos refugio y compañía en tu amable Corazón.

Y en aquellas horas de mortal silencio, en que nos hallemos solos, enteramente solos, sumergidos en el vacío del olvido y de cruel indiferencia...

Danos refugio y compañía en tu amable Corazón.

(Breve pausa)

Voz del Maestro. Nunca en vuestras horas de soledad y de tormenta, jamás os encontraréis lejos de mi Corazón, que os ama... Sí, que os ama infinitamente, porque lo amáis vosotros, y también porque sufrís... Si estando solo y olvidado, me acompañasteis...; si estando amargado por tantos que se llaman míos, me consolasteis...; si, una y mil veces, deshicisteis el hielo de indiferencia que rodea mi cárcel solitaria... ¡oh! ¿cómo podría quedarme con los ángeles del cielo, mientras en la tierra vosotros necesitáis descansar sobre mi compasivo Corazón?... Aquí le tenéis, abierto y henchido de ternura que suavice vuestras llagas..., tomadle; es todo vuestro... Yo sé, sólo Yo sé pagar con divina largueza, ¡no temáis!... Yo sé cicatrizar las más crueles heridas... ¡no trepidéis!... Venid, ¡oh, sí!, venid..., que sólo Yo comprendo cómo mata la soledad, la ingratitud de los hermanos... Venid... llorad conmigo, y encontraréis seguro alivio.

(Pausa)

Voz de las almas. Llevas, Jesús, en tus altares un título que nos alienta en nuestros desfallecimientos: ¡eres Víctima!

(Muy lento y cortado)

Tú eres ahí, en la Hostia, el desconocido, el olvidado de los buenos... Tantos siglos entre nosotros, tanto tiempo conviviendo nuestra vida, penetrándola, y todavía, ¡ay!, no queremos comprenderte; eres siempre un huésped, respetado a la distancia...; eres casi un extraño en medio de tus hijos... Y Tú lo has dicho, sollozando, a tu sierva Margarita María: ésa es la mayor de tus tristezas: el desconocimiento de los tuyos en tu propia casa...

(Breve pausa)

¡Gracias, Maestro muy amado, cuando nos has hecho participar de una gota de ese cáliz..., gracias!... ¡Cómo duele, Jesús, que, con buena voluntad, los mismos buenos, seres muy queridos, nos hieran... y que, a las veces, en tu nombre y por razones de celo y de conciencia, nos veamos condenados!... ¡Es tan humano equivocarse!... Tú, con gran sabiduría, lo permites, para que pongamos en Ti, sólo en Ti, nuestra confianza... Y también para sacar de ese dolor intenso un desagravio de lo mucho que nosotros, los consagrados a tu gloria, hemos entristecido, con falta de fineza, tu Sagrado Corazón... ¡Gracias, pues, por la herida que una mano querida, delicada, ha abierto cruelmente en nuestras almas!...

¡Gracias también por otra prueba inevitable y que desgarra sin piedad a los mortales: la muerte, fría, inclemente, que nos arrebata lo que Tú mismo nos diste para amarlos!... ¿Recuerdas, dulcísimo Nazareno, la tristeza con que penetraste a la casa de Betania, donde ya no estaba el amigo Lázaro?... Jesús, no está agotado todavía el manantial de aquellas lágrimas, lloradas al saber la muerte del amigo de tu Corazón... ¡Ah, sí!, tus ojos hermosísimos están humedecidos aún con ese llanto del Hombre-Dios, que amaba con las emociones y también con las flaquezas de nuestro corazón de carne... Y ese Jesús eres Tú, sí, Tú mismo, el que estás en esta Hostia que adoramos de rodillas... Míranos, pues, desde ella a los que hemos ido dejando en el camino aquellos seres, que eran fibras de nuestro propio corazón... Se fueron... nos dejaron... ¡Qué despedida tan cruel es la despedida de la muerte! Tú lloraste sobre la tumba de Lázaro, aunque sabías que ibas a resucitarlo... Así también permites que, a pesar de la fe vivísima con que aceptamos los duelos que Tú mismo nos envías, sintamos desgarrada el alma al ver morir alguno del hogar... Y esa herida, ¡qué bien lo sabes Tú!, se venda, pero no se cierra... Ven a llenar, Jesús, en nuestro espíritu, ven a colmar en la familia, los vacíos que la muerte despiadada ha abierto con licencia tuya... V en, da calma, da resignación a los que sobrevivimos para orar sobre esas tumbas... Ven, Maestro, oremos juntos por nuestros muertos tan amados... y que tu luz, tu resplandor eterno, luzca eternamente para ellos... ¡Descansen en paz... sobre tu Dulce Corazón!...

(Pausa)

Antes de terminar esta Hora Santa, queremos pedirte que nos hagas una visita a lo más íntimo del alma... queremos que penetres en todas sus profundidades de dolor y de miseria... ¡Sólo Tú nos conoces, sólo Tú!... Como rayo de luz, penetra, pues, Señor, con tu mirada suavísima, ya que ello no quebrará seguramente el cristal trizado de mi desdichado corazón..., penetra, Jesús..., más adentro todavía..., ¡más!... Llega hasta ahí, donde germinan los dolores secretos, reservados para ti... Pon tu mano creadora en aquellas llagas, que nadie conoce y que manan sangre hace tiempo... Nadie las ha visto, Jesús, y es mejor que queden en secreto, porque nadie las comprendería... Por esto, Salvador adorable, en ciertas angustias no lloramos para que el mundo no sea testigo de lágrimas que no comprende... y que tal vez censuraría... ¡Oh!, qué bien me siento al hablarte así, gimiendo..., a ti, que pasas tu vida sacramental saboreando amarguras infinitas, y que tampoco nadie puede penetrar... Sólo Tú, Maestro, puedes saberlo todo, todo... Mira hasta el fondo y compadécete... En Getsemaní se abrió esa herida, la fuente de esos llantos, que no brotan por los ojos..., que corren a raudales por las venas, y que al fin estallan en un sudor de sangre...

(Cortado)

Callar cuando se muere en una agonía íntima y silenciosa, callar entonces..., es doble muerte... ¡Tú bien lo sabes, Divino Agonizante!... En esa convulsión misteriosa tienen parte las separaciones inesperadas de las almas..., las previsiones sombrías de las madres..., los temores, los sobresaltos de los padres..., las congojas, las decepciones, las incertidumbres de los sacerdotes... Y tantas, ¡oh!, tantas penas muy hondas que almas buenas, que guardan para ti, Jesús-Hostia, la virginidad de sus dolores... La Hora Santa debe ser la hora de las confidencias y de los consuelos; por ello, estas almas, al hablarte de este modo, no se quejan, Jesús; antes bien, te ofrecen, como el mejor de sus tesoros, el de sus aflicciones secretas, aquellas amarguras que no tienen un nombre especial en el idioma de la tierra... Acéptalas, pues, Señor, por el triunfo de tu amor.

(Todos, en voz alta)

Santifica nuestras penas, ¡oh Divino Corazón!

Sí, Jesús, santifica las contradicciones que sufrimos de los buenos..., las injusticias tan frecuentes de los hombres.

Santifica nuestras penas, ¡oh Divino Corazón!

Acepta aquellos sinsabores que nos vienen de quienes menos lo esperábamos..., y que producen decepciones tan acerbas...

Santifica nuestras penas, ¡oh Divino Corazón!

Te ofrecemos, Señor, las flores del recuerdo de los nuestros que murieron..., que se fueron porque los llamaste en pos de ti...

Santifica nuestras penas, ¡oh Divino Corazón!

Recibe el llanto resignado con que hemos regado esas tumbas tan queridas..., acuérdate de las familias enlutadas y, en especial, de tantos huérfanos...

Santifica nuestras penas, ¡oh Divino Corazón!

Acércate a suplir, querido Salvador, la ausencia de los que fueron del hogar... y que dejaron un vacío que sólo Tú podrás llenar...

Santifica nuestras penas, ¡oh Divino Corazón!

Recibe, Señor, aquellas espinas ocultas en el alma, y que no tienen siquiera el consuelo de la compasión humana...

Santifica nuestras penas, ¡oh Divino Corazón!

Acepta las zozobras de las madres..., los desvelos de los padres..., los afanes estériles, ingratos, de tantos sacerdotes..., nuestras almas doloridas, tómalas, Jesús.

Santifica nuestras penas, ¡oh Divino Corazón!

(Pausa)

Voz del Maestro. ¡Qué santa y qué consoladora para vosotros y para mí ha sido, hijitos míos, esta hora en que me habéis mostrado la profunda llaga que os torturaba el corazón!... Yo, a mi vez, os he descubierto la herida siempre ensangrentada de mi pecho. ¡Oh, cómo nos parecemos al gemir, al padecer, en la tierra, las aflicciones de la tierra... Getsemaní es vuestro templo de plegaria, de agonía y de incesante redención... Amémonos en el dolor, amémonos hermanos..., amigos..., hijos míos, en la Cruz!...

(Lento y cortado)

Venid a mí, todos los que sufrís pobreza y enfermedades..., apresuraos... traed a mis pies la carga de vuestras aflicciones, que Yo os aliviaré en la piscina de mi Sagrado Corazón...

Venid a mí, todos los que sufrís contradicciones de las criaturas..., los que habéis chocado contra la injusticia de los hombres, los que habéis experimentado reveses de fortuna y penosísimos trastornos de familia..., acudid a mí..., que yo os aliviaré en el santuario de mi Sagrado Corazón.

Venid a mí, los que lloráis la ingratitud de los amigos, y tal vez de los de vuestra propia sangre... ¡Oh! no tardéis, porque ese desamor os mata el alma...; venid, que Yo os aliviaré en los incendios de mi Sagrado Corazón.

Venid a mí, los que arrastráis una existencia muerta..., los que vivís de tedio y soledad...; acudid a mí los olvidados..., los que en la aurora de la vida, sentís ya la fatiga del destierro..., arrojaos en mis brazos, que Yo os aliviaré con las ternuras... y en el jardín de mi Sagrado Corazón.

Venid a mí, buscad mi pecho los desatendidos..., los desdeñados y los mal comprendidos de los mismos buenos..., los censurados en el afán de darme gloria...; acudid, amigos, que yo os aliviaré, brindándoos el cáliz de mi Sagrado Corazón.

Venid a mí, arrastrando vuestros duelos..., venid

los que lloráis la ausencia de un hijo, de una madre, de un esposo, de un hermano...; volad sin más demora a mi Sagrario los que tenéis el umbral de vuestras casas marcado por la muerte con cruz de lágrimas...; venid, que Yo os aliviaré con la inefable paz de mi Sagrado Corazón.

Venid, que el tiempo es una sombra... y eterno el cielo; venid, los que sentís sed de amor y de justicia...; tened ánimo valiente... que Yo soy Dios, y también he agonizado... Tomad, comed mi Pan, mi Eucaristía... ¡Ea, levantaos y, para seguir luchando, venid, que Yo os confortaré en el paraíso terrenal de mi Sagrado Corazón!...

(Pausa)

Voz de las almas. ¿Qué tengo yo, Señor Jesús, que Tú no me hayas dado..., incluso el tesoro de mis lágrimas?...

¿Qué sé yo, que Tú no me hayas enseñado..., sobre todo la ciencia de padecer amando?

¿Qué valgo yo, si no estoy a tu lado... cuando lloro y Tú agonizas?...

¿Qué merezco yo, si a ti no estoy unido en tu Calvario y en mis penas?

Perdóname, por tu Cruz y por mis cruces, los yerros que contra ti he cometido...

Pues me creaste sin que lo mereciera... Y me redimiste, olvidándome yo de tu pasión y sin que te lo pidiera...

Mucho hiciste en crearme,

Mucho en redimirme,

Y no serás menos poderoso en perdonarme,

Pues la mucha sangre que derramaste y la acerba muerte que padeciste,

No fue por los ángeles que te alaban... y no sufren,

Sino por mí y demás pecadores que te ofenden... y que gimen, en expiación de sus pecados...

Si te he negado, déjame reconocerte... en toda la belleza de tus agonías;

Si te he injuriado, déjame alabarte... en la sangrienta redención de tu Calvario;

Si te he ofendido, déjame servirte, sufriendo por la exaltación y el triunfo de tu Divino Corazón... ¡Venga a nos tu reino!

(*Padrenuestro y Avemaría* por las intenciones particulares de los presentes.

Padrenuestro y Avemaría por los agonizantes y pecadores.

Padrenuestro y Avemaría pidiendo el reinado del Sagrado Corazón mediante la Comunión frecuente y diaria, la Hora Santa y la Cruzada de la Entronización del Rey Divino en hogares, sociedades y naciones).

(Cinco veces)

¡Corazón Divino de Jesús, venga a nos tu reino!

Consagración final

Divino Agonizante de Getsemaní, Jesús Sacramentado, dígnate unir tu sangre y tus congojas a las aflicciones de estos hijos de tu entristecido Corazón... Acepta, bendice, aligera nuestras cruces... Saca de ellas gloria, inmensa gloria para ti, y también para la redención de muchas almas, pervertidas por los goces de la tierra... ¡Ah!, desde esa Hostia, busca y ama Tú, con especial ternura a los que nadie ama... Cuida las heridas que enconan con su indiferencia, los hijos ingratos y amigos desleales... Vecino como vives al mar de nuestros llantos, arroja en medio de ellos el misterioso leño de tu Cruz que los endulce... Prisionero divino del altar..., visita con presencia de luz a tantos desconsolados..., a tantos maltrechos de la vida..., a tantos amargados con sus placeres criminales... recoge a tantos desechados... Danos a todos la ciencia del saber sufrir con paz y fe, y otórganos el don feliz de consolar... Pon en nuestros pesares una fuerza divina irresistible, que nos lleve, con el corazón herido, hasta el abismo de tu Corazón atravesado... Ahí, en ese cielo queremos vivir, padeciendo por tu nombre y por tu amor; en él queremos arrancarte y hacer nuestras tus espinas... Sé Rey del mundo, Tú, el Hombre-Dios de todos los dolores... Domínalo y triunfa, suavizando las heridas con que va marcando su obra, la inclemencia y la injusticia de los hombres. ¡Oh, Maestro de dulzuras inefables, Jesús, el Dios de tantas lágrimas y el Dios de todos los

consuelos! Ven cuando suframos; ven ya, porque

los dolores nos cercan, y es grande y es tanta la fatiga del que llora lejos de tu lado... No rehusaremos, Nazareno adorable, las espinas de la Vía Dolorosa, ni las desolaciones del desierto, ¡no! Pero reclamamos, ¡oh, sí!, tu presencia arrobadora, una mirada de tus ojos divinales, una bendición de tu diestra ensangrentada... No pedimos que envíes ningún ángel que nos sostenga en nuestras horas de agonía: te llamamos a Ti, Señor, solo a ti, tenemos el derecho sacrosanto de pedir que llores con nosotros nuestras lágrimas... Danos paz en las tribulaciones, danos fuerza y, si Tú lo quieres, danos un consuelo en el cáliz de tu agonizante Corazón... ¡Por tu cruz y nuestras cruces, venga a nos tu reino!

XI Julio
Ultraje público a Nuestro Señor

(Lento.)

¡Mil veces felices los desgraciados que, al torcer de una senda estrecha, se encontraron a solas con Jesús!... ¡Qué bien pudieron, esos dichosos afligidos de Jerusalén, de Naím o de Betania, desahogar el alma en ese celestial instante, con libertad de súplica y de llanto, en el corazón de Jesús!...

"¡Así nos hemos encontrado contigo en esta Hora Santa venturosa, Jesús de Nazaret y del Sagrario, así!... Míranos: los que aquí estamos somos cabalmente esos dichosos desdichados que venimos en busca tuya, para olvidarnos, por un momento, de nosotros, acá a tus plantas, a tu sombra deliciosa. Sólo por ti venimos, llegamos en defensa tuya, porque un clamor de rabia y de blasfemia nos ha advertido que tus verdugos no se dan tregua con el propósito de desterrarte de la sociedad y de las almas. Y si has de sufrir, si has de agonizar, si has de morir, Jesús, he aquí el rebaño que quiere ser herido al lado y por la causa del pastor! Tú lo dijiste con amargura del alma a tu sierva Margarita...: «¡Quiero compartir mi agonía, tengo necesidad de corazones víctimas!» Dispón, pues, de todos éstos, Señor, te amamos mucho, te amamos todos"...

(Breve pausa)

Descórrenos, Jesús, el velo de tu pecho, el Santo de los Santos, y consiente que tus hijos contemplemos, en esta Hora Santa, la pasión y ultraje, el dolor de la sentencia de los mismos que rescataste con tu sangre... Haz la luz en ese Tabernáculo y permítenos seguirte, paso a paso, en esta incruenta Vía Dolorosa, que comienza en las sombras de Getsemaní y ha de terminar, únicamente, en el postrer ocaso de la tierra... Y, aunque no somos dignos, permite que estos confidentes y consoladores tuyos, participemos del cáliz de tus oprobios y agonías... Déjanos, ¡oh amable Prisionero del altar!, un solo y único derecho: amarte en la ignominia de tu Cruz, unirnos en la Hora Santa a

tu agonía, amarte hasta la muerte y morir amando con delirio la locura y el Getsemaní incesante de tu Corazón Sacramentado...

(Pidamos luz y amor para contemplar a Jesucristo en la misteriosa pasión de su Sagrario).

(Pausa)

Jesús. Vivo, alma querida, envuelto en el silencio y mudo, porque estoy, aquí donde me ves, perpetuamente encadenado ante los modernos Herodes de la tierra... ¿No oyes cómo se levanta hasta el cielo su insolente interrogatorio, a mí, que soy el poder, la verdad y el único Maestro?... Callo por amor tuyo, pensando en ti, a quien redimo con la condenación ignominiosa de los gobernantes... jueces de los hombres, pero no de mi doctrina... ¡Oh!, ellos ambicionan autoridad de tiranía para descargarla en mí, y Yo soy su perpetua víctima... Para ellos el trono..., para mí el escaño de irrisión...; para ellos el cetro de oro... y Yo siempre con la caña de la burla...; para ellos séquito de aplausos e incensadores...; para mí la cohorte del desprecio y los sayones...; para ellos diadema y homenajes...; para mí una corona de espinas..., para mí el olvido, ¡siempre el olvido!

Y, si alguna vez, recuerdan a este Rey en las alturas ficticias de la tierra, mi solo nombre atrae la tempestad del odio, la persecución legal y la blasfemia... Aquí me tienes, puesto en tela de juicio por un mundo que vive de mi aliento... Enmudezco porque en el Sagrario soy la encarnación de la misericordia y del amor... Y ese desacato a mi soberanía, el desconocimiento de mi realeza en las leyes que rigen a los pueblos, es el ultraje directo, blasfemo, a mi persona, a mí, que vivo abatido, sacramentado entre los humanos. Esa injuria es el reto a este Jesús-Eucaristía, que te habla desde un altar, convertido con frecuencia en el pretorio de Pilatos... Aquí, alma consoladora, aquí en el Tabernáculo, recibo manso las afrentas del esclavo y la sentencia del villano...; de aquí, de este calabozo, en que vivo perdonando, se me saca únicamente cuando los tribunales de la tierra han decretado flagelarme, para presentarme luego, ensangrentado, a las iras populares... ¡Cómo se siente aliviado mi Divino Corazón con vuestro desagravio!... Ese escarnio de los poderosos lo compensa

en esta Hora Santa el amor ardiente de los míos...; lo reparáis vosotros los ricos humildes y los pobres resignados... Desde aquí, desde el altar, Yo os bendigo, amigos fidelísimos... Por esto, hablad, hijos míos, exigid milagros de mi amor, vosotros los predestinados de mi Corazón... Hablad, soy el Rey de las misericordias infinitas.

(Pausa)

El alma. Señor Jesús, tu alma enternecida por la adhesión de este rebaño pequeñito, nos ofrece ahora milagros y perdón. ¡Oh!, sobre todo, el mundo de los poderosos, de los gobernantes y de los ricos, necesita el gran prodigio de tu luz, necesita conocerte, Señor Sacramentado, conocerte en esa Hostia, y aceptar desde ahí la imposición de tu realeza salvadora.

Por la afrenta, pues, que padeciste ante el inicuo Herodes, en la mansión de los que se llaman magnates de la tierra:

(Todos, en voz alta)

Cumple tus promesas de victoria, ¡oh Divino Corazón!

En el santuario de las leyes y en los tribunales tan falibles de la justicia humana...

Cumple tus promesas de victoria, ¡oh Divino Corazón!

En la conciencia tornadiza de aquellos que influyen en los destinos de los pueblos...

Cumple tus promesas de victoria, ¡oh Divino Corazón!

En los consejos de tantos gobernantes, levantados en oposición a tu Calvario...

Cumple tus promesas de victoria, ¡oh Divino Corazón!

En las sediciones populares explotadas en ultraje a tu doctrina redentora...

Cumple tus promesas de victoria, ¡oh Divino Corazón!

En el juego de tantos intereses de soberbia y de fortuna, de los desdichados gozadores de la tierra...

Cumple tus promesas de victoria, ¡oh Divino Corazón!

En el satánico complot, fraguado con sigilo, en ruina de tu sacerdocio y de tu Iglesia...

Cumple tu promesa de victoria, ¡oh Divino Corazón!

En la imprudente seguridad de tantos buenos, la apatía e indolencia de los que quisieran adorarte, pero lejos del Calvario...

Cumple tus promesas de victoria, ¡oh Divino Corazón!

En la ambición desenfrenada de ganar alturas y dinero, a costa de tu sangre y de la condenación eterna de tantas almas infelices...

Cumple tus promesas de victoria, ¡oh Divino Corazón!

(Pausa)

Jesús. Yo soy la santidad, así me lo decís vosotros, de rodillas ante esta Hostia, así me lo canta el cielo, que repite en este templo el clamor de la Hora Santa... Sí, Yo soy la santidad, ¡y fui pospuesto, sin embargo, al asesino Barrabás!... ¡Ah, y soy pospuesto todavía, muchas veces, por odio, por desdén y por olvido!...

¡Qué angustia tan cruel la de mi Corazón, vejado en esta afrenta! Heme aquí, oculto en un Sagrario...; soy Jesús, el Dios de la humildad... El mundo vano vive de soberbia, y no perdona que Yo sea nazareno oscuro, nacido en un establo... Ved cómo pasan las almas orgullosas por delante de mi altar, cómo van desoladas, sedientas de ostentaciones, ambicionando estimación y aplausos... Pasan... y me posponen a un honor mentido... En esta penumbra de mi templo vivo relegado; desde aquí voy predicando estas palabras: "aprended de mí, que soy humilde y pobre". ¡Ah, sí, soy pobre!, pues entregué los tesoros de la tierra para abriros a vosotros la inmortalidad del paraíso... Soy pobre, soy mendigo...; por eso vivo desdeñado del gran mundo, que necesita del oro, y si no lo tiene, de su brillo mentiroso... Yo ¿qué valgo para él, entre las pajas de Belén, en la oscuridad de Nazaret, en la desnudez y abatimiento del Calvario y de la Eucaristía?

¡Qué amarga decepción!... Me hice pobre por amor..., y soy un pobre repudiado, pospuesto a la fortuna miserable de este mundo.

(Breve pausa)

Estoy llagado... Mis manos, que llaman y bendicen, están atravesadas...; mis pies, heridos...; mi frente, destrozada; lívidos, mis labios; sin luz, mis ojos...; ensangrentado el cuerpo...; abierto, con ancha herida, el pecho enamorado... ¡Ah, cómo tiemblan los mortales al ver a este Dios perpetuamente ensangrentado!... Ellos quisieran las delicias de un edén anticipado en el desierto... ¿Quién me ha puesto así?... El amor que os tengo, y también el ansia del placer y la fiebre del gozar del mundo... Así estoy, así vivo en el Sagrario, ofreciendo paz y cielo, pero entre espinas y en la Cruz... Y ¿dónde están los amigos, los creyentes, los discípulos?... ¿Dónde?... Se han ido..., me han dejado, en busca de placeres; me han pospuesto al fango de la culpa... Barrabás, el villano, va triunfando por el mundo, y tras el, los soberbios engreídos, los livianos en costumbres; tras de Barrabás, aclamándolo en su libertad y en su delito, los licenciosos, los corruptores de la infancia, los que mienten a los pueblos, los que envenenan por la Prensa... Victorioso Barrabás, lo vitorean todos aquellos que me reniegan y maldicen en las leyes, los políticos que suben, escupiéndome en el rostro su blasfemia... Todos éstos van ufanos, libres; el mundo les arroja flores...; para ellos palmas de victoria... Y aquí, en mi solitario Tabernáculo, Yo, Jesús, atado por amor, abandonado de los buenos, negado de los débiles, olvidado de los más..., condenado por los gobernantes, flagelado por las turbas desencadenadas en mi contra... Yo amé a los míos, sobre todas las cosas del cielo y de la tierra..., y los de mi propio hogar me han pospuesto al polvo..., ¡ay!, al fango de los caminos... ¡Decid vosotros, mis amigos, si hay afrenta más quemante que la mía!... ¡Considerad y ved si hay dolor semejante a este dolor!...

(Pausa)

El alma. El discípulo, Jesús divino, no ha de ser más que su Maestro... Tú, que nos has dado el ejemplo, quieres que, en seguimiento tuyo, nos neguemos, llevando con amor la Cruz que salva... Te lo pedimos en esta Hora Santa, con la caridad ardiente de María Dolorosa, te lo exigimos en consuelo tuyo y para la redención de los pecadores, con el entusiasmo de Margarita María; sí, nos abrazamos a la Cruz por el triunfo de tu corazón en la Santa Eucaristía...

Escúchanos, Jesús, en esta Hostia...; te vamos a ofrecer la plegaria de Getsemaní, que es la oración de tu sacrificio de aniquilamiento en el altar. Óyenos, benigno y manso.

(Cortado y lento)

Te amamos, Jesús; concédenos la gloria de ser pospuestos, por tu entristecido Corazón.

Te amamos, Jesús; otórganos la dicha de ser confundidos, por tu amargado Corazón.

Te amamos, Jesús; concédenos la gracia de ser desatendidos, por causa de tu misericordioso Corazón.

Te amamos, Jesús; otórganos el honor inmerecido de ser burlados, por tu acongojado

Corazón.

Te amamos, Jesús; concédenos la recompensa de ser despreciados, por la gloria de tu herido Corazón.

Te amamos, Jesús; otórganos la distinción preciosa de ser injuriados, por el triunfo de tu Sagrado Corazón.

Te amamos, Jesús; concédenos la fruición incomparable de ser algún día perseguidos, por el amor de tu Divino Corazón.

Te amamos, Jesús; otórganos la corona de ser calumniados, en el apostolado de tu Sagrado Corazón.

Te amamos, Jesús; concédenos la amable regalía de ser traicionados, en holocausto a tu Divino Corazón.

Te amamos, Jesús; otórganos la honra de ser aborrecidos, en unión con tu agonizante Corazón.

Te amamos, Jesús; concédenos el privilegio de ser condenados por el mundo, por vivir unidos a tu Sagrado Corazón.

Te amamos, Jesús; otórganos la amargura deliciosa de ser olvidados, por el amor de tu Sagrado Corazón.

¡Oh, sí!... Te suplicamos nos des la parte que de derecho nos corresponde en los vilipendios y agonías de tu Corazón Sacramentado...
Consuélate, Maestro... cada uno de éstos, poniendo en tu Costado abierto una palabra de hu-

mildad y confidencia, te protesta, que Tú eres la única fortuna y su solo paraíso...

(Breve pausa)

¿Qué tengo yo, ¡oh, Divino Corazón!, que Tú no me hayas dado? ¿Qué sé yo, que Tú no me hayas enseñado?
¿Qué valgo yo, si no estoy a tu lado?
¿Qué merezco yo, si a ti no estoy unido?

Perdóname los yerros que contra ti he cometido.
Pues me creaste sin que lo mereciera.
Y me redimiste sin que te lo pidiera.
Mucho hiciste en crearme.

Mucho en redimirme,
Y no serás menos poderoso en perdonarme...
Pues la mucha sangre que derramaste,
Y la acerba muerte que padeciste,
No fue por los ángeles que te alaban,
Sino por mí y demás pecadores que te ofenden...

Si te he negado, déjame reconocerte,
Si te he injuriado, déjame alabarte,
Si te he ofendido, déjame servirte,
Porque es más muerte que vida la que no está empleada en tu santo servicio.

(Pausa)

Jesús. Puesto que los que estáis aquí conmigo sois mis íntimos, dejad que en vosotros desahogue mi Corazón, tan amargado...; oídme. Hay en Él una pena honda, una herida que llega hasta la división de mi alma; ved por qué.

Israel, el pueblo de mis amores, Israel pidió la sentencia, exigió mi muerte y levantó la Cruz... Israel, por quien yo flagelé el Egipto, me flageló... Despedacé sus cadenas y las puso en manos de su Salvador...; le di maná en el desierto y me tejió una corona de espinas...; saqué el agua milagrosa de la roca, para apagar su sed, e insultó la fiebre abrasadora de mi agonía... Bajé del cielo, y en el arca misteriosa quise morar con ellos en el desierto... ¡Cuántas veces los tuve cobijados bajo mis alas!... Y vedme, herido de muerte por Israel...

¿Por qué mi pueblo sigue despojándome todavía de mi soberanía?... ¿Por qué sigue aún echando suertes sobre mis vestiduras y arrojando al viento de irrisión mi Evangelio de caridad y de consuelo?

¡Cómo se agitan las muchedumbres rugiendo en contra de mi ley!... ¡Cómo pueblos enteros, seducidos por la soberbia, han roto la unidad sacrosanta de mi doctrina, túnica inconsútil de mi Iglesia!... Mi corazón solloza dentro de mi pecho desgarrado, al oír cómo en el atrio de Pilatos, el clamoreo de tantas razas, de tantas sociedades, que, señalándome en este pobre altar, exclaman: "¡No queremos, no, que ese Nazareno reine sobre nuestro pueblo!". Yo te perdono, ¡oh, Israel!

(Breve pausa)

Mi Vicario es perpetuamente víctima de la befa de esa turba enloquecida...; él es mi rostro terrenal..., en él sigo siendo abofeteado por los insultadores de mi Iglesia... Ese agravio me es particularmente doloroso; ¡ay de aquel que pone la mano en el Pontífice, el ungido de mi Padre!...

Detened su brazo justiciero..., interponed esta Hora Santa, en unión con mi ultrajado Corazón, pues quiero hacer piedad... Sí, por la apostasía cruel de tantos pueblos, por el descreimiento público en tantas sociedades, por la descarada afrenta a mi Vicario, por el odio abierto y legalizado a mi sacerdocio, por la inicua tolerancia y los favores de que gozan todos los modernos sanedristas, por todo ese cúmulo de pecados, por esa plebe y esa cohorte que me hieren... con una sola voz y un alma sola, pedid piedad a mi Corazón, pedidle misericordia...

Las almas. Prisionero de amor, Jesús Sacramentado, pase nuestra oración las rejas de tu cárcel, como un incienso de adoración y desagravio, que te ofrecemos por manos de María inmaculada...

Letanías

Señor, ten piedad de nosotros. Cristo, ten piedad de nosotros. Señor, ten piedad de nosotros. Jesucristo, óyenos.

Jesucristo, escúchanos.
Dios Padre celestial, ten piedad de nosotros.

Dios Hijo, Redentor del mundo, ten piedad de nosotros.

Dios Espíritu Santo, ten piedad de nosotros.

Santísima Trinidad, que eres un solo Dios, ten piedad de nosotros.

Corazón de Jesús, Hijo del Padre Eterno, ten piedad de nosotros.

Corazón de Jesús, formado por el Espíritu Santo en el seno de la Virgen María, ten piedad de nosotros.

Corazón de Jesús, unido substancialmente al Verbo Divino, ten piedad de nosotros.

Corazón de Jesús, de majestad infinita, ten piedad de nosotros.

Corazón de Jesús, templo santo de Dios, ten piedad de nosotros.

Corazón de Jesús, tabernáculo del Altísimo, ten piedad de nosotros.

Corazón de Jesús, casa de Dios y puerta del Cielo, ten piedad de nosotros.

Corazón de Jesús, hoguera ardiente de caridad, ten piedad de nosotros.

Corazón de Jesús, Santuario de la justicia y del amor, ten piedad de nosotros.

Corazón de Jesús, lleno de amor y de bondad, ten piedad de nosotros.

Corazón de Jesús, abismo de todas las virtudes, ten piedad de nosotros.

Corazón de Jesús, dignísimo de toda alabanza, ten piedad de nosotros.

Corazón de Jesús, rey y centro de todos los corazones, ten piedad de nosotros.

Corazón de Jesús, en quien están encerrados todos los tesoros de la sabiduría y de la ciencia, ten piedad de nosotros.

Corazón de Jesús, en quien habita toda la plenitud de la divinidad, ten piedad de nosotros.

Corazón de Jesús, en quien el Padre tiene todas sus complacencias, ten piedad de nosotros.

Corazón de Jesús, de cuya plenitud hemos participado todos nosotros, ten piedad de nosotros.

Corazón de Jesús, deseado de los collados eternos, ten piedad de nosotros.

Corazón de Jesús, paciente y de gran misericordia, ten piedad de nosotros.

Corazón de Jesús, rico para con todos aquellos que te invocan, ten piedad de nosotros.

Corazón de Jesús, fuente de la vida y de la santidad, ten piedad de nosotros.

Corazón de Jesús, propiciación por nuestros pecados, ten piedad de nosotros.

Corazón de Jesús, saciado de oprobios, ten piedad de nosotros.

Corazón de Jesús, despedazado por nuestras maldades, ten piedad de nosotros.

Corazón de Jesús, que te has hecho obediente hasta la muerte, ten piedad de nosotros.

Corazón de Jesús, traspasado con la lanza, ten piedad de nosotros.

Corazón de Jesús, fuente de todo consuelo, ten piedad de nosotros.

Corazón de Jesús, nuestra paz y nuestra reconciliación, ten piedad de nosotros.

Corazón de Jesús, víctima de los pecadores, ten piedad de nosotros.

Corazón de Jesús, salud de los que en ti esperan, ten piedad de nosotros.

Corazón de Jesús, esperanza de los que mueren en tu amor, ten piedad de nosotros.

Corazón de Jesús, delicia de todos los santos, ten piedad de nosotros.

Cordero de Dios, que borras los pecados del mundo, perdónanos, Señor. Cordero de Dios, que borras los pecados del mundo, escúchanos, Señor. Cordero de Dios, que borras los pecados del mundo, ten piedad de nosotros.

V. Jesús manso y humilde de corazón. R. Haz mi corazón semejante al tuyo.

Oración

Omnipotente y sempiterno Dios, pon los ojos en el Corazón de tu muy amado Hijo, y en las alabanzas y satisfacciones que te ha ofrecido a nombre de los pecadores, y aplacado con ellas, perdona a los que imploran tu misericordia en nombre del mismo Jesucristo, que contigo vive y reina, en unidad del Espíritu Santo, por los siglos de los siglos. Así sea.

(Pausa)

Jesús. Todo, en mi amor por los humanos, está consumado ya por la Santa Eucaristía, todo. ¡Oh! pero la ingratitud humana ha consumado también conmigo, en este maravilloso Sacramento, la obra del dolor supremo...

Hijos míos, ¿dónde estabais vosotros cuando en el Calvario se me envolvió en el silencio de una soledad, más cruel que la de mi tumba?... Amigos de mi Corazón, ¿qué era de vosotros cuando mis ojos, nublados por el llanto postrero de la agonía, no contemplaban sino semblantes iracundos de verdugos?... ¿Dónde estabais?...

Y cuando, pensando en vosotros, los predestinados, tuve sed de que consolaran mi alma, infinitamente acongojada, ¿por qué entonces, se

humedecieron mis labios, abrasados con hiel de ausencia... de olvido... de cobardía..., de tibieza de aquellos mismos que fueron los regalados del banquete de mi hogar?...

Bien lo sabéis: ésa no es, por desgracia, una historia de hace siglos; contempladme en esta Hostia, y decid si la ingratitud no es pan amargo y cotidiano de este Dios hecho Pan por los mortales... ¿Cuánto y en qué os he contristado en esta cárcel voluntaria, para que selléis sus puertas con el abandono en que se deja un sepulcro destruido y vacío?

¡Oh!, venid, rodeadme, estrechaos a mis plantas; quiero sentiros cerca, muy cerca, en la mística agonía de mi Corazón Sacramentado...

¡Hora ansiada, Hora venturosa la Hora Santa, en la que este Dios recobra su heredad, el precio de su sangre!...

Yo os bendigo, porque tuve hambre y, dejando el reposo, vinisteis a partirme el pan de la caridad...; os considero míos porque tuve sed y me disteis compasión y lágrimas; os abrazo sobre mi pecho lastimado, porque estuve tristísimo en la soledad de esta prisión y vinisteis a hacerme deliciosa compañía. En verdad, en verdad os digo, que vuestros nombres están escritos para siempre con letras de fuego y sangre en lo más recóndito de mi Corazón enamorado...

Descansad sobre él, como yo descanso ahora entre vosotros, los hijitos preferidos de mi amor.

(Pausa)

El alma. Hemos venido, no a descansar, Maestro, sino a sufrir contigo, a compartir tu cáliz y a reparar pidiendo el reinado de tu Divino Corazón... Por esto no nos retiramos de tu lado, llevándote en el alma, sin haberte confiado antes un anhelo ardoroso, el único anhelo de tus consoladores y amigos... y es decirte que vengas, que te acerques triunfador por tu sagrado Corazón..., que te reveles a estos tus apóstoles humildes, porque sienten ardores inefables, que sólo tu posesión y tu reinado pueden mitigar. Accede, pues, Jesús amabilísimo, y en las naturales aflicciones y zozobras de la vida:

(Todos, en voz alta)

¡Ven!... sentimos sed de tu adorable Corazón.

En los afectos caducos y engañosos de la tierra...

¡Ven!... sentimos sed de tu adorable Corazón.

En las desilusiones de la amistad terrena, en las flaquezas del amor humano...

¡Ven!... sentimos sed de tu adorable Corazón.
En las seducciones brillantes de la vanidad, en los escollos incesantes del

camino...
¡Ven!... sentimos sed de tu adorable Corazón.

En las castas y legítimas alegrías de los hogares que te adoran...

¡Ven!... sentimos sed de tu adorable Corazón.

En las veleidades de la adulación y de la fortuna seductora...

¡Ven!... sentimos sed de tu adorable Corazón.
En las horas de paz de la conciencia, en los momentos de un remordimiento

saludable...

¡Ven!... sentimos sed de tu adorable Corazón.

En las tribulaciones de los nuestros, al ver sufrir a los que amamos...

¡Ven!... sentimos sed de tu adorable Corazón.

En los desfallecimientos del amor terreno, al sentir la fatiga del destierro...

¡Ven!... sentimos sed de tu adorable Corazón.

En las contradicciones incesantes, en los días de incertidumbre o de quebranto amargo...

¡Ven!... sentimos sed de tu adorable Corazón.

En el momento de la tentación y en la hora de la suprema despedida de la tierra y de la Hostia Santa...

¡Ven!... sentimos sed de tu adorable Corazón.

(Pausa)

Las almas. Al verte tan de cerca y tan benigno, lejos de exclamar como tu apóstol: "Apártate, Señor; alejate, porque somos miserables pecadores..." queremos por el contrario, abalanzarnos a tu encuentro, acortar las distancias y estrechar la dichosa intimidad entre tu Corazón y los nuestros...

(Lento y cortado)

Ven, Jesús, ven a descansar en nuestro amor, cuando los soberbios gobernantes de la tierra maldigan de tu ley y de tu nombre... acuérdate que somos tuyos..., que estamos consagrados a la gloria de tu Divino Corazón... Ven, Jesús, ven a descansar en nuestro amor cuando las muchedumbres, agrupadas por Luzbel y los sectarios sus secuaces, asalten tu santuario, y reclamen tu sangre... acuérdate que somos tuyos..., que estamos consagrados a la gloria de tu Divino Corazón...

Ven, Jesús, ven a descansar en nuestro amor...; cuando gimas por los vituperios y por las cadenas con que ultrajan a tu Iglesia santa, los poderosos y aquellos mentidos sabios, cuyo orgullo condenaste con dulcísima firmeza..., acuérdate que somos tuyos..., que estamos consagrados a la gloria de tu Divino Corazón...

Ven, Jesús, ven a descansar en nuestro amor; cuando millares de cristianos hagan caso omiso de tu persona adorable..., y te lastimen cruelmente con una tranquila prescindencia, que es un puñal de hielo clavado en tu pecho sacrosanto..., acuérdate que somos tuyos..., que estamos consagrados a la gloria de tu Divino Corazón...

Ven, Jesús, ven a descansar en nuestro amor; cuando tantos buenos y virtuosos te midan con avaricia su cariño, te den con mezquindad aborrecible

su confianza... y te nieguen consuelo en sacrificio y santidad... acuérdate que somos tuyos..., que estamos consagrados a la gloria de tu Divino Corazón...

V en, Jesús, ven a descansar en nuestro amor; cuando te oprima la deslealtad, cuando te amargue la tibieza de las almas predestinadas, que, por vocación, deberían ser enteramente tuyas, siendo santas..., entonces como nunca, en esa hora de sin par desolación, acuérdate que somos tuyos..., torna aquí los ojos atristados, suplicantes..., no olvides que estos hijos estamos consagrados para siempre a la gloria de tu Divino Corazón...

(*Padrenuestro y Avemaría* por las intenciones particulares de los presentes.

Padrenuestro y Avemaría por los agonizantes y pecadores.

Padrenuestro y Avemaría pidiendo el reinado del Sagrado Corazón mediante la Comunión frecuente y diaria, la Hora Santa, y la Cruzada de la Entronización del Rey Divino en hogares, sociedades y naciones).

(Cinco veces)

¡Corazón Divino de Jesús, venga a nos tu reino!

(Lento)

Tú eres, Jesús, el Dios oculto... Escóndete en mi alma, y convertido yo en una Hostia, en otra Eucaristía humilde, vámonos, Señor, vámonos, eternamente unidos, como en la Comunión, como en la Hora Santa... Tú en mi pobrecito corazón..., y yo perdido para siempre en el abismo de dolor, de luz de cielo, de tu Sagrado Corazón: ¡venga a nos tu reino!

XII
De los apóstoles de vida interior

Especialmente dedicada a aquellas almas que, deseando ardientemente ser "apóstoles del Corazón de Jesús", y no pudiendo por razones de salud, de edad o de situación ejercer un apostolado activo, de acción exterior, pueden y deben ser apóstoles del Reinado Social del Corazón de Jesús, mediante la *Oración, el Sacrificio, la Eucaristía y el Amor*. Esta Hora Santa la recomendamos y ofrecemos muy particularmente a aquellas Comunidades religiosas que se interesan con tanto celo en extender o en afianzar *el Reinado Social del Sagrado Corazón*.

Las almas. Jesús adorable y amantísimo. Tú mismo, en tu gran misericordia, nos has escogido y nos llamas amorosa e imperiosamente para que participemos de la gloria incomparable de los predicadores y misioneros de tu Corazón adorable...

¡Gracias, Jesús!

Sin merecerlo nosotros, lejos de ello, Señor, nos has elegido a fin de que, íntimamente y sólo a tu vista, seamos en secreto, sin parecerlo exteriormente, pescadores de almas y conquistadores de familias para el Rey de amor que Tú eres...

¡Gracias, Jesús!

En tu nombre, pues, Señor, e investidos de tu

omnipotencia redentora..., creyendo con una fe inmensa en tu amor y en tus promesas soberanas, arrojaremos en plena noche, y sin trepidar, las redes de tu caridad... y ciertos estamos que un día, a la hora marcada por tu misericordia, esas redes se romperán al peso abrumador y delicioso de la pesca milagrosa prometida... Sin ver tal vez ostensiblemente, sin constatarlo siempre exteriormente, estamos convencidos, ¡oh, Amor de amores!, que el gran milagro lo harás, Jesús... El éxito sobrenatural, divino, de nuestro apostolado será un hecho... un hecho el prodigio de tu gracia y de tu amor... Esto porque eres Jesús... porque vivimos la hora providencial y espléndida de tu Sagrado Corazón..., y porque este

Pentecostés victorioso que debe entronizarte como Rey de amor en las almas, en las familias y en las sociedades, Tú lo prometiste, Maestro divino, a tu confidente Margarita María...

Ella, Jesús, desempeñó su misión, hablando apenas..., pero la realizó maravillosamente, amando y sufriendo, dándose toda a tu Divino Corazón, y por este camino oscuro y misterioso fue el dócil instrumento de tus adorables designios... Como ella, pues... por ese mismo camino... imitando a tu discípula muy amada, queremos, con un *apostolado intenso e íntimo*, predicar e irradiar la gloria de tu Corazón misericordioso.

Y aunque no lo merecemos, Jesús, otórganos la gracia inapreciable de alistarnos todos, ¡oh, sí, todos!, en las filas de aquella falange, mil veces escogida, que en nuestros tiempos lucha resueltamente para apresurar el triunfo íntimo y social de tu Corazón adorable, en los corazones, en los hogares y en los pueblos todos de la tierra...

Te lo pedimos por María Inmaculada, Medianera indispensable y Reina del Cenáculo... Por Ella te rogamos que multipliques donde quiera el núcleo predestinado de aquellas almas que, como Moisés, tienen por misión el sostener los brazos fatigados de los soldados, de los apóstoles de la vida activa, soldados que luchan sin tregua ni reposo... y que seguirán luchando sin desmayo mientras no ondee victoriosamente entronizada tu bandera en millares de hogares y en las naciones cristianas...

A eso venimos esta tarde, Maestro de luz, para aprender de tus labios divinales la lección magnífica, suprema de apostolado... A través de las rejas de la prisión de tu Sagrario, contempla, pues, y bendice esta falange de oración y sacrificio... Mira complacido esta legión de Cireneos-apóstoles... Consagra, Tú mismo, para tu gloria, Jesús-Hostia, estas partículas de hostia... No calles, Señor, pues se trata de tu gloria, comprometida en esta gran empresa de amor... Habla, Maestro de caridad, y derrama sobre nosotros, las luces y las llamas prometidas a los apóstoles de tu Divino Corazón... Habla, Maestro adorable.

(Pidamos con gran fervor la gracia inestimable de saborear y de penetrarnos de las sublimes enseñanzas que el Señor quiere darnos en esta Hora Santa, de tanto y tan excepcional interés para el reinado de su

Sagrado

Corazón... En silencio, pues, hagamos a este efecto una breve, pero fervorosa oración).

Jesús. Levantad los ojos, amigos del alma, y contemplad la cosecha que os espera, madura ya y dorada... Esos campos os aguardan... Sí, sabedlo vosotros, ya que tantos lo ignoran, por desgracia: el apostolado no es el privilegio exclusivo, ¡oh no!, de sembradores y de obreros activos... ¿Sabéis quiénes son los que de veras trabajan en los campos de mi Padre celestial?... Aquellas almas cálidas que, llenas hasta los bordes de mi sangre y de mi vida, rebasan y derraman a raudales la superabundancia de sus corazones hechos ascuas...

¡Ea!... Venid, pues, vosotros todos..., seguidme y os daré trabajo de apostolado en mi viña... ¡Oh!, pedidme en esta Hora Santa que encuentre en todas partes y que envíe para redención del mundo gran número de apóstoles como vosotros, apóstoles de *acción interior* y silenciosa...

No creáis, hijitos míos, que lo que falta principalmente para hacer el bien, sean hombres de ingenio y de palabra fácil y elocuente, no... Me faltan apóstoles en cuyos corazones, en cuya vida interior más intensa, resuene victoriosa la Palabra eterna, el Verbo Divino que soy Yo mismo... Más que lenguas de brillo, quiero, pido, necesito, almas de fuego...

Sabedlo y decidlo: aquellas almas que me aman con amor ardiente, apasionado, irradian siempre, sin saberlo ellas mismas muchas veces, el amor que las devora... Yo mismo siembro a distancia el fuego que consume la zarza ardiente de esos corazones... Meditad, si no, hijitos, el apostolado del Corazón de mi Madre... ¿Quién más que Ella me dio a conocer y me hizo amar?... ¡Esto porque ningún corazón como el suyo supo amar!...

¡Oh!, aprended esta lección de fecundidad divina: se me predica..., se me da inmensa gloria, se trabaja en el verdadero espíritu de mi apostolado, no siempre en la medida en que es grande el trabajo, y el vértigo de la acción exterior..., pero sí, siempre, en proporción con la intensidad de vida íntima, de vida interior... Entronizadme en ella sobre todo... Meditad, apóstoles míos, esta gran palabra: En la medida en que un alma se me da y se consagra a Mí... *Yo me doy por ella y a través de ella* a muchas almas...

Ella, la interesada en mi gloria, no lo sabe siempre, es cierto, no lo siente ni lo ve, pues yo le oculto con cuidado el secreto de su fecundidad maravillosa... Se la revelaré después, con gran sorpresa suya, en los umbrales de mi cielo...

El Apostolado ejercido por la oración abre el surco, engendra nuevas vocaciones, convierte muchos y grandes pecadores.

Oídme con amor, hijitos... ¿Quiénes creéis que son los esforzados obreros de mi viña que abren el surco y preparan el terreno que debe ser sembrado? ¿Lo sabéis?... ¡Ah, son aquellos, sobre todo, que poseen la ciencia de saber orar en unión muy íntima con mi Sagrado Corazón!...

¡Oh, qué obreros aquéllos! ¡Qué bien hacen la difícil labor de despejar y de abonar el terreno..., de agrandarlo y extenderlo, comprando, con el tesoro de sus fervientes oraciones, nuevos y magníficos campos para mi gloria!... Mis ángeles son, invisiblemente, los instrumentos de esta labor espléndida... de verdadero prodigio... ¡Ah, pero son las almas interiores, las almas de oración, las que en realidad han obrado ese prodigio!

Por desgracia son muchos más, en general, los que trabajan en el afán exterior de las obras, que los que las fecundizan con la oración... Por esto acudo esta tarde a vosotros mis predilectos, a vosotros, que por gracia de misericordia tenéis luz divina para comprender estas cosas, para apreciar y utilizar la lección de apostolado sublime que os di en Nazaret...

¡Ah, en la casita humilde de mi Madre y a su lado, en Nazaret, he predicado durante treinta largos años!... Ahí, en ese santuario de silencio era ya el Salvador, y en unión con María preparaba ya mi apostolado público y mis milagros.

Sí, en Nazaret hice la elección de mis futuros apóstoles y eché las bases de mi Iglesia... En Nazaret, orando constantemente a mi Padre, preparé la Pascua de la Cena y del Calvario; en Nazaret dispuse la Pascua eterna y gloriosa de mis santos, mis mártires y mis apóstoles...

¡Ah!... Si supieseis qué deseo siento que esta gran idea sea el alimento cotidiano y sólido de las casas de oración y de retiro... el pan de cada día de las almas que me estáis especialmente consagradas.

¡Cuánto anhelo que se alimenten con este pan substancial mis amigos de Betania, aquellos hogares que son el santuario de mi Divino Corazón!... ¡Sí, Yo quiero y pido que en esas Betanias de mi amor se comprenda y se ejerza, a imitación mía, el Apostolado de Nazaret!...

Orad, pues, hijos y amigos de mi Sagrado Corazón... orad a fin de transformaros todos, absolutamente todos, en apóstoles, en precursores de mi gran victoria social; preparadla orando.

Orad..., orad constantemente, porque este apostolado vuestro, prepara ya, y engendrará mañana en los hogares de mi Divino Corazón los pregoneros y heraldos de su gloria...

Orad..., orad con una confianza a toda prueba, inmensa, pues vuestras plegarias se convertirán, no lo dudéis, en un Pentecostés de fuego que inflamará a muchos tibios... que despertará a un sinnúmero de apáticos e indiferentes... Y más todavía, mucho más; vuestra oración fervorosa y sostenida romperá el granito, el corazón endurecido de grandes pecadores... No siempre veréis o palparéis sensiblemente este milagro..., pero Yo lo haré, os lo prometo... Os ocultaré con frecuencia esta maravilla para aumentar con el mérito de vuestra fe, la gracia, la fuerza sobrenatural mediante la cual redimiréis un gran número de extraviados..., de pródigos desventurados...

Orad con fe inquebrantable... Orad en unión con

mi Divino Corazón y salvad a un mundo que perece, no por faltarle Profetas, que ya no necesita, sino almas de oración... Rogad, pedid que mi Padre envíe esos obreros indispensables a mi viña... Obtened esos apóstoles de fuego, a fuerza de gemidos y de súplicas... Ahí tenéis la tierra..., os la confío para conquistarla por la potencia irresistible de vuestras plegarias y de vuestra vida interior...

Hablad a mi Padre, vuestro Padre; hacedle violencia en el secreto de vuestras habitaciones y a los pies del santo Tabernáculo...

¡Oh, hijitos y apóstoles míos!... orad con fe y amor capaces de transportar montañas... orad y labraréis la gloria que me es debida... gloria que depende de vosotros y que confío a vuestro celo como un depósito sagrado...

(Pausa)

Las almas. Señor Jesús, al recibir de tus labios de verdad y de amor la lección que acabas de darnos, nuestras almas, sedientas de gloria divina y que anhelan tu reinado, han sentido despertarse emociones, alientos y esperanzas que sólo Tú puedes provocar...

Bien sabes, Maestro, cuán intenso es nuestro deseo de servir en la cruzada que está realizando los designios de tu gran misericordia.

Te confesamos, Señor, ingenuamente que hasta ahora, habíamos sentido una legítima envidia al contemplar a distancia de nosotros, y desde nuestra impotencia, aquellos gigantes del apostolado exterior... tantos trabajadores esforzados de tu viña... tantos dichosos sembradores de amor que, de un tiempo a esta parte, recorren el mundo como un huracán de fuego divino... "Quién pudiera lo que ellos", nos decíamos, Jesús, sedientos de gloria...

¡Oh!, gracias, Señor, por habernos asentado en una paz deliciosa al asegurarnos Tú mismo que, aunque no podamos servir como ellos en la tarea activa..., como ellos, y si lo queremos, mejor que ellos, podemos contribuir a dilatar las conquistas de tu amor, y que, en silencio y en acción muy íntima, contaremos entre los mejores apóstoles del Cenáculo, bajo el manto y bajo las inspiraciones de María, la primera sembradora de tu amor...

Te bendecimos con efusión del alma por ellos, Señor, y en testimonio sentido por gracia tan insigne como inmerecida, dígnate aceptar ahora mismo una plegaria como las primicias de nuestro apostolado de oración...

"Hijo dulcísimo de María Inmaculada, escúchanos benigno, Jesús de Nazaret, Salvador del mundo desde el seno de la Virgen Madre... dígnate aceptar como una oración de apostolado ardiente nuestros más íntimos deseos, todos nuestros pensamientos, las palpitaciones todas de nuestros corazones pobrecitos, y toda aquella vida secreta del alma que escapa a la vista y al

juicio de los hombres, y que Tú solo puedes penetrar... Tómala de manos de la divina Nazarena y recíbela en petición de tu gloria, ¡oh, Rey del amor!; pero, en cambio: ¡venga a nos tu reino, así en la tierra como en el cielo!".

(Todos)
Venga a nos tu reino, así en la tierra como en el cielo.

Jesús de Nazaret, Pacificador del mundo desde la cuna de Belén en la noche venturosa de Navidad y en el trono amoroso de los brazos de María, dígnate aceptar como una oración de apostolado ardiente, las sonrisas y las lágrimas de los niños... sus primeras sonrisas y besos y aquellas primeras plegarias que los pequeñitos aprenden a balbucear en las rodillas de sus madres... Acepta de manos de la divina Nazarena ese néctar de cariño, inocente, ¡oh Rey de amor!, que brota de los labios de tus Benjamines, tus preferidos, porque pequeñitos, pero, en cambio: ¡venga a nos tu reino, así en la tierra como en el cielo!

Venga a nos tu reino, así en la tierra como en el cielo.

Jesús de Nazaret, Libertador del mundo desde el taller humilde de tu Padre adoptivo, acepta como una oración de apostolado ardiente nuestra vida cotidiana... tantos trabajos y preocupaciones corrientes, inevitables, de la vida familiar... En unión con la divina Nazarena, te ofrecemos aquellas cruces insignificantes... aquellos éxitos sin brillo, y los demás detalles, incidentes y quehaceres que constituyen el camino vulgar y ordinario de la vida... Acepta, ¡oh Rey de amor!, todo cuanto en ella sea hermoso y bueno, sencillo y pobre; pero, en cambio: ¡venga a nos tu reino, así en la tierra como en el cielo!

Venga a nos tu reino, así en la tierra como en el cielo.

Jesús de Nazaret, Redentor de un mundo desde las soledades del desierto, rescatando ya las almas en aquel retiro misterioso de cuarenta días..., dígnate aceptar como una oración de apostolado ardiente todas nuestras oraciones... todas las inspiraciones y movimientos de la gracia... Jesús, para Ti, para tu gloria, ¡oh Rey de amor!, ese tesoro pobrecito, te lo ofrecemos por manos de la Inmaculada, la divina Naza-rena...; pero, en cambio: ¡venga a nos tu reino, así en la tierra como en el cielo!

Venga a nos tu reino, así en la tierra como en el cielo.

(Y ahora ratifiquemos este ofrecimiento en el silencio de una plegaria fervorosa e íntima).

(Pausa)

Apostolado doliente de sacrificio. Con sangre del alma se riega
y fecundiza la simiente.
Con él se completa y perfecciona la labor de predicadores y misioneros.

Nadie, por cierto, mejor que Margarita María podrá revelarnos tanto la belleza como la fecundidad divina del apostolado doliente; esto es el de inmolación y sufrimiento por el reinado del Corazón de Jesús... El Salvador en persona enseñó a su confidente y apóstol esta ciencia altísima; Él mismo la instruyó acerca de la aplicación misteriosa y del mérito inmenso de este apostolado de sacrificio y de cruz, apostolado característico y propio de la devoción a su Sagrado Corazón.

Escuchemos, pues, a Margarita María con la santa emoción con que ella a su vez escuchó las enseñanzas de Jesús mismo; las palabras de la confidente mil veces venturosa, serán por cierto, el eco fiel de la voz del Maestro muy amado.

Enseñanzas de Margarita María. Ya que me llamáis, aquí estoy... Pero al mismo tiempo que vosotros, el Rey de amor me pide y me manda que me acerque a vosotros, los apóstoles de su Sagrado Corazón, a vosotros mis hermanos en la misma vocación de amor y de apostolado...

Quiero repetiros, pues, la lección maravillosa y fecunda que, en su gran misericordia, quiso el Señor hacer a ésta su humilde discípula. ¡Oídme!... ¡Ahí, si pudiera yo revelaros la gloria, toda la inmensa gloria con que el Rey de reyes ha querido cubrirme por eternidad de eternidades, y esto porque Él mismo se dignó inclinarse hacia mí y poner sus ojos en la pequeñez y pobreza de su sierva!...

En verdad, Aquel que es la grandeza me ha hecho grande, recogiéndome de entre el polvo para convertirme en el instrumento de sus designios misericordiosos... ¿Y qué hice yo?... Darle mi corazón, dárselo entero en cambio del suyo adorable, a fin de que hiciese conmigo, incondicionalmente, lo que Él deseara para establecer y dilatar en el mundo entero el reinado de amor de su Sagrado Corazón...

Y porque El es la misma bondad dignóse aceptar la ofrenda de mi corazón con todos sus inmensos deseos, y con el, mi amor y mi vida, ofrecida y consagrada sin reservas a su gloria...

¿Queréis saber ahora, hermanos muy amados, lo que hizo Jesús conmigo para adaptarme a la misión que había de confiarme?... Me inspiró, al mismo tiempo que una sed abrasadora de inmolarme, la capacidad divina de sufrir...,

de vivir muriendo de amor para hacer conocer y amar al Amor que no es amado.

Desde ese momento hasta mi último suspiro todo mi apostolado consistió principalmente en abrazarme gozosa a la cruz y en abandonarme amorosamente al Crucificado divino con gratitud de alma y con sed inmensa de su gloria.

Que si a veces quiso el Señor que escribiera pidiendo y reclamando en nombre suyo el homenaje de amor a su Corazón adorable, esas cartas fueron victoriosas, y siguen siéndolo para su gloria, únicamente porque hube de escribirlas con sangre del alma y en el martirio de mi corazón crucificado.

Por ese mismo camino, sobre todo por ese camino, vosotros también, no lo dudéis, labraréis a pesar de Satán y sus secuaces, el pedestal de victoria del Rey de amor... Apóstoles del Corazón de Jesús, bendecidlo, pues El mismo os ha elegido para que coronéis, en forma espléndida, la misión inicial que me fue confiada a mí...

Que si por una dignación de misericordia incomparable, quiso el Señor designarme para instrumento de su gloria en la primera etapa, cuando el sol del Corazón de Jesús se levantaba apenas en su primera aurora..., ahora que ese Sol divino ha rasgado las nubes, sois vosotros, sabedlo, sí, vosotros los felices precursores de su Reinado social, los que por senda de inmolación amorosa debéis afianzar su victoria... ¡Ah, pero no os engañéis; vuestro apostolado será maravillosamente fecundo sólo en la medida en que os penetréis vosotros mismos del Evangelio que el Maestro Divino nos predicó, a vosotros y a mí, en el Calvario y en Paray..., evangelio de cruz, abnegación y sacrificio!...

¡Oh, aprended, pues, ante todo, la ciencia sublime de sufrir..., sí, de sufrir amando y de cantar sufriendo para gloria del Divino Corazón!... ¿Recordáis cuánto deseaba Él ser bautizado con bautismo de sangre..., y ser levantado en el patíbulo de una Cruz para atraerlo irresistiblemente todo desde ese trono de sangre a su Sagrado Corazón?

Pues proceded así también vosotros los dichosos mensajeros de su amor, dejaos atraer *desde* el Calvario a su Calvario, sin vacilaciones ni cobardías..., ceded al imán de su Corazón crucificado... Y no temáis..., porque Aquel que os ha inspirado el deseo ardiente, y el querer, sabrá también daros el poder con gracia superabundante...

Acercaos, pues, al Tabernáculo del Rey de

amor..., venid, llevándole gozosos, en ofrenda de apostolado, las dolencias del cuerpo enfermo... Ofrecedle como rico tesoro... flaquezas dolorosas de una salud quebrantada... Presentadle este precioso obsequio, y colocándolo en la herida de su Corazón adorable, decidle con toda resignación, con celo ardiente y con amor apasionado: "Acepto confundido, Señor, la gloria inmerecida de sufrir por amor..., y el honor incomparable de ser una partícula de la Hostia redentora que eres Tú mismo, Jesús... Pero, en recompensa, sana las almas enfermas, y en cambio de este nuestro Calvario, sube al Tabor de tu gloria, Jesús".

(Todos)

Sube al Tabor de tu gloria, Jesús.

Acercaos al Tabernáculo del Rey de amor... y trayéndole gozosos en ofrenda de apostolado tantas torturas de vuestro espíritu... Ofrecedle como rico tesoro vuestras ignorancias... vuestras tinieblas y tantas zozobras crueles. Presentadle confiados este obsequio precioso, y colocándolo en la herida de su Corazón adorable, decidle con toda resignación, con celo ardiente y con amor apasionado: "Acepto confundido, Jesús, la gloria inmensa de sufrir por amor... y el honor incomparable de ser una partícula de la Hostia redentora que eres Tú mismo, Jesús... Pero, en recompensa, cura a tantos ciegos de espíritu..., ¡oh!, dales tu luz salvadora..., y en cambio de este nuestro Calvario, sube al Tabor de tu gloria, Jesús".

Sube al Tabor de tu gloria, Jesús.

Acercaos al Tabernáculo del Rey de amor, venid trayéndole gozosos en ofrenda de apostolado todas las penas, y las amarguras todas del corazón...

Ofrecedle como rico tesoro las tristezas y los duelos, las decepciones y las injusticias... Presentadle confiados este obsequio precioso y colocadlo en la herida de su Corazón adorable... Decidle con toda resignación, con celo ardiente y amor apasionado: "Acepto, confundido, Señor, la gloria inmerecida de sufrir por amor..., y el honor incomparable de ser una partícula de la Hostia redentora que eres Tú mismo, Jesús... Pero, en recompensa, sana y convierte tantos Corazones extraviados, pervertidos, que mueren lentamente, distanciados de Ti, y en cambio de este nuestro Calvario, sube al Tabor de tu gloria, Jesús".

Sube al Tabor de tu gloria, Jesús.

Acercaos al Tabernáculo del Rey de amor... venid trayéndole gozosos en ofrenda de apostolado las muchas y continuas preocupaciones que os asedian en el orden moral y también material..., ofrecedle especialmente, todos nuestros sinsabores de hogar... Presentadle confiados ese obsequio precioso, y colocándolo en la herida de su Corazón adorable, decidle con toda resignación, con celo ardiente y con amor apasionado: "Acepto confundido la gloria inmerecida de sufrir por amor..., y el honor incomparable de ser una partícula de la Hostia redentora que eres Tú mismo, Jesús... Pero, en recompensa, cura a los pródigos del hogar querido, bendice con ternura esas familias atribuladas, y en cambio de este nuestro Calvario, sube al Tabor de tu gloria, Jesús".

Sube al Tabor de tu gloria, Jesús.

(Pausa)

Escuchad todavía una palabra de vuestra hermana en el apostolado del Divino Corazón.... Os ama tanto para su gloria...

Sabed que si en Paray-le-Monial fui yo la confidente y la venturosa mensajera del Corazón de Jesús, mucho más que entonces, que en aquel Getsemaní de su agonía mística, sigo siendo ahora en el Paraíso de su gloria eterna, la misma confidente y más que nunca su Margarita... el instrumento dócil de su triunfo en el Reinado de ese adorable Corazón.

Escuchadme con afecto; soy Margarita María, vuestra hermana. Cantad en paz, ¡oh!, cantad con amor, vosotros los enfermos y los que lleváis un corazón herido..., *sembrad el fuego del amor divino* por el apostolado doliente y tan fecundo de la inmolación y de la cruz.

Cantad en paz, ¡oh!, cantad con amor, vosotras almas afligidas, vosotros que sufrís la amargura de tribulaciones inesperadas... *sembrad el fuego del amor divino* por el apostolado doliente y tan fecundo de la inmolación y de la cruz.

Cantad en paz, ¡oh!, cantad con amor, los azotados por reveses de fortuna y los que habéis sufrido quebrantos materiales..., *sembrad el fuego del amor divino* por el apostolado doliente y tan fecundo de la inmolación y de la cruz.

Cantad en paz, ¡oh!, cantad con amor, vosotros todos, grandes y pequeños, que libráis el combate secreto, inevitable, asaltados por las creaturas o el infierno..., *sembrad el fuego del amor divino* por el apostolado doliente y tan fecundo de la inmolación y de la cruz.

Cantad en paz, ¡oh!, cantad con amor, vosotras almas consagradas, escogidas, que, deseando ser fervientes y aun santas, padecéis arideces provechosas y mil congojas de conciencia..., *sembrad el fuego del amor divino* por el apostolado doliente, fecundo por excelencia, apostolado victorioso como el de los santos..., ¡oh!, seguid sembrando el fuego del amor divino con la fuerza del dolor y de la cruz.

Sí, mal que pese al mundo y al infierno, el Corazón de Jesús triunfará por el Calvario..., reinará por el amor de sus apóstoles dolientes y crucificados.

(Tres veces)

¡Por tu cruz, Jesús, y nuestras cruces, venga a nos tu reino!

(Aquí un cántico cualquiera, pero apropiado a esta idea).

Apostolado por la divina Eucaristía.

Las almas eucarísticas multiplicarán, acrecen-

tarán
el poder sobrenatural de expansión de aquellos
apóstoles que luchan en el ministerio de la vida
activa.

Esas almas son fuente secreta y poderosa de irra-
diación, derraman a distancia la luz y

el calor del corazón de Jesús Eucaristía.

Las almas. Mucho antes de verte bajar, Jesús, con
gloria y majestad sobre las nubes del cielo como
Juez tremendo de vivos y muertos en el último
día del mundo...; mucho antes de contemplarte
esplendoroso, amenazando con tu cruz a los que
fueron tus hijos rebeldes y culpables..., queremos
nosotros tus

apóstoles, gozarnos en otra majestad y en otra
gloria; la de tu misericordia infinita.

No rasgues, Señor, si Tú no lo quieres, no rasgues
el velo de la Hostia divina que te oculta...; pero
preséntate radiante a nuestros ojos, iluminados
por la fe, ¡oh, Rey de amor!, y desciende hasta
nosotros envuelto en la dulce majestad de tu ternura victoriosa....

¡Oh, sí! Queremos verte tal como te contempló
un primer viernes nuestra hermana Margarita
María... Como a ella, preséntate a nosotros osten-
tando sobre tu pecho anhelante y envuelto en
llamas el Sol de vida: tu Divino Corazón... Y así,
en esa actitud dulcísima de amor... deja por un
instante tu trono, inclínate..., confíate a nosotros;
muéstrate Rey conquistador, Rey irresistible y

victorioso en la omnipotencia de tu sacrosanta
Eucaristía...

Te pedimos estas gracias de luz y misericordia
porque sabemos que tu voz, suplicante y rica de
promesas, partió desde esa Hostia, resonó desde
el Sagrario... Y porque comprendemos también,
Jesús Eucaristía, que es tu voluntad que el torrente de almas, de familias y de sociedades, sa-
cudidas y transformadas por el Pentecostés de tu
Divino Corazón, venga a morir en paz de cielo
aquí..., convergiendo a tu Sagrario.

Jesús-Hostia, tu hora providencial ha sonado, y
en ella has de restaurar tu Reino, el Israel de la
Ley de gracia, el Reino espiritual de las almas, el
Israel cristiano de las sociedades, que son, por
derecho divino, tu heredad en el tiempo, tu bien
y tu conquista para la eternidad...

Jesús-Hostia, bien sabemos, porque Tú lo dijiste,
que el origen de tu realeza no radica en esta tierra miserable... Tú vienes de lo alto. ¡Ah!... pero
puesto que quisiste ser el Hermano mayor de la
familia humana... puesto que resides y seguirás
residiendo bajo tienda con nosotros entre las arenas del desierto de esta vida..., pedimos, reclamamos con la fuerza de tu derecho soberano,
que reines acá abajo en esta tierra, tan realmente
tuya y tan de veras tu morada, como es tuyo el
Paraíso, mansión de tu Padre celestial...

Mientras llegue, pues, el día de justicia en que
vengas a sentenciar definitivamente a los vivos y
a los muertos, ¡sal, oh, Jesús-Eucaristía! sal de tu
Sagrario silencioso; sal radiante, desde ahora y

para siempre, sentencia de caridad y de vida, sentencia de misericordia, de resurrección moral en favor de tantos muertos del espíritu... Di, Jesús, que vivan, y vivirán de vida inmortal, fruto de la victoria íntima de tu Sagrado Corazón en ellos...

Señor, la Iglesia no sólo lo desea, tu Iglesia nos urge, nos apremia a que pidamos con grandes instancias tu reinado íntimo y social, mediante su sacrosanta Eucaristía...

Asómate pues, ¡oh Prisionero divino!, a las rejas de esa Cárcel-Sagrario para escuchar benigno el grito, el clamor espontáneo y unánime de esta vanguardia de tus amigos-apóstoles... Más que su voz, sus corazones vienen a suplicarte, en nombre de todas las almas y de todas las empresas eucarísticas del mundo entero, que apresures nuestra redención, precipitando la hora de tu suprema victoria sobre el mundo... Déjate vencer, Señor Jesús, por la amorosa violencia de tus íntimos...

Atiéndenos, Señor, con clemencia y con magnanimidad de Rey...

Corazón de Jesús-Eucaristía, extiende y afianza tu reinado universal por las misas celebradas por tus sacerdotes... por el Santo Sacrificio, ofrecido incesantemente de un polo a otro de la tierra... ¡Oh!, no quieras que se pierda, que se esterilice ni una sola gota de tu sangre preciosísima... Te pedimos por esa sublime plegaria, que es el éxtasis de amor de tu Iglesia Santa, que te dignes santificar a los ministros del altar, los heraldos y los dispensadores de tu amor

(Todos)

Rey de amor, triunfa, santificando a tus ministros.

Corazón de Jesús-Eucaristía, extiende y afianza tu reinado universal por las Comuniones frecuentes, cotidianas y tan fervorosas de millones de almas escogidas que, en el mundo o en el claustro, te han ofrecido con juramento de amor el holocausto de su vida... Haz que todas ellas se conviertan en la zarza ardiente de tu caridad... pero ordena que tus incendios abrasen totalmente y consuman esa zarza viva... Por el fuego devorador de esas almas predestinadas, aumenta la virtud, la belleza sobrenatural de tus esposas.

Rey de amor, triunfa, santificando a tus esposas.

Corazón de Jesús-Eucaristía, extiende y afianza tu reinado universal por las Comuniones admirables de fervor de tantos que, viviendo entre las llamas de una sociedad mundana y frívola, te alaban, sin embargo, luchan por Ti, y te sirven con una fidelidad maravillosa... ¡Cuánto desean esas almas heroicas unirse a tu Sagrado Corazón en vínculo cada día más fuerte y más estrecho! Haz, Jesús, que esas almas esforzadas sean el instrumento de tu gloria... Multiplica el número y, sobre todo, aumenta la fe y la confianza de esos amigos tan leales.

Rey de amor, triunfa, santificando a tus amigos.

Corazón de Jesús, aumenta, extiende y afianza tu reinado universal por las Comuniones fervientes de aquel ejército innumerable de almas crucificadas y de corazones dolientes y torturados... Solo Tú sabes algo que el mundo no imagina: el número incalculable de aquellos que te aman y que se gozan sobre todo, porque los crucificaste para su bien y para tu gloria... ¡Ah!, y no satisfechas con ese caudal de amor en sacrificio... anhelan abrasarse en amor más ardiente, atizando gozosas la hoguera de un sacrificio más alto y más intenso...

Esas almas de hermosura incomparable las encuentras, Jesús, en todos los caminos; las hay numerosas en aquellos hogares predestinados, que son las Betanias de tu Corazón...; las encuentras también en los claustros, en los hospitales y en los mismos tugurios de miseria... Y bien sabes Tú con qué pasión de caridad esas almas víctimas se adhieren a Ti, la Víctima de amor. Hazlas, Señor, cada vez más tuyas, más ardientes... Y por ellas siempre a lo lejos, las llamas de tu amor... Bendice, pues, y colma de tus gracias de predilección dondequiera que viven muriendo de amor esas almas-víctimas.

Rey de amor, triunfa, santificando las almas-víctimas.

Corazón de Jesús-Eucaristía, extiende y afianza tu reinado universal por la Comunión fervorosa de tus grandes amigos los niños... Mira con qué entusiasmo se alistan por millares en las filas de los apóstoles de tu Sagrado Corazón esos benjamines de tu amor... ¡Oh!, pasa con frecuencia, Jesús, entre ellos; pasa bendiciendo a esos apóstoles pequeñitos en el hogar y en la escuela...; bendícelos, desde la cuna, para tu gloria de mañana... Y al pasar al lado de esas florecitas perfumadas de candor, de celo y de inocencia, sonríeles, acarícialas, Jesús, en obsequio a la Virgen María, su Madre, porque es la Tuya... Al pasar bendiciendo los niños de tu Sagrado Corazón, consagra para Ti solo, Señor, su cariño, sus pensamientos, sus miradas y sus besos, y, sobre todo, la hermosura primaveral de esos lirios... Al acariciarlos, Jesús, arrebátales el corazón, encadenándolo para siempre al tuyo adorable... Haz de todos ellos tus amigos fieles, tus defensores..., tus apóstoles...

Rey de amor, triunfa, santificando a los niños-apóstoles.

(Y ahora prometamos todos amar con llama ardiente al Sagrado Corazón en su divina Eucaristía... Y pidámosle que acepte este amor como un apostolado eficaz por la extensión de su reinado social).

Y en fin, el apostolado de amor intensifica la acción de los apóstoles activos.

El amor hace durables y asegura los frutos ya cosechados.

Las almas. Escrito está, Maestro amabilísimo: "¡Qué hermosos son los pies de aquellos que evangelizan la paz y el bien!". Ello es verdad, Jesús; pero en toda confianza nos atrevemos a pensar, Señor, que mucho más hermosos, por cierto, son los corazones de aquellos que, no pudiendo recorrer el mundo antorcha en mano, han resuelto confiar a María, la Reina de los apóstoles, la antorcha viva de sus propias almas, para incendiar la tierra en los ardores de tu caridad.

No todos pueden predicar, Maestro, ni todos pueden trabajar exteriormente... Más aún... ¡cuántos son, Jesús, los que ni siquiera pueden comulgar en la medida de sus deseos!... ¿Y quién es aquel que podría sufrir constantemente sin tregua ni reposo?... Tú mismo ni lo quieres ni lo permites siempre, por razones de sabiduría.

¡Ah, pero amar, sí, lo podemos todos!... ¿Y quién no puede felizmente, Jesús, atizar y desarrollar en cada palpitación de alegría o de pena esta llama divina?... ¡Oh, sí!: *amar nos es posible siempre, nos es posible a todos*... esto, al pie de los altares, como en el santuario del hogar, en Betania..., en la vida como en la muerte, el amor es llama que se alimenta de grandes deseos y de obras pequeñas, de flores y de espinas...

¡Qué consuelo inmenso, Señor Jesús, saber que, en realidad de verdad, podemos *amarte todos y amarte en todo*: en pleno mundo y en el claustro..., en las horas de júbilo y en el camino de amargura!... Y esto todos: grandes y pequeños..., los pobrecitos y los ricos..., los inocentes y los arrepentidos... ¡Y decir que este incomparable bien no depende sino de nosotros: puedo amarte, Jesús, en la medida en que yo lo quiera!...

Sí, nadie, ¡oh!, nadie puede, ni Tú mismo, Dios de amor; nadie puede impedirme el amar con delirio tu Corazón, todo amor... Las alegrías y las amarguras siguen el camino que Tú les trazas, Jesús...: no vienen y desaparecen según nuestros deseos... Y aun, Señor, aquellas manifestaciones obligadas de nuestra adoración y fe, como son retiros y confesiones, oraciones y obras, bien sabes Tú que muchas veces no dependen de nosotros, de nuestros deseos más sinceros y ardorosos... Porque eres el Amo, y sólo Tú juegas con tu bien, que somos nosotros...; dispones de él como te place... Pero, Dios y todo, no podrías, Jesús-Amor, prohibirnos el amarte en las luchas de la vida ni en las luchas de la muerte...

¡Qué..., ni siquiera cuando, por designios secretos de tu Providencia, pareces retirarte y abandonarnos en pleno desierto, en pleno campo de batalla,

cuando nos sentimos abatidos, creyéndonos desamparados..., menos que nunca entonces, estás Tú, Jesús, lejos de nosotros... y en esa brega dolorosa podemos como nunca amarte...! La muerte misma, cruel, implacable, cortará, Señor, un día, por orden tuya, el árbol, poniendo la segur a la raíz... Y al herirnos agotará el manantial de todas nuestras energías, agostando la fuente misma de la vida...

¡Oh! Aún, y sobre todo entonces, Jesús, nuestro morir puede y debe ser el acto supremo del amor que te debemos, dándote todo, absolutamente todo, al devolverte con caridad perfecta, el don prestado de la vida.

¡Qué gracia de misericordia poder morir amándote..., y, al expirar, caer por eternidad de eternidades en el abismo del Corazón de un Dios que es infinito amor!

Magníficat!... Nuestras almas te alaban, te bendicen, te cantan con inmensa gratitud, por habernos enriquecido con un poder que sobrepuja y sobrevive a todo lo terreno..., poder inmortal, divino, depositado en nuestros corazones pobrecitos y de arcilla... *Magníficat!*... ¡Gracias te sean dadas, Jesús!...

Y ahora, Maestro adorable, dinos al terminar esta Hora Santa una palabra todavía... Instruye con una última lección de vida a esta legión de apóstoles de acción amorosa e íntima... ¿Quién sino Tú, Rey de amor, puede enseñarnos a predicar y a trabajar con las irra-diaciones maravillosas y fecundas del amor?... Habla, pues, Jesús, y confíanos no fuera sino una palabra de aquel diálogo dulcísimo entre tu Corazón y el de Juan en la última Cena... ¡Queremos tanto ser como él los amigos leales y los sembradores de fuego!

(Hágase un gran silencio..., que haya un profundo recogimiento, a fin de que nuestras almas puedan oír y comprender las palpitaciones del Corazón de Jesús).

Jesús. *"¡Sitio!"*, dadme de beber el amor..., el inmenso amor que reclamo con derecho de los amigos y de los apóstoles de mi Divino Corazón...

No olvidéis, hijitos míos, que el verdadero apostolado, el único fecundo, es el de un amor, incendio incontenible, que por naturaleza propia estalla el

exterior..., que irradia fuego... ¡Ah!... Pero cabalmente, para que ese amor sea capaz de comunicarse y de irradiar, es preciso amar con una caridad apasionada, vehemente, ilimitada, amando con los ardores de mi Sagrado Corazón...

¡Cuántos más apóstoles habría si en las casas de retiro y de oración..., si en las empresas y en las familias de mi Divino Corazón se comprendiera que un alma, una sola, pobre, ignorada y pequeñita, pero que ame con incendios de amor, predica más y hace mejor la obra de mi gloria..., extiende ella sola y afianza mejor mi reinado, que todo un ejército activo que se afana mucho en muchas cosas, pero que no ama sino *con amor vulgar!*...

¡Oh..., sin estas almas redentoras porque amantes..., sin esos sagrarios vivos y escogidos, sin esas almas de fuego que han comprendido, tanto la hermosura como el poder sobrenatural, expansivo, de María de Nazaret y de María de Betania..., sin ellas, el mundo, ya tan pervertido, estaría vecino a su sepulcro!... Será siempre, pues, verdad que María ha elegido la óptima parte para mi gloria y para la suya..., y también la óptima parte para tantas almas que ella redime con su apostolado secreto de caridad...

En esta hora providencial estoy preparando y sigo multiplicando por esto la falange venturosa, y cada vez más fuerte, de aquellas almas de fuego, las únicas capaces de servir de barrera salvadora a un mundo que, al enfriarse en mi amor, rueda al abismo... La caridad y sólo la caridad salva... redime y santifica. ¡Oh!, no olvidéis, amigos fidelísimos, que un acto de amor perfecto, ardiente, de un alma sencilla y desconocida, equivale a una misión...

¿Y quién de entre vosotros, enriquecidos con las luces y los tesoros de mi corazón, no será capaz de amar así, con ese incendio de amor fecundo?

Y puesto que Yo mismo en mi sabiduría repartí diferentemente mis propios dones, ¿quién mejor que Yo sabe, apóstoles míos, que no todos podéis ser del mismo modo, y por el mismo camino los obreros de un apostolado activo? El secreto de vuestra vocación será siempre mi secreto.

¡Ah..., pero no olvidéis que así como mi Divino Corazón os fue dado a todos por amor..., así espero y exijo de vosotros todos, cualquiera que sea vuestra vocación, un amor sin límites: éste debe ser el más sencillo y el más fecundo de los apostolados..., éste será siempre el apostolado por excelencia!... Pedidle a la Reina del Amor Hermoso, a mi Madre, que os comente esta enseñanza: amar es sembrar, es predicar, es redimir.

"¡Sitio!" Apagad, pues, mi sed devoradora, dándome el amor que reclamo de vosotros todos, quienquiera que seáis: pequeños y pobres..., enfermos, inválidos y tristes..., combatidos por la tentación, atribulados o favorecidos por mi gracia... Sí, dadme amor vosotros, los que habéis penetrado en mi Evangelio..., los mimados por mi ternura..., los colmados por mi amable Corazón, todos.

(Todos, con vehemencia)

¡Oh, déjanos morir de amor, Jesús! ¡Te amamos, Jesús, porque eres Jesús!

"¡Sitio!" Apagad mi sed devoradora dándome el corazón en llamas, pues por ellas quiero convertir y transformar a tantos desventurados que, empeñándose en no ver en Mí al Padre ni al Salvador, pretenden, con odio, derrocarme del trono del altar y de las almas...

¡Oh, déjanos morir de amor, Jesús! ¡Te amamos, Jesús, porque eres Jesús!

"¡Sitio!" Apagad mi sed devoradora dándome el corazón, sin reservas, en reparación por tantos hijos colmados de mercedes y que, hoy día, habiendo dilapidado los tesoros que les había confiado, viven en la miseria y perecen de hambre.

¡Oh, déjanos morir de amor, Jesús! ¡Te amamos, Jesús, porque eres Jesús!

"¡Sitio!" Apagad mi sed devoradora amándome con pasión del alma, en lugar de tantos de los míos a quienes Yo había dado, junto con mi Corazón, nobilísimos sentimientos y aspiraciones..., anhelos de nobleza divina... ¡Oh, dolor!... Toda esa fortuna moral la han derrochado, la han quemado como incienso ante los ídolos de las criaturas... Y aquí me tenéis, a Mí, que así quiero enriquecerlos, pospuesto, olvidado, por esos ingratos; aquí me tenéis, con las manos vacías y amargado el Corazón...

¡Oh, déjanos morir de amor, Jesús! ¡Te amamos, Jesús, porque eres Jesús!

"¡Sitio!" Apagad mi sed devoradora devolviéndome amor por amor... Así conquistaréis para mi Corazón tantos hijos ingratos y débiles que me abandonaron cuando los visité con la Cruz...; tantos que renegaron de mi Ley a causa de sus tribulaciones...; tantos que me desconocieron bajo el ropaje sangriento de mis dolores y de mi Calvario... Pretendieron amarme bebiendo el cáliz de gloria..., huyeron de mi lado cuando les presenté el cáliz de amargura...

¡Oh, déjanos morir de amor, Jesús! ¡Te amamos, Jesús, porque eres Jesús!

"¡Sitio!" Apagad mi sed devoradora con un amor ardiente que os devore el alma, y así conquistaréis a tantos que se alejaron temblando... y con temor exagerado...; a tantos que, no queriendo ver ni saborear las inefables bellezas, las ternuras de mi amor, no quisieron ver en Mí sino al Juez tremendo..., al Señor cuyos rigores ponen espanto en el alma...

¡Oh, déjanos morir de amor, Jesús!

¡Te amamos, Jesús, porque eres Jesús!

Señor Jesús, hemos podido velar una hora contigo en Getsemaní, y gustosos quedaríamos encadenados al Sagrario para siempre si tu amor lo consintiera... Nos vamos, llevando paz, mucha paz, consuelos divinos y nueva vida... ¡Ah!, pero sobre todo, nos despedimos con la satisfacción de haberte dado a Ti, amadísimo Maestro, alivio de caridad, desagravio de fe y reparación de amor, que reclamaste, entre sollozos, a tu confidente Margarita María... Atiende, pues, Señor Jesús, acoge, manso y bueno, nuestra última oración.

¡Corazón agonizante de Jesús, triunfa..., y sé la perseverancia de fe y de inocencia de los niños que comulgan...; sé su Amigo!

¡Corazón agonizante de Jesús, triunfa... y sé el amor de la multitud que sufre, de los pobres que trabajan...; sé su Rey!

¡Corazón agonizante de Jesús, triunfa... y sé consuelo de los padres del hogar cristiano...; sé su Vida!

¡Corazón agonizante de Jesús, triunfa... y sé la dulcedumbre de los afligidos, de los tristes...; sé su Hermano!

¡Corazón agonizante de Jesús, triunfa... y sé la fortaleza de los tentados, de los débiles...; sé su Victoria!

¡Corazón agonizante de Jesús, triunfa... y sé el fervor y la constancia de los tibios...; sé su Amor!

¡Corazón agonizante de Jesús, triunfa... y sé el centro de la vida militante de la Iglesia...; sé su Lábaro triunfante!

¡Corazón agonizante de Jesús, triunfa... y sé el celo ardiente y victorioso de tus apóstoles...; sé su Maestro!

¡Corazón agonizante de Jesús, triunfa... y sé en la Eucaristía la santidad y el cielo de las almas..., sé su paraíso de amor...; sé su Todo!

Y mientras llega el día eterno y venturoso de cantar tus glorias, déjanos, dulcísimo Maestro, sufrir, amar y morir sobre la celestial herida del Costado; murmurando ahí, en la llaga de tu amante Corazón, esta palabra triunfadora: ¡venga a nos tu reino!

(*Padrenuestro y Avemaría* por las intenciones particulares de los presentes.

Padrenuestro y Avemaría por los agonizantes y pecadores.

Padrenuestro y Avemaría pidiendo el reinado del Sagrado Corazón mediante la Comunión frecuente y diaria, la Hora Santa y la Cruzada de la Entronización del Rey Divino en hogares, sociedades y naciones).

(Cinco veces)

¡Corazón Divino de Jesús, venga a nos tu reino!

XIII Agosto
Glosa de las Siete Palabras

Pongámonos en la presencia del Dios misericordioso del Calvario... Aquí, a dos pasos de nosotros, en esa Hostia divina, está Jesús, y ese altar es el Gólgota en que sigue redimiendo a un mundo que lo desconoce. Acerquémonos, y recojamos, con amor y fe, sus últimas palabras como el testamento de su Corazón Agonizante...

(Haced con fe viva un breve acto de adoración)

(Breve pausa)

Llegados que fueron a la cumbre, crucificaron a Jesús, entre dos malhechores.

¡Qué hermoso será el cielo si tan bello y tan sublime es el Calvario, en la muerte del Señor Jesús!... Ved...: en este instante se ha descorrido el velo de misterio que nos ocultaba a Jesucristo, la Belleza increada, el Santo de los santos... Clavad con fe los ojos en aquel altar... Ese es, ¡oh maravilla!; sí, ése es el verdadero Gólgota, la montaña de la gran expiación... No temáis...; levantad vuestra mirada, y fijadla en aquella Hostia... Ángeles del Santuario, gemid en silencio... No turbéis la mística agonía del Amado... Solo nosotros, sus redimidos, podemos hablarle con voces de amargura... Avancemos para recoger sus últimas palabras, pues tenemos derecho al postrer aliento de Jesús... Subamos al Calvario, María Dolorosa nos aguarda...; acerquémonos, la arrepentida Magdalena nos da dulcísima confianza... Oremos al lado de San Juan, el amigo fidelísimo del Maestro moribundo... *"Ecce Deus..."*. Así tenéis a nuestro Dios, clavado en el patíbulo... ¡Miradlo!...

(Cortado)

¡Ay! ¡Cuán cierta fue la palabra del Profeta: "De la cabeza a la planta de los pies no hay parte sana en su Cuerpo sacrosanto"! Su frente, ungida por los besos de María, destrozada por espinas...; abrasados por la sed de aquellos labios que, al sonreír, evocaron una aurora de paz divina en las almas afligidas...; lívida su boca, que tuvo néctar de dulzura para todas las heridas...; sus ojos, en los que brotó para el culpable el fulgor de la esperanza, velados por la nube roja de su sangre... En sus manos perforadas y en sus pies atravesados están escritas la historia de los pródigos, a quienes persiguió, sin tregua, el Corazón del Buen Pastor... ¡Ahí está seguramente nuestra historia de culpa y de perdón!... ¡Oh, qué gracia tan inmensa y tan poco meditada la de ese perdón de su ternura! Oídle: quiere renovar ahora esa absolución de caridad... Su cuerpo, convertido en una sola llaga, se estremece; gimiendo levanta su cabeza..., contempla, con mirada de infinita luz y de amor infinito, este mundo que lo mata y, dejando hablar su Corazón en aquella Hostia que adoramos, exclama sollozando:

¡Padre, perdónalos, pues no saben lo que hacen!

(Lento)

"No mires, Padre, las espinas de mi corona. Yo las he buscado, son los abrojos naturales de esta tierra desgraciada... Perdona la soberbia humana y la ignorancia de la misión que me confiaste... Perdona a mis verdugos y a mis amigos cobardes... Perdona las culpas de los grandes, de los pequeños y de los pobres... No castigues..., que las criaturas son polvo y son tinieblas... Perdona a los padres y a los hijos...: ¡son tantos los abismos del camino!... Olvida las flaquezas, perdona las perfidias, pues todos son ovejas mías. ¡Pobrecitas...! No las hieras, Padre, pues no saben lo que hacen...

(Pausa)

Las almas. Y ahora déjame, Jesús Crucificado, unirme a tu plegaria. Divino Salvador de las almas, cubierto de confusión, me postro en tu presencia, y, dirigiendo mi vista al solitario Tabernáculo, siento oprimido el corazón al ver el olvido en que te tienen relegado tantos de los redimidos. Pero ya que con tanta condescendencia permites que una mis lágrimas a las que vertió tu dulce Corazón, te ruego, Jesús, por aquellos que no ruegan, te bendigo por los que te maldicen, y con toda mi alma, te alabo y te adoro, en todos los Sagrarios de la Tierra.

Acepta, pues, el grito de expiación, que un pesar sincero arranca de nuestros corazones afligidos: ellos te piden piedad.

Por mis pecados, por los de mis padres, hermanos y amigos... (Todos, en voz alta)

¡Piedad, oh Divino Corazón!

Por las infidelidades y profanaciones de los días santos...

¡Piedad, oh Divino Corazón!

Por las impurezas y escándalos públicos...

¡Piedad, oh Divino Corazón!

Por los que corrompen la niñez y extravían la juventud...

¡Piedad, oh Divino Corazón!

Por la desobediencia sistemática a la santa Iglesia...

¡Piedad, oh Divino Corazón!

Por los crímenes de los hogares, por las faltas de los padres y de los hijos...

¡Piedad, oh Divino Corazón!

Por los atentados cometidos contra el Romano Pontífice...

¡Piedad, oh Divino Corazón!

Por los trastornadores del orden público social cristiano...

¡Piedad, oh Divino Corazón!

Por el abuso de los sacramentos, y el ultraje a tu augusto Tabernáculo...

¡Piedad, oh Divino Corazón!

Por la cobardía, o los ataques de la prensa, por las maquinaciones de sectas tenebrosas...

¡Piedad, oh Divino Corazón!

Y, en fin, Jesús, por los justos que vacilan y por los pecadores obstinados que resisten a tu gracia...

¡Piedad, oh Divino Corazón!

(Pausa)

Es tan blando el Corazón de Jesucristo, y qué bien se le habla, haciendo la Hora Santa, aquí a sus pies ensangrentados... Acabamos de reclamar piedad por los pecadores, y al instante, el eco dulce, benigno, de su voz, resuena como música de paz, que anuncia un cielo que se acerca...

El malhechor de la derecha le ha hablado en nombre de todos los caídos... Los que vamos a morir, y tal vez muy pronto, oigamos al amable Redentor, que nos responde, hablándonos del cielo: *"Hoy mismo estarás conmigo en el Paraíso..."*. El arrepentimiento te ha abierto ya el cielo de mi Corazón...; aguarda, alma dichosa, que se disipe el sueño de esta vida y cantarás, te lo prometo, ¡oh, sí!, cantarás, con los penitentes y los ángeles, las misericordias de tu Dios...

Almas pecadoras que gemís, refugiaos en estas mis llagas, que abrieron vuestras culpas...; no temáis..., nunca es tarde para solicitar mi caridad... Queréis también nombrarme a hermanos vuestros, que luchan y agonizan..., hablad... Que para todos soy víctima, soy hermano vuestro..., soy Jesús.

(Lento y cortado)

Corazón de Jesús, dulcísimo con los infelices pecadores, un pecador te habla.

Corazón de Jesús, amabilísimo con los pobres, un mendigo aquí te espera.

Corazón de Jesús, salud de los dolientes, un enfermo te visita.

Corazón de Jesús, camino de los extraviados, un pródigo te busca.

Corazón de Jesús, suavidad de los que lloran, un desgraciado llama a tu santuario.

Corazón de Jesús, amigo fidelísimo del hombre, un amigo ingrato está aquí, y te llora.

Corazón de Jesús, quietud en las incertidumbres de la tierra, un alma combatida te llama en su socorro.

Corazón de Jesús, hoguera inextinguible del amor, un alma quiere abrasarse en los ardores de tu caridad.

Corazón de Jesús, agonizante, esperanza de los moribundos. *"Memento"*, acuérdate de los que en esta misma hora luchan con la muerte. Como el ladrón arrepentido, promételes, Jesús, que al expirar sobre tu pecho, quedarán contigo en ese incomparable Paraíso... Ten piedad de los agonizantes... Envíales, Señor, el ángel de Getsemaní, y acerca a sus labios, que ya no pueden llamarte, el cáliz de tu Corazón piadoso... Jesús, sé Jesús con los moribundos más desamparados.

(Pedid por los agonizantes).
(Pausa larga)

Apoyada en la Cruz, fija la mirada en el divino agonizante, está María... Ella, que arrulló con cantares de paloma, rodeada de ángeles, a este mismo Jesús, entonces pequeñito, dormido en sus rodillas... ¡Cómo pasaron fugaces los días de Belén!... Se disiparon, como un éxtasis, los treinta años de Nazaret inolvidable... Solo ayer, El... sí, esta misma víctima de amor, Jesús Infante, le pedía un mendrugo de pan y un abrazo maternal... Sus cabellos, coronados ayer con las flores de sus besos, empapados hoy en la sangre del Hijo-Dios... ¡Ah!, pero El es siempre su Jesús... El la quiere con amor más fuerte que la muerte... Antes que ésta llegue a arrebatarle, quiere hablar a la Virgen Madre de un supremo encargo... Pueblo amante, recibamos de rodillas el legado venturoso de Jesús crucificado... *"Mujer, ahí tienes a tu hijo y a tus hijos*..., te los doy, son los redimidos con tus lágrimas; te los confío, son los rescatados con el precio de la sangre que me diste... Y tú, *Juan, apóstol y amigo regalado, ahí tienes a tu Madre,* ámala en mi nombre, consuélala en mi ausencia, recógela en tu casa... y que Ella sea consuelo y Madre de todos, de todos los dolores... Almas compasivas que me rodeáis en el calvario de este altar, sabed que María es Madre vuestra y es también mi Madre: somos hermanos desde esta Hora Santa de amorosa Redención...".

(Pausa)

Las almas. ¿Qué podré obsequiarte, buen Jesús, en retorno del don sagrado de tu Madre?... La recibo con amor del alma, y le doy asilo, bajo el mismo techo pobre que Tú no desdeñaste... Y, en retorno de agradecimiento, te ofrezco por sus manos virginales los dolores de estas almas que Tú tanto quieres...

¡Pobrecitas!... En nombre de Ella, por María Dolorosa, te ruego las visites en sus duelos, las alientes en sus incertidumbres, las ilumines en sus dudas...

¡Ah! Por ella, por la Virgen Mártir, te conjuro que endulces, compasivo, las lágrimas de tantas madres, de aquellas que lloran al borde de una tumba, siempre abierta, de algún hijo...; te ruego, por aquellas madres, sobre todo, que padecen mortales angustias por la vida espiritual, por la salvación eterna de sus hijos... Y puesto que el Corazón Inmaculado de María es el altar de sus predilecciones, permite Jesús, que en él te ofrezcamos una acción de gracias rendida, solemne, como desagravio de reconocimiento por la ingratitud humana... Por manos, pues, y en unión de tu dulce Madre, te decimos:

Por habernos prevenido con el don gratuito e inapreciable de la fe... (Todos, en voz alta)

Gracias infinitas a tu amable Corazón.

Por el tesoro de la gracia y por la virtud de la esperanza en aquel cielo que es término de los dolores de esta vida...

Gracias infinitas a tu amable Corazón.

Por el arca salvadora de tu Iglesia, perseguida y siempre vencedora.

Gracias infinitas a tu amable Corazón.

Por la piedad incomprensible con que perdonas toda culpa en los Sacramentos del Bautismo y de la Santa Confesión.

Gracias infinitas a tu amable Corazón.

Por las ternuras que prodigas a las almas doloridas, que, sufriendo, te bendicen en sus penas y en la Cruz...

Gracias infinitas a tu amable Corazón.

Por los ardides santos de tu caridad en la conversión maravillosa de los más empedernidos pecadores...

Gracias infinitas a tu amable Corazón.

Por los bienes de la paz o de la prueba, de la enfermedad o la salud, de la fortuna o la pobreza, con que sabes rescatar a tantas almas...

Gracias infinitas a tu amable Corazón.

Por los singulares beneficios de tantos ingratos, mal nacidos, que olvidan y que abusan de salud, de dinero y de talentos, que sólo a ti, Jesús, te deben...

Gracias infinitas a tu amable Corazón.

Por el obsequio celestial que nos hiciste al confiarnos el honor y la custodia de tu Madre, el Corazón de María Inmaculada.

Gracias infinitas a tu amable Corazón.

Por tu Eucaristía Sacrosanta, por ese cautiverio y por esa compañía tuya deliciosa, prometida hasta la consumación de las edades...

Gracias infinitas a tu amable Corazón.

Y, en fin, por aquel inesperado Paraíso que quisiste revelarnos en la persona de tu sierva Margarita..., por el don maravilloso, incomprensible, de tu Sagrado Corazón.

Gracias infinitas a tu amable Corazón.

(Pausa)

Tengamos tranquila resignación y paz en la Vía dolorosa de la vida... ¡Cuánto más horrendo fue el martirio de Jesús en su patíbulo!... ¡Qué espantosa soledad la del Maestro crucificado, en el abandono inconcebible de aquellos mismos que vivieron saciándose en el banquete espléndido de su amor, de su hermosura y de sus prodigios!... ¿Dónde están ahora?... ¡Ah! Pero hay algo mucho más desgarrador aún para su alma, anegada en todos los oprobios... Él mismo va a decíroslo en el grito de infinita angustia que se escapa del oprimido pecho del adorable Nazareno, que ya muere: "*¡Dios mío, Dios mío! ¿Por qué Tú también has querido abandonarme?*... Vine donde aquellos que me mandaste redimir...; no me recibieron, y han levantado en una cruz a su propio Salvador... *Padre, hágase tu voluntad...* Pero si ellos han desgarrado mis manos y mis pies. Tú, ¿por qué has querido abandonarme?...

¡No se haga, sin embargo, mi voluntad, sino la tuya!... Mas en cambio de este tu abandono, salva a todos los que me confiaste. Que, en mi Corazón herido, sean uno conmigo, como Tú, y yo somos uno en el amor... ¡Qué acerbo cáliz, Padre!... Mi Corazón estalla, torturado en esta soledad de lo infinito... Padre, ¿por qué has querido abandonarme?...".

(Pausa)

Las almas. Buen Pastor, yo adivino cuál es el dolor que te arranca ese clamor de amargura indecible: es la muerte eterna del impío, que se pierde por abandonarte a ti. ¡Ah, y son tantos los que viven sumidos en el abismo de las sombras, sin fe, sin amor, sin esperanza!... Acuérdate, Jesús, de ellos. Por el abandono de tu Padre, no quieras, Redentor bendito, no quieras abandonarlos... Por ellos, por los descreídos del hogar; por ellos, por los negadores de la enseñanza y de la Prensa; por ellos, por los aborrecedores de tu nombre y los verdugos que maldicen tu Cruz y tus altares, te ruego, con todo el ardor de mi alma... suplícote, Jesús, que los atraigas, que los perdones, por la mansedumbre y la agonía de tu adorable Corazón.

(Pausa)

(Pedid por la conversión de los impíos).

¿Por qué, hoy día, ese inusitado movimiento de odio contra Jesucristo, el manso ajusticiado del Calvario? ¿Por qué esa cólera del pueblo y la blasfemia oficial de las alturas, y el encarnizamiento de los sabios en borrar tu nombre de sobre la faz de la tierra? ¡Ay! ¡gemid, almas fervientes!... Sus implacables enemigos están acumulando todas las hieles de la ingratitud y de la perfidia, para aplicársela a aquellos labios, que después de veinte siglos de ignominia, no se cansan de repetir, desde esa Hostia una palabra en que nos lega toda su alma dolorida... Recogedla con cariño: "*¡Sitio!... Tengo sed...*". Sed

abrasadora de sentirme amado, sed ardiente de vivir vuestra vida trabajada, sed incontenible de daros paz, felicidad... y después un cielo eterno... Tengo sed de vuestras almas, sed quemante de vuestras lágrimas; lloradlas en mi pecho... Almas consoladoras, ¡oh!, dadme de beber, y en pago os abriré en mi Costado, las fuentes de la vida... ¡Amadme! Tengo sed!...

(Pausa)

Las almas. Jesús, también nosotros, cansados en la travesía del desierto, sentimos sed de aquellas aguas vivas que Tú nos prometiste: sed de ti..., que no será apagada sino cuando venga tu reinado en el triunfo de tu amante Corazón... No nos basta, Señor, tu misericordia. Tus intereses son los nuestros. Tenemos ansias, sed de tu reinado... Te pedimos, pues, que cumplas con nosotros las promesas que hiciste a tu confidente Margarita, en beneficio de las almas que te adoran en la hermosura indecible, en la ternura inefable, en el amor incomprensible de tu Sagrado Corazón. Por esto te gemimos con tu Santa Iglesia, te suplicamos por la Virgen Madre, te exigimos, por el honor inviolable de tu nombre, que establezcas ya, que apresures el reinado de tu amante Corazón.

(Todos, en voz alta)

Venga a nos el reinado de tu amante Corazón.

(Las doce promesas):

1a. Pronto, Jesús, sí, reina presto, antes que Satán y el mundo te arrebaten las conciencias y profanen en tu ausencia todos los estados de la vida.

Venga a nos el reinado de tu amante Corazón.

2a. Adelántate, Jesús y triunfa en los hogares. Reina en ellos por la paz inalterable prometida a las familias que te han recibido con hosannas.

Venga a nos el reinado de tu amante Corazón.

3a. No demores, Maestro muy amado, porque muchos de éstos padecen aflicciones y amarguras que Tú solo prometiste remediar.

Venga a nos el reinado de tu amante Corazón.

4a. Ven..., porque eres fuerte, Tú, el Dios de las batallas de la vida; ven, mostrándonos tu pecho herido, como esperanza celestial, en el trance de la muerte...

Venga a nos el reinado de tu amante Corazón.

5a. Sé Tú el éxito prometido en nuestros trabajos; sólo Tú, la inspiración y recompensa de todas las empresas.

Venga a nos el reinado de tu amante Corazón.

6a. Y tus predilectos, quiero decir, los pecadores, no olvides que para ellos, sobre todo, revelaste las ternuras incansables de tu amor...

Venga a nos el reinado de tu amante Corazón.

7a. ¡Ay, son tantos los tibios, Maestro, tantos los indiferentes a quienes debes inflamar con esta admirable devoción!...

Venga a nos el reinado de tu amante Corazón.

8a. "Aquí está la vida", nos dijiste, mostrándonos tu pecho atravesado; permite, pues, que ahí bebamos el fervor, la santidad a que aspiramos...

Venga a nos el reinado de tu amante Corazón.

9a. Tu imagen ha sido entronizada, a pedido tuyo, en muchas casas...; en nombre de ellas te suplico sigas siendo, en todas, su amable Dueño y el sólo Soberano...

Venga a nos el reinado de tu amante Corazón.

10a. Pon palabras de fuego, persuasión irresistible, vencedora, en aquellos sacerdotes que te aman y te predican como Juan, tu apóstol regalado.

Venga a nos el reinado de tu amante Corazón.

11a. Y a cuantos propaguen esta devoción su-

blime, a cuantos publiquen sus inefables maravillas, resérvales, Jesús, una fibra de tu Corazón,
vecina de aquella en que tienes grabado el nombre de tu Madre.

Venga a nos el reinado de tu amante Corazón.

12a. Y por fin, Jesús, danos el cielo de tu Corazón
a cuantos hemos compartido tu agonía en la
Hora Santa... Por esta hora de consuelo y por la
Comunión Reparadora de los Primeros Viernes,
cumple con nosotros tu promesa infalible..., te
pedimos que en la hora decisiva de la muerte...

Venga a nos el reinado de tu amante Corazón.

(Pausa)

"¡Que mi paz sea con vosotros!", almas amigas
de mi Corazón, pues tuve sed y me disteis de
beber. Ahora sí, confiado el honor de mi nombre
en vuestro celo, puedo exclamar: *Todo está con-*
sumado". Y si algo faltare a mi obra redentora,
completo ¡oh, Padre! Lo que falta a mi pasión
con la misericordia de mi Corazón inagotable...
Te devuelvo, Padre, a los que me confiaste...; si
alguno se ha perdido, no fue por falta de misericordia... Te pido, por mi cruz y mi ternura, que
incrementes el número de los elegidos, de los
santos en mi Iglesia... Consuma, Padre, la obra
de este tu Unigénito Crucificado, glorificándome
en la tierra que bebió mi sangre... Te devuelvo mi
alma y las almas redimidas, pero déjales mi Corazón, herencia de los caídos, de los pobres y de
cuantos sienten ansias de crecer en intimidad de
amor conmigo...

(Pausa)

Las almas. Tú lo has dicho, Jesús, tu Corazón nos pertenece... Consuma, pues, por Él tu obra, santificando a todos éstos que tienen voluntad de seguirte hasta el mismo sacrificio. Aumenta nuestra fe, aviva la esperanza, colma la medida de la caridad que te debemos...

Consuma, Jesús, tu obra en el triunfo social de tu santa Iglesia...; confunde a los poderes que la oprimen...; desbarata con tu soplo las huestes de los hipócritas, de los soberbios, de los impuros enemigos que la asaltan con furor...; habla, Dios de luz, y retrocederán los hijos de las tinieblas, de los errores, de las perversas doctrinas...; habla, Dios de amor, y será salvo tu Vicario...; y consumada tu obra, del uno al otro confín de la tierra, será aclamada la dulce e irresistible omnipotencia de tu Corazón vencedor...

Señor, consuma tu obra, aliviando los tormentos de un terrible Purgatorio...; apiádate, Jesús, y abrevia el plazo de las almas que sufren justiciera expiación..., de aquellas sobre todo, que esperan en esas llamas el rocío de mis plegarias, parientes, benefactores y amigos, a quien debo el refrigerio de mis sufragios tan amados, benignísimo Jesús...

Tú me los arrebataste... ¡Bendito seas!... dales tu paz, no quieras olvidarlos...

(Pedid el triunfo del Corazón de Jesús en su Iglesia militante y en el Purgatorio).

(Pausa)

Así, de tinieblas, vestía la naturaleza en la Hora Santa del primer Viernes Santo de este mundo. Los cánticos de Jerusalén celestial han cesado...; el cielo entero ha descendido, y de rodillas, ante Jesús Hostia, espera recoger el último latido del Corazón del Hombre-Dios... Almas creyentes, estamos

verdaderamente en la cumbre consagrada del Calvario: ¡es la Hora Santa!... Una gran voz resuena en las alturas, voz que dice: *"¡En tus manos, Padre, encomiendo mi espíritu!"* E inclinando su cabeza destrozada, muere de amor Jesús Crucificado... Su corazón lo llevó a la muerte... ¡Viva su amante Corazón, que nos llevó a la vida!...

Las almas. ¡Oh, Jesús, amor de mis amores, acepta por manos de María Dolorosa la ofrenda de mi ser todo entero, de mi vida... Yo no me pertenezco, Señor, soy todo tuyo! Y en esta donación me olvido de mí mismo y me consagro por el triunfo de tu Divino Corazón... Acéptame, Jesús, y escucha ahora mi última plegaria:

(Cortado)

Cuando los ángeles de tu santuario te bendigan en la Eucaristía de mis amores... y yo me encuentre en la agonía..., acuérdate del pobre siervo de tu Divino Corazón...

Cuando las almas justas de la tierra te alaben y te lloren, encendidas en amor... y yo me encuentre en la agonía..., sus dolores y sus lágrimas son las mías, acuérdate del pródigo vencido por tu Divino Corazón...

Cuando tus sacerdotes, las vírgenes del templo y tus apóstoles te aclamen Soberano, te prediquen a las almas y te entronicen en los pueblos... y yo me encuentre en la agonía..., sus ardores y su celo son los míos... acuérdate del apóstol de tu Divino Corazón...

Cuando tu Iglesia ore y gima ante el Sagrario, para redimir contigo el mundo..., y yo me encuentre en la agonía..., acuérdate del amigo de tu Divino Corazón...

Cuando, en la Hora Santa, tus almas regaladas, sufriendo y reparando, te hagan olvidar abandonos, sacrificios y traiciones... y yo me encuentre en la agonía..., sus coloquios contigo y sus holocaustos son los míos..., acuérdate de este pobre altar y de esta víctima de tu Divino Corazón...

Cuando tu divina Madre te adore en la Santa Eucaristía, y repare ahí los crímenes sin cuento de la tierra..., y yo me encuentre en la agonía..., sus adoraciones son las mías... acuérdate del hijo de tu Divino Corazón... ¡Oh, sí!, acuérdate de esta miserable criatura que Tú tanto amaste; acuérdate que le exigiste se olvidara de sí misma por tu amor... Mas no, Señor..., olvídame, si quieres, con tal que me dejes olvidado para siempre en la llaga hermosa de tu dulce Corazón.

(Pausa)

¿Qué tengo yo, Señor Jesús, que Tú no me hayas dado?... Despójame de todo, de tus propios dones, pero abísmame en las llamas de tu Santo Corazón.

¿Qué sé yo, que Tú no me hayas enseñado?... Olvide yo la ciencia de la tierra y de la vida; pero conózcate mejor a ti, ¡oh amable Corazón!...

¿Qué valgo yo, si no estoy a tu lado?...

¿Qué merezco yo, si a ti no estoy unido?... Úneme, pues, a ti con vínculo más fuerte que la muerte...; renuncio a todas las delicias de tu amor, en cambio de este otro Paraíso, el de tu tierno Corazón... Y en él sepulta, sí, los yerros que contra ti he cometido... y castiga y véngate de todos ellos, hiriendo mortalmente, con dardos de encendida caridad, al que tanto te ha ofendido... Y si te he negado, déjame reconocerte en la Eucaristía en que Tú vives...; si te he ofendido, déjame servirte en eterna esclavitud de amor eterno...; porque es más muerte que vida la que no se consume en amar y en hacer amar tu olvidado, tu adorable, tu Divino Corazón... ¡Venga a nos tu reino!

(Pausa)

(*Padrenuestro y Avemaría* por las intenciones particulares de los presentes. *Padrenuestro y Avemaría* por los agonizantes y pecadores.

Padrenuestro y Avemaría pidiendo el reinado del Sagrado Corazón mediante la Comunión frecuente y diaria, la Hora Santa y la Cruzada de la

Entronización del Rey Divino en hogares, sociedades y naciones).

(Cinco veces)

¡Corazón Divino de Jesús, venga a nos tu reino!

Acto final de consagración

Jesús dulcísimo, Redentor del género humano,
míranos postrados humildemente ante tu altar.
Tuyos somos, tuyos queremos ser, y a fin de estar
más firmemente unidos a ti, he aquí que hoy día
cada uno de nosotros se consagra espontáneamente a tu Sagrado Corazón.

Muchos, Señor, nunca te conocieron; muchos te
desecharon, al quebrantar tus mandamientos.
Compadécete, Jesús, de los unos y de los otros, y
atráelos a todos a tu Santo Corazón. Sé Rey,
Señor, no sólo de los fieles que jamás se separaron de ti, sino también de los hijos pródigos que
te abandonaron; haz que vuelvan pronto a la
casa paterna, no sea que perezcan de miseria y
de hambre.

Sé Rey de aquellos a quienes engañaron opiniones erróneas y desunió la discordia; tráelos al
puerto de la verdad y a la unidad de la fe, para
que luego no quede ya más que un solo rebaño y
un solo pastor.

Sé Rey de los que aún siguen envueltos en las tinieblas de la idolatría o del islamismo. A todos
dígnate atraerlos a la luz de tu Reino.

Mira, finalmente, con ojos de misericordia, a los

hijos de aquel pueblo, que en otro tiempo fue tu predilecto; que también descienda sobre ellos, como

bautismo de redención y vida, la sangre que reclamó un día contra sí. Concede, Señor, a tu Iglesia incolumidad y libertad segura, otorga a todos los pueblos la tranquilidad del orden; haz que del uno al otro polo de la tierra resuene esta sola aclamación:

¡Alabado sea el Divino Corazón, por quien hemos alcanzado la salud; a El gloria y honor, por los siglos de los siglos! Así sea.

(Cinco veces, en voz alta)

¡Corazón Divino de Jesús, venga a nos tu reino!

XIV Septiembre y Jueves Santo

Caía la tarde del Jueves Santo... Junto con las primeras sombras, los horrores de una agonía espantable inundaban ya el Corazón desgarrado de Jesús... El Nazareno Salvador era el Hijo del Hombre..., tenía una madre, ¡única en su ternura, divina en su hermosura! Su cariño y mirada eran para Jesús más que el cantar de los ángeles, más que el aura perfumada de los cielos... Era Ella la bendición del Padre... ¡Y debía dejarla, por amor de los humanos! ¡Oh, Jueves Santo, día de las despedidas supremas del Maestro!... Había llegado su hora: postrado en tierra, de rodillas ante la Virgen María, el Hijo-Dios le pide licencia para morir, en redención de sus verdugos... Y entrecortada la voz por los sollozos, descansando su cabeza soberana sobre el pecho de su Madre, le confía Jesús a las ovejitas recobradas del rebaño... María le tiene estrechado entre los brazos, puesto el recuerdo en la cuna de Belén, y los ojos, milagrosamente iluminados, en el Calvario del mañana... Y esa Reina llora, ungiendo la cabeza del redentor con sus preciosas lágrimas...; llora, ofreciendo al Eterno Padre esa Víctima, el Cordero Inmaculado...; llora, bendiciendo al mundo, cuyo rescate comenzó en la casita dichosa de Nazaret, y que terminará al siguiente día en un cadalso de horror, de sangre y de vergüenza... Abraza, delirante de amor, al Hijo, y antes que las espinas profanen su frente, la besa en nombre del cielo, porque es su Dios...; vuelve a besarlo en nombre de la tierra, porque es su

Rey..., y pronuncia un *¡fiat!* desgarrador, omnipotente... Era ya la noche; Jesús ha confiado su madre desolada a los amigos de Betania y a los ángeles, y se aleja, llevando el alma anegada en una agonía más amarga que la muerte...

(Pausa)

Las almas. Que bien sienta, Jesús sacramentado, recordarte a esta hora, y en este día incomparable, esa tu primera angustia crudelísima: el sacrificio de tu Madre, por amor del mundo desdichado... ¡Señor!, no sólo como Dios que eres, sino como Jesús, el Hijo de María, Tú penetras y comprendes la crueldad mortal de las separaciones de la tierra... y el dolor que provocan las ausencias,

las despedidas y la muerte... ¡Ah!, precisamente porque eres Jesús, venimos, pues, a desahogarnos en aquella primera herida de tu Corazón, abierta al despedirte de María, dolorosa como ninguna Madre, desde ese instante... Mira en Ella, Jesús, a tantas madres, a tantas esposas, a tantas almas que lloran hoy ante el Sagrario, la ausencia de seres muy queridos... Cuántas llegarán mañana, solas, ante la Cruz ensangrentada... Sí, vendrán solas, porque la desgracia, ¡ay!, y tal vez la falta de fe, tienen alejados del hogar o de tus templos a un hermano, al esposo, o algún hijo... alejados, pero no despedidos, mil veces no, del sagrario de tu Corazón, que es la resurrección de los caídos... En él, como en un cáliz, vienen a llorar contigo, en este Getsemaní, las angustias de la ausencia, muchas madres atribuladas, tantos padres cristianos, muchos hermanos desolados, que reclamen de tu Corazón la paz, en el triunfo de tu amor en sus hogares..., la paz en el regreso de los pródigos..., la paz en la resignación por las crueldades de la muerte...

No importa que suframos nosotros, Maestro, aquí a tu lado; pero que los nuestros sean también tuyos, que te adoren, que te amen todos, como el día, sin nubes de la Primera Comunión... ¡Oh, dulce Nazareno, recuerda las congojas de María, al despedirte Tú de ella, el Jueves Santo..., no olvides el postrer abrazo de tu Madre, y el encargo que te hizo de velar, con especial ternura, en la Eucaristía sacrosanta, por las madres doloridas... y por todos los ausentes del hogar!...

(Pausa)

(Pedid a los Sagrados Corazones de Jesús y de María que, por la mutua aflicción del Jueves Santo, remedien tantas desdichas morales del hogar; en este día en que nos obsequió su Corazón en la Santa Eucaristía, no puede negarnos esa gracia).

Con el Corazón lacerado, humedecido el pecho y los cabellos con las lágrimas de su divina Madre, sube Jesús la colina de Sión y llega con los suyos a la sala de la última Cena de su vida... Está herido de amor... El llanto ha enrojecido sus ojos hermosísimos, y pugna todavía por brotar a raudales; pero el Maestro lo contiene prisionero en su Corazón, que ya agoniza... "Y

como nos hubiera amado siempre con amor sin límites, en esa hora sublime, nos amó con exceso", con delirio infinito: deliciosamente enloquecido, por su propia caridad, se hizo Pan... se hizo Eucaristía, e inerme, indefenso, aniquilado, se nos entregó en la Hostia, hasta la consumación de las edades... "Te venció el amor, Jesús. ¡Viva tu Corazón Sacramentado!".

(Pausa)

Al recordar la dádiva por excelencia del Corazón de Jesucristo, su maravillosa Eucaristía, hemos exclamado, con ardor del alma: "¡Viva tu Corazón Sacramentado!". Pero ¡ay!, no es eso, no, el grito de un mundo que heredó la dureza de un pueblo deicida, y aun la perfidia del discípulo traidor. Ahí tenéis al Dios Sacramentado, ahí está, decepcionado de millares de sus redimidos... Fabricó la prisión de su Sagrario, inventó el cielo de la Hostia, y su pueblo le pagó con el olvido... Su pueblo hizo el silencio alrededor del Arca Santa, y ahí donde le veis, almas consoladoras, ahí le tiene abandonado entre las sombras de ese pobre calabozo, siendo el Dios, que es la bienaventuranza de los cielos...

Llama, y su voz se pierde en el desierto; pide, y su reclamo se disipa en el silencio; se queja..., y su gemido le apaga, muchas veces, el clamor de sus hijos, que ríen y cantan, despreocupados por completo del Cautivo del altar... Y el Hombre-Dios conoció esta afrenta, y la saboreó en toda su indecible amargura, al consagrar el primer pan, el Jueves Santo. ¡Oh, sí lo supo, y su Corazón no vaciló, porque os esperaba a vosotras, almas fidelísimas..., porque os veía llegar con una plegaria de consuelo y de victoria, ante su altar! Digámosela con una sola voz, y que esa oración sea a un tiempo el desagravio de ese ignominioso olvido y el pedido imperioso de una nueva era de triunfo para el Corazón de Jesús Eucaristía...

Las almas. Con el íntimo fervor con que comulgó San Juan, de tu mano benditísima, y con la fe ardorosa de San Pablo, suplicámoste, Jesús Sacramentado, que despiertes en las almas incontenibles ansias, hambre divina de comulgar. Te conjuramos, pues, que nos escuches:

Por la primera Comunión, distribuida a tus apóstoles en al Cena misteriosa del Jueves Santo...

(Todos en voz alta)

Reina, Corazón Divino, por la Comunión de cada día.

Por las protestas de amor y de fidelidad, de tus discípulos al entregarles el tesoro de tu Sagrado Corazón...

Reina, Corazón Divino, por la Comunión de cada día.

Por el poder maravilloso conferido a los apóstoles y por la institución del sacerdocio para la perpetuidad de los misterios eucarísticos...

Reina, Corazón Divino, por la Comunión de cada día.

Por la renovación, no interrumpida desde entonces, del holocausto del Cenáculo y de la Cruz, en el maravilloso sacrificio de la Misa...

Reina, Corazón Divino, por la Comunión de cada día.

Por las inagotables larguezas de tu Corazón, en las victorias otorgadas a tu Iglesia por el Sacramento del altar...

Reina, Corazón Divino, por la Comunión de cada día.

Por los prodigios incesantes de santificación, operados en la recepción frecuente y cotidiana del maná sacramentado...

Reina, Corazón Divino, por la Comunión de cada día.

Por tu residencia fidelísima de veinte siglos de Sagrario, no obstante el olvido, el desdén y el sacrilegio...

Reina, Corazón Divino, por la Comunión de cada día.

Por la sabiduría de tu Iglesia, al invitar con santo apremio a la recepción frecuente y diaria de la adorable Eucaristía...

Reina, Corazón Divino, por la Comunión de cada día.

Por la ternura redentora que ha abierto a los pequeñitos, de un mundo que se pierde, el refugio de tu Corazón y de tu Santo Tabernáculo...

Reina, Corazón Divino, por la Comunión de cada día.

(Pausa)

(Pedid con especial fervor en esta tarde el triunfo del Sagrado Corazón en la Comunión diaria).

El que es Señor del cielo y soberano de la tierra, es ya el divino esclavo de los hombres...; el que nos dio la vida, se ha aniquilado... el que rompió nuestras ligaduras, las ha tomado para sí, y es, por amor incomprensible, prisionero nuestro desde el Cenáculo...

Arrastrando invisibles cadenas baja de Sión, se interna entre los olivos de Getsemaní... y, cayendo ahí de hinojos, ora y comienza a agonizar... Se cierne en ese instante la tempestad de todos los dolores sobre su Corazón despedazado, y, en medio de todas las congojas, repite, entre sollozos: "¡Los amo, Padre! ¡Hiere, pero salva, perdona a los humanos!"... Arrecian las angustias; han pasado los verdugos, los blasfemos, los insultadores de su Cruz, los negadores de su Evangelio y de su amor... Y ha repetido: "¡Los amo, Padre!... ¡Perdona a los humanos!". Han pasado los apóstatas, los infelices renegados, que pisotearon el altar en que adoraron...; ha pasado la muchedumbre infinita de los cobardes, de los que temieron confesarlo, de los que se avergonzaron de su Rey y Salvador, y ha exclamado, dolorido: "¡Los amo, Padre!... ¡Perdona a los humanos!"... Han pasado los perseguidores de su Iglesia, los que han luchado con la mentira, los seductores de los pueblos, los hipócritas, los soberbios...; han pasado los ruines, los indiferentes de conciencia, la turba incontable de los gozadores que profanaron el alma en un lodazal de pasiones nefandas..., y el divino Agonizante ha repetido: "¡Los amo, Padre!... ¡Salva, perdona a los humanos!"... Han pasado los sacerdotes tibios e infieles, los padres mundanos y culpables de la perdición de sus hijos...; han pasado los hogares con todos sus delitos, las sociedades con todas sus orgías, los pueblos y gobernantes con todas sus insultantes rebeldías...; han pasado los que abofetearon al Pontífice, su Vicario, y sollozando y ahogando en ese lago insondable de tedios, de horrores y agonías, ha balbuceado: "¡Sí, los amo, Padre, los amo!... ¡Perdona a los humanos!"... ¡Ay!, como millares de saetas han venido, en fin, a azotar sacrílegamente su rostro y a traspasar su Corazón, los nombres de los malditos...; ¡de aquella legión innumerable de réprobos que, ungidos por su sangre y rescatados con su muerte, quisieron, sin embargo, morir y maldecir eternamente!... Estalla, entonces, el Corazón de Jesús en un sollozo de dolor infinito, y esa palpitación violenta rompe sus

venas... Palidece Jesús...; pero, un instante después, su rostro lívido, sus cabellos desgreñados, todo su cuerpo tembloroso está empapado en sangre... Cae entonces con la faz sobre el polvo, exclamando: "¡Padre, he aquí que he venido a hacer tu voluntad...; pero, si fuera posible, aparta de mí este cáliz!"... Estaba postrado en tierra todavía cuando resonaron nuestros nombres en su Corazón agonizante... Nos vio, sí, nos vio a los que estamos aquí presentes, en esta Hora dulce y santa de consuelo... Bajamos nosotros con el ángel para sostenerlo... Sintió que lo hacíamos descansar, desfallecido, entre nuestros brazos..., que lo confortábamos con sacrificios, con ternura, con amor del alma...; y desde entonces nos sigue mirando, a través de sus lágrimas y de las rejas de su cárcel, como a los amigos, como a los confidentes de su entristecido Corazón... Ese mismo Corazón palpita ahí, en esa misteriosa tumba... Callemos, y que sus latidos nos cuenten sus congojas secretas, sus reclamos de amor, sus anhelos de triunfo...

(Pausa)

(Consagraos en esta Hora, mil veces Santa, a su Sagrado Corazón, y juradle amor eterno, en su Divina Eucaristía).

Era plena noche. "Vamos –dijo, de pronto, Jesús despertando a los Apóstoles–, vamos, se acerca el que va a entregarme". Un momento más, y su Corazón se estremeció, cruelmente torturado, a la vista de Judas, el traidor. ¡Lo había amado tanto!... Lo había predestinado entre millares...; lo hizo apóstol suyo y sacerdote..., ¡por un vil puñado de monedas viene a entregar al Salvador!... Le tiende los brazos..., ¡oh, felonía!, y, acercándose al rostro de Jesús, donde lo besó su Madre Inmaculada, ahí lo besa Judas... Dulcísimo, pero hondamente conmovido, le dice Jesús: "Amigo, ¿con un ósculo me entregas?"... ¡Ay, cómo no se ha perdido, en tantos siglos, esa palabra de infamante reproche!... Es que los traidores viven aún espiando a su Maestro; esa raza perdura, vive de su sangre, sigue sorteando su túnica y negociando su Evangelio... Y el Señor Jesús, porque es manso y porque es eterno, calla en ese Tabernáculo, testigo de las promesas que le hicieron, monumento acusador de las traiciones...

Lo besan y lo entregan tantos, ¡ay! que, por renegar de su Maestro, reciben puestos, situación y las monedas viles, siempre codiciadas...

Lo besan con perfidia, y lo entregan, los infelices que se dicen desengañados de su doctrina salvadora... y es que no soportan la santidad de su mirada y de su ley...

Lo besan y lo entregan... tantos tímidos, que temen a los doctores y fariseos que persiguen a ese Dios, que condena la falsedad y toda cobardía... Y estos Judas son refinadamente crueles con Jesús, que se le acercan con fingimiento de respeto, lo traicionan, según dicen, por deber ineludible de su situación, por honradez de convicción, por delicadeza de conciencia...

Las almas. Están decepcionados de ti, Jesús, que eres la única verdad, el solo camino y la vida que nunca desfallece... ¡Oh, en esta Hora Santa, sepulta en el olvido el ultraje sangriento de tantos que se han sentado a tu banquete, que participaron de tus confidencias, que fueron tus amigos y después te pospusieron a la escoria de la tierra!...

(Todos, en voz alta)

Perdona las traiciones, Corazón Agonizante de Jesús.

Por el inmenso dolor que afligió tu Corazón, en la traición villana del apóstol, que te entregó con un beso de perfidia...

Perdona las traiciones, Corazón Agonizante de Jesús.

Por la decepción sufrida en la fuga bochornosa de los once discípulos, que habían jurado amarte hasta la muerte...

Perdona las traiciones, Corazón Agonizante de Jesús.

Por la amargura saboreada en la triple negación de Pedro..., por las lágrimas humildes con que reparó su presunción y, después, su lamentable cobardía...

Perdona las traiciones, Corazón Agonizante de Jesús.

Por el horrible desengaño de tu pueblo que, después de vitorear tu nombre, aclamó a tus verdugos y exigió tu sangre...

Perdona las traiciones, Corazón Agonizante de Jesús.

Por la congoja que sufriste por la ingratitud de aquellos que sanaste en tu camino, que cosecharon tus prodigios, y se unieron, sin embargo, a la turba deicida...

Perdona las traiciones, Corazón Agonizante de Jesús.

Por el llanto que arrancó a tus ojos la maldición de aquellas madres, cuyos hijos bendijiste; por el lodo que esos niños arrojaron a tu rostro...

Perdona las traiciones, Corazón Agonizante de Jesús.

Por la honda herida que te abrió la desesperación de Judas, al desconfiar de tu misericordia inagotable...

Perdona las traiciones, Corazón Agonizante de Jesús.

Por las tristezas que te causaron las innumerables defecciones previstas en Getsemaní, y que te ultrajaron, desgarrando, en el transcurso de los siglos, la túnica inconsútil de tu Iglesia...

Perdona las traiciones, Corazón Agonizante de Jesús.

Por la agonía mortal sufrida por la apostasía pública de algunos ministros de tu altar, por ese cruel lanzazo, por los gemidos que te arrancaron las blasfemias de esos desdichados Judas...

Perdona las traiciones, Corazón Agonizante de Jesús. (Desagraviad a Jesús por tantas traiciones de bajo interés y de cobardía).

(Pausa)

"¿A quién buscáis?" –dice Jesús a los soldados, dominando con majestad divina un dolor inmenso...–. "¡A Jesús de Nazaret!"–contestan a una voz los que venían sedientos de su sangre–. Un momento más, y el dulcísimo Maestro se adelanta, ofrece las manos, doblega su cuello, bajo una soga de criminal... y cautivo de los hombres, les entrega nuevamente el enamorado Corazón...

Y vosotros, ¿a quién buscáis, almas fervientes, en esta noche, aquí en este Getsemaní de su Sagrario?...

Las almas. Venimos en busca tuya, Jesús de Nazaret... En esta hora del poder de las tinieblas, de la soledad y del pecado... Por esto hemos elegido el momento supremo de tu desamparo, ¡oh Divino Agonizante del altar!... para sorprenderte a solas y ocupar en esta Hora Santa el puesto de San Juan y de los ángeles... Sí, yo soy tu dueño. Prisionero de ese tabernáculo..., y de mi alma pobrecita...; yo soy tu dueño, como he sido tantas veces tu verdugo... Déjanos, pues, acercarnos a tu cárcel voluntaria y permite que besemos tus cadenas, que bendigamos los dichosos muros de tu calabozo; consiente que lloremos de amor al meditar en la sublime e incomparable cautividad del Hijo de Dios vivo... Aquí no fue ya un pecador quien te entregó: fue tu propio Corazón, el dichoso, el amabilísimo, culpable de esta prisión de amor...

Permítenos, pues, resarcirte ahora de las amarguras de tu cautiverio con el clamor de nuestra humilde adoración... Acércate, Jesús, a las puertas de tu cárcel y recoge la plegaria de tus hijos fidelísimos.

En los Sagrarios todos de la tierra, en las Hostias consagradas del mundo entero...

(Todos en voz alta)

Te adoramos, Corazón de Jesús-Eucaristía.

En aquellos Tabernáculos enteramente abandonados, en aquellas lejanías donde quedas largos meses olvidado, entre polvo del altar...

Te adoramos, Corazón de Jesús-Eucaristía.

En aquel sinnúmero de templos donde se ofende con irreverencia la humilde majestad de tu Sagrario...

Te adoramos, Corazón de Jesús-Eucaristía.

En el pavimento del Santuario, en el polvo del camino, en el fango de los muladares, en que las manos de un sacrílego han profanado la Hostia consagrada...

Te adoramos, Corazón de Jesús-Eucaristía.

En los labios del que te recibe como Judas en su corazón manchado por la culpa...

Te adoramos, Corazón de Jesús-Eucaristía.

En la esplendidez y pompa con que la Iglesia te ensalza en los cultos públicos de ese sacramento del amor...

Te adoramos, Corazón de Jesús-Eucaristía.

En el dichoso retiro de los monasterios, en el corazón de tus esposas vírgenes, que cantan al Cordero un himno de amor inmaculado...

Te adoramos, Corazón de Jesús-Eucaristía.

En unión con todos tus amigos que, en la adoración perpetua y en la Hora Santa, vienen a reparar y a visitarte, ¡oh, Dios encarcelado!...

Te adoramos, Corazón de Jesús-Eucaristía.

En el pecho del moribundo que te ha llamado en su socorro, en ese corazón agonizante que desfallece ya, herido por la muerte...

Te adoramos, Corazón de Jesús-Eucaristía.

(Pausa)

No ha habido noche más horrenda, en sus dolores, que la noche del primer Jueves Santo de la tierra... No tenéis para qué reconstituir la escena de hace veinte siglos, almas fervorosas, cuando ahí tenéis a Jesús sentado siempre en el banquillo de los criminales... reo de un amor infinito.

Ahí lo tenéis, desde entonces, vendados los divinos ojos por el llanto que le arranca la tibieza de los buenos, de los suyos...; ahí está, objeto incesante de la befa de los sabios y de los honrados de la tierra...: ahí sigue siendo el ludibrio sangriento de los que le temen en su misma inercia, en su silencio sacramental... "Tú, que resucitas los muertos –le dice la incredulidad–, sal, si puedes, de esa tumba...; si eres Rey, le dicen los gobernantes, si es verdad que palpitas, Dios, en esa Hostia, adivina quién te hirió". Y lo golpean con sacrílega legalidad, y profanan sus templos... e insultan la mansedumbre de su Corazón, que calla y que espera siempre perdonar...

Pero es, sobre todo, el pecado de altivez y de soberbia el que más le ultraja en la dulcísima humildad de su Sagrario... Es la rebeldía de Luzbel, el orgullo humano, la hez más amarga de su cáliz...

¡Oh!, en este día, espera de nosotros, con derecho, un consuelo de humildad. ¡Ah!, sí, recíbelo mil veces, Jesús Sacramentado, en pago de amor, por aquella eterna noche de sacrílega profanación de tu persona, sufrida el Jueves Santo.

(Lento y cortado)

Las almas. Te amamos, Jesús, concédenos la gloria de ser pospuestos, por tu entristecido Corazón...

Te amamos, Jesús, otórganos la dicha de ser confundidos, por tu amargado Corazón...

Te amamos, Jesús, concédenos la gracia de ser desatendidos, por causa de tu misericordioso Corazón...

Te amamos, Jesús, otórganos la honra inmerecida de ser burlados, por tu acongojado Corazón...

Te amamos, Jesús, concédenos la recompensa de ser despreciados, por la gloria de tu herido Corazón...

Te amamos, Jesús, otórganos la distinción preciosa de ser injuriados, por el triunfo de tu Sagrado Corazón...

Te amamos, Jesús, concédenos la fruición incomparable de ser algún día perseguidos, por el amor de tu Divino Corazón...

Te amamos, Jesús, otórganos la corona de ser calumniados, en el apostolado de tu Sagrado Corazón...

Te amamos, Jesús, concédenos la amable regalía de ser traicionados, en holocausto de tu Divino Corazón...

Te amamos, Jesús, otórganos la honra de ser aborrecidos en unión con tu Agonizante Corazón...

Te amamos, Jesús, concédenos el privilegio de ser condenados por el mundo, en obsequio de tu Divino Corazón...

Te amamos, Jesús, otórganos la amargura deliciosa de ser olvidados, por amor a tu Sagrado Corazón...

Si el discípulo no ha de ser más que su Maestro, te suplicamos, Jesús, nos des la parte que nos corresponde en los vilipendios de tu Corazón Sacramentado... Consuélate de todos ellos, Maestro muy amado, pues estos tus amigos, poniendo en tu Costado herido una palabra de humildad, te protestan que Tú eres en esa Hostia, su única fortuna, su solo Paraíso.

(Breve pausa)

El Jueves Santo no fue sino la hora de caridad y de agonía de aquel día de siglos, que vivirá encarcelado en los altares, cautivo de los corazones, prisionero de nuestros templos, Jesús-Eucaristía... El Jueves Santo del Cenáculo y de Getsemaní se perpetúa para glorificación de Jesús hasta la consumación de las edades; este Sacramento del amor y de la fe quedará con nosotros hasta que la última Hostia se consuma en el pecho del último hombre que agonice...

¡Ah!, pero ese Sol de amor, el Corazón oculto en el pecho de Jesús y en esa Hostia, no ha permanecido siempre velado a nuestros ojos, no... Incontenible en sus ardores de caridad y en los fulgores de luz misericordiosa, por la ancha herida del Costado, nos habla de ese Corazón Sagrado, con gemidos de paloma... y, por fin, se revela, un día venturoso, en toda la magnificencia de su amor. Y es Él, el Nazareno divino, es el Maestro de Judea, apasionado de las almas... es el mismo Agonizante adorable, el mismo cautivo triunfador de Getsemaní... el que aparece ante los ojos extasiados de Margarita María, y el que, mostrándole su Corazón envuelto en llamas, dice: "He aquí el Corazón que ha amado tanto a los hombres...; no he podido contener por más tiempo el amor que por ellos me devora... Ved aquí que vengo, pues, a pedir amor por amor, corazón por corazón...; quiero trocar mi vida por vuestra vida... ¡Estoy triste...: se me olvida..., se me ultraja! ¡Quiero consuelo, tengo ansias de un solemne desagravio en una gran festividad a mi Corazón!... ¡Vengo a exigir para él un homenaje, un culto victorioso; pues por él he de reinar!... Venid a

acompañarme en la adoración reparadora...; venid a convertir al mundo en la Hora Santa... ¡Ah, venid a comulgar..., venid, tengo sed de ser adorado en el sacramento del altar!... Traedme almas..., muchas almas... y luego, llevadme al seno del hogar, al corazón del que padece, al lecho del pecador empedernido... y veréis la gloria y los prodigios de mi amor... ¡Tomad y recibid, en esta Eucaristía, mi Divino Corazón...; todo él os pertenece...; amadlo...; amadlo... y hacedlo reinar!".

(Así habló el Dios de Paray-le-Monial, así nos sigue hablando por la deliciosa llaga de su pecho... Espera una respuesta en esta noche que al esfumarse, como una visión del cielo, irá a confundirse en las horas de una eternidad feliz).

(Pausa)

Las almas. Ángel de Getsemaní, San Juan y Margarita María, adoradores felices del Cenáculo, Virgen Inmaculada, acercaos todos, velad y orad

337

con nosotros, y depositad nuestra última plegaria, no a los pies de Jesús Sacramentado, sino en la herida sangrienta del Costado...

Señor, Jesús, Tú lo has dicho, Tú eres Rey...; a eso viniste al mundo; para reinar estableciste el sacrificio perpetuo del altar; para reinar nos revelaste los tesoros y los anhelos de tu Divino Corazón... No en vano nos aseguraste, Jesús, que por él incendiarías en tu amor al mundo desdichado...

Cumple pues tus promesas; establece ya, nos urge, el reinado de tu amante Corazón.

(Todos en voz alta)

Venga a nos el reinado de tu amante Corazón.

1a. Pronto, Jesús, sí, reina presto, antes que Satán y el mundo te arrebaten las conciencias y profanen, en tu ausencia, todos los estados de la vida...

Venga a nos el reinado de tu amante Corazón.

2a. Adelántate, Jesús, y triunfa en los hogares, reina en ellos por la paz inalterable prometida a los que te han recibido con Hosannas...

Venga a nos el reinado de tu amante Corazón.

3a. No demores, Maestro muy amado, porque muchos de éstos padecen aflicciones y amarguras, que Tú solo prometiste remediar...

Venga a nos el reinado de tu amante Corazón.

4a. Ven..., porque eres fuerte, Tú, el Dios de las batallas de la vida; ven, mostrándonos tu pecho herido, como esperanza celestial en el trance de la muerte...

Venga a nos el reinado de tu amante Corazón.

5a. Sé Tú el éxito prometido en nuestros trabajos; solo Tú la inspiración y recompensa en todas las empresas.

Venga a nos el reinado de tu amante Corazón.

6a. Y tus predilectos, quiero decir, los pecadores, no olvides que para ellos, sobre todo, revelaste la ternura incansable de tu amor.

Venga a nos el reinado de tu amante Corazón.

7a. ¡Ay, son tantos los tibios, Maestro, tantos los indiferentes, a quienes debes inflamar con esta admirable devoción!

Venga a nos el reinado de tu amante Corazón.

8a. "Aquí está la vida", nos dijiste, mostrándonos tu pecho atravesado... Permite, pues, que ahí bebamos el fervor, la santidad a que aspiramos.

Venga a nos el reinado de tu amante Corazón.

9a. Tu imagen, a pedido tuyo, ha sido entronizada en muchas casas... En nombre de ellas te suplico sigas siendo en todas el Soberano muy amado.

Venga a nos el reinado de tu amante Corazón.

10a. Pon palabras de *fuego, persuasión* irresistible,

vencedora, en aquellos sacerdotes que te aman y que te predican como Juan, tu apóstol regalado.

Venga a nos el reinado de tu amante Corazón.

11a. Y a cuantos enseñen esta devoción sublime, a cuantos publiquen sus inefables maravillas, resérvales, Jesús, una fibra vecina a aquella en que tienes grabado el nombre de tu Madre.

Venga a nos el reinado de tu amante Corazón.

12a. Y, por fin, Señor Jesús, danos el cielo de tu Corazón y a cuantos hemos compartido tu agonía en la Hora Santa, por esta hora de consuelo y por la Comunión de los primeros Viernes: cumple con nosotros tu promesa infalible; te pedimos que, en la hora decisiva de la muerte,

Venga a nos el reinado de tu amante Corazón.

(Breve pausa)

Y reclinados ahora dulcemente en tu sagrado pecho, déjanos decirte:
Te bendecimos y te amamos, Jesús, por todos los que te aborrecen.
Te bendecimos y te amamos por todos los que te blasfeman.
Te bendecimos y te amamos por todos los que te profanan con el sacrilegio.

Te bendecimos y te amamos por todos los que te niegan en este Sacramento.

Te bendecimos y te amamos por todos los indiferentes que te olvidan.

Te bendecimos y te amamos por todos los buenos que abusan de la gracia.

Te bendecimos y te amamos en esta Eucaristía con el Corazón de tu divina Madre, y con la caridad de todos los predestinados.

Y si te hemos negado alguna vez, perdona, ¡oh, Dios Sacramentado!... y, en desagravio, déjanos reconocerte en el Sagrario en que Tú vives... Si te hemos ofendido por fragilidad o por malicia, déjanos servirte en eterna esclavitud de amor eterno, porque es más muerte que vida la que no se consume en amar y en hacer amar tu amante, tu olvidado, tu Divino Corazón, en la Santa Eucaristía: ¡Venga a nos tu reino!

(*Padrenuestro y Avemaría* por las intenciones particulares de los presentes.

Padrenuestro y Avemaría por los agonizantes y pecadores.

Padrenuestro y Avemaría pidiendo el reinado del Sagrado Corazón mediante la Comunión frecuente y diaria, la Hora Santa y la Cruzada de la Entronización del Rey Divino en hogares, sociedades y naciones).

(Cinco veces)

¡Corazón Divino de Jesús, venga a nos tu reino!

Acto final de consagración

¡Hosanna a Ti, Jesús, hosanna en reparación de los millones de criaturas que ignoran por completo tu presencia real en los Sagrarios; en nom-

341

bre de todos ellos te adoramos Señor, y te amamos con amor más fuerte que la muerte!

¡Hosanna a Ti, Jesús, hosanna en reparación de los que, creyendo en este sublime misterio, viven tranquilos, sin comulgar jamás desdeñosos del maná de tus altares; en nombre de todos ellos, te adoramos, Jesús, y te amamos con amor más fuerte que la muerte!

¡Hosanna a Ti, Jesús, hosanna en reparación de los que creen en tu Eucaristía y la profanan con horrendo sacrilegio; en nombre de todos ellos, te adoramos, Señor, y te amamos con amor más fuerte que la muerte!

¡Hosanna a Ti, Jesús, hosanna en reparación de los que, por culpable tibieza, se retraen del comulgatorio y te reciben sólo muy de tarde en tarde y con recelos de un temor exagerado que te ofende; en nombre de todos ellos te adoramos, Señor, y te amamos con amor más fuerte que la muerte!

¡Hosanna a Ti, Jesús, hosanna en reparación de tantos buenos y piadosos, de tantos sacerdotes que pudieran ser santos con sólo darse generosamente a la devoción de tu sagrada Eucaristía, consagrándose sin reserva a este amor de los amores, a este culto reparador, incomparable; en nombre de todos ellos, te adoramos, Señor, y te amamos con amor más fuerte que la muerte!

¡Oh, sigue, Jesús, revelando las maravillas de tu Corazón desde esa Hostia!... Avanza, Dios oculto y vencedor, avanza, conquistando en el comulgatorio alma por alma, familia por familia, hasta que la tierra entera exclame, alborozada: "¡Alabado sea el Divino Corazón en su Eucaristía salvadora...; a él, solo a él, en los altares, gloria y honor por los siglos de los siglos; venga a nos tu reino!".

XV
Segunda Hora Santa para las almas atribuladas

Observación preliminar. Imaginamos por lo corriente que la mayor parte de las cruces son principalmente una expiación de nuestros pecados, y que tienen por objeto casi exclusivo cancelar la deuda contraída con un Dios ofendido. Ello es ciertamente así; pero además hay otro concepto con frecuencia omitido, no menos verdadero y de inmenso consuelo. Es saber: que los sufrimientos son la prenda más segura y estimable del amor que Jesús profesa a sus amigos; que las amarguras son *un verdadero don de lo alto, una prueba irrecusable de la ternura y de la misericordia exquisita del Corazón de Jesús*... Por esto prodiga a su Madre Inmaculada, la Reina de los mártires, las torturas y las penas, y de ahí también que el mayor y más rico tesoro de las almas predestinadas sea siempre el del dolor... Sufrir, en consecuencia, no es siempre padecer el latigazo vengador de un Dios justiciero sino a menudo, y con suma frecuencia, el testimonio mayor de caridad y la prueba de excepcional predilección del Salvador hacia un alma generosa, ferviente en el amor.

(*Pongámonos ahora en presencia del Señor Crucificado... Su Calvario está ahí, en ese altar... Adoremos sus llagas divinas, su sangre preciosa y los dolores de su Sagrado Corazón...*).

344

Jesús. Venid a Mí todos los que sufrís, los que gemís agobiados bajo la pesadumbre de la Cruz... ¡Oh, mucho antes que sucumbáis abrumados bajo la carga..., venid! ¡Apresuraos..., aceptad los brazos que os ofrezco, pues quiero ser para vosotros, los afligidos, el Cireneo del amor!... ¡Venid!...

No demoréis... ¡Anhelo tanto sosteneros en la Vía Dolorosa, consolaros, aligerar el peso de vuestras cruces y endulzarlas!... Os aguardo ya..., ¡venid!... ¡Ah!, pero deseo, ante todo, enseñaros, hijitos míos, la ciencia de las ciencias: la de saber sufrir con paz divina, sufriendo en compañía mía y por mi amor... Recordad, hijos de mi Divino Corazón, que siglos antes que vosotros, Yo he saboreado toda la crueldad de vuestras penas...; las conozco todas, no sólo

como Dios que soy...; las conozco todas por amarguísima experiencia, porque soy Jesús, el Hijo del Hombre, que quiso saborear hasta las heces este cáliz... Y desde entonces, vosotros sufrís para reparar mis voluntarios sufrimientos..., sufrís para divinizar vuestra vida...

No temáis, pues, a este Salvador Crucificado cuando se acerca a vosotros deseoso de imprimir en sus hijos los estigmas de su gloria... Como nunca, entonces, cuando ostentáis mis llagas, sois de veras los predestinados de mi amante Corazón... No me temáis..., ¡oh, venid!... Comprendo, sí, que la naturaleza miserable se rebele...; que no acepte sonriente esta gloria de sangre, la sublime gloria del Calvario... Si Yo consultara vuestra naturaleza, ésta pediría gozar de menos gloria en el Cielo y de más holganza y bienestar aquí en la tierra... No razonéis así vosotros, hijos del alma, y dejadme obrar, en favor vuestro, con entera libertad, ya que soy la Sabiduría y la Misericordia infinitas... ¡soy Jesús!... Consentid que labre vuestra dicha, no por cierto según el criterio humano, ni según vuestros caprichos, sino a la manera de un Dios que por amor y *en una Cruz* se convirtió en Salvador y amigo vuestro... Venid sin recelos ni temores, y que la vista de mis propias llagas, que me hablan de las vuestras, que me piden misericordia, os acerque a vuestro Dios Crucificado... ¿Qué aguardáis?... Venid, pues vuestras almas están embebidas como una esponja en la amargura de tantos llantos acerbísimos... ¡Ah!, para endulzarlos, os será preciso arrojaros en el torrente de mis lágrimas... Sabed que el secreto de sufrir con valentía, con paz y con mérito, está en saber padecer entre mis brazos, en saber verter todas las lágrimas en el cáliz de mi dolorido Corazón... He aquí, os lo ofrezco Yo mismo ese cáliz precioso, consoladores amados... Resolveos, pues, a acudir pronto a Mí: el único y el gran Consolador soy Yo, que os llamo. ¡Venid!

(*Y ahora pidamos la gracia inestimable de comprender las graves y consoladoras enseñanzas de esta Hora Santa, diciendo cinco veces con todo fervor y en honor de las cinco llagas, esta jaculatoria*).

(Todos, cinco veces)

¡Corazón Agonizante de Jesús, ten piedad de noso-

tros!

Cinco grandes dolores crucifican, como otros tantos clavos, a la inmensa mayoría de los hombres... Cinco hierros inclementes, insoportables para el mundo, no así por cierto para el cristiano convencido, y menos aún para el apóstol... Y así como en la tarde del Viernes Santo, después del Descendimiento, la Inmaculada, San Juan y Magdalena, recogieron de manos de Nicodemus y besaron, con deliquios de amor, los clavos y la lanza, tintos en la sangre de Jesús; consideremos con esa misma fe, estos otros hierros, instrumentos providenciales de nuestra tortura y de nuestra gloria... No dudemos que la meditación cristiana de nuestros sufrimientos nos acercará mucho a Jesús Crucificado, nos arraigará en su Corazón.

Primer dolor
Sufrir el desconocimiento y la injusticia de las creaturas

Las almas. Es mucha gloria, Rey Divino del Calvario, que nos encontremos siempre contigo en la misma calle de amarguras... Y esto, porque nuestras lágrimas no son sino unas cuantas gotas rebasadas del océano de penas que llevas dentro de tu pecho sacrosanto... De ahí, Señor, que no habiendo sido comprendido Tú, que no siéndolo todavía, después de siglos, permitas con sabiduría que las creaturas a su vez no nos comprendan a nosotros... Gracias, ¡oh! gracias, por la amargura saludable que padecen los pequeños y los poderosos, los ricos y los pobres, los mundanos y los santos, al sentirse fustigados por el látigo de fuego, que es el juicio injusto de los hombres... látigo cruel sobremanera cuando viene de la mano de aquellos que hubieran debido hacernos justicia y brindarnos amor... ¡Oh!, ten piedad, dulcísimo Jesús, de los desdeñados..., de los heridos por la desconfianza..., de los desalentados por la crítica acerba..., de los condenados por ligereza o por maldad... Haz con ellos todos obra de ternura y de piedad, Señor, porque el mundo es tanto más cruel con sus innumerables víctimas, cuanto más culpable él mismo... Apresúrate, Maestro, el único de veras *Bueno*, apresúrate a

socorrerlos con el bálsamo secreto de tus ternuras... No tardes, Jesús, en acudir en socorro de esos heridos del alma, tal vez culpables, mucho más por fragilidad que por malicia..., almas débiles, vacilantes, enfermizas... Señor Jesús, ¡cómo quejarnos que las creaturas nos juzguen con severidad, cuando ante dicho tribunal te encontramos también a Ti!... No sólo hace siglos, ¡oh, no!..., todavía y todos los días, a cada instante, tus creaturas te interrogan con altanería sobre tus leyes y derechos... y, lo que es más triste, ¡ellas..., te condenan sin apelación!... Venimos por esto a aprender de Ti, Jesús, una lección de humildad, lección divina que nos aliente en esta Hora Santa, que fortifique nuestro valor abatido, que nos enseñe con tu palabra, y sobre todo con tu ejemplo, aquel espíritu de fe, propio de los que se llaman hijos tuyos... Háblales, pues, Maestro muy amado.

(Pausa)

Jesús. ¿Habéis olvidado, hijitos míos, que vosotros los discípulos, no sois más que Yo, vuestro Maestro?... Si pues el mundo injusto me desconoce a Mí, su Luz y Salvador, qué de extraño que haga otro tanto con vosotros?... ¡Qué! ¿No veis con qué tesón las tinieblas pretenden descartarme con una victoria insolente?... Me condenaron en el Pretorio y sufro todavía las consecuencias de dicha sentencia tenebrosa... ¡Ah, y si no fuera sino el ataque de los que abiertamente profesan la maldad!..., ¿qué decís del desdén, de la persecución oculta y crudelísima de aquellos que se precian de honrados, de aquellos a quienes se aprecia como buenos, que se admira como virtuosos, sabios y prudentes?... No lo olvidéis: mi Evangelio y mi Corazón son el blanco de sus ataques, hábiles y arteros... ¿Y seréis vosotros, por ventura, más justos, más santos y fuertes que Yo?... Mi pueblo no ha cambiado; fue ayer, y sigue siendo hoy día, refractario a mi predicación..., rechaza mi doctrina y desdeña las invitaciones amorosas de mi Corazón... ¡Qué bien os sienta, ya veis, a vosotros, ofendidos por el desconocimiento de las creaturas, el meditar ante mi altar, el desconocimiento con que ellas ultrajan a su Dios y Señor, mal comprendido de los suyos..., desconocido con frecuencia de sus preferidos..., y aun de sus apóstoles!... Esa fue la triste realidad de ayer y sigue siendo la penosa realidad de hoy día... Ved, si no: ¿quiénes se interesan de veras en acercarse a Mí..., en estudiar hipócritamente mi Persona adorable?... ¿Quiénes se afanan en hablar de

Mí?... ¡Ay! cabalmente aquellos que niegan mi

doctrina..., aquellos que, a ciencia cierta, quieren censurar mi Iglesia Santa..., aquellos enemigos que tienen verdadero empeño en cavar mi tumba para sepultarme en el eterno olvido de los hijos que rescaté con mi sangre... Esos son, con frecuencia, los que más se afanan, como los sanedristas, en escudriñar de mala fe mi Evangelio y mi Ley... Pero si así soy tratado, Yo, la leña verde, ¿qué no hará el mundo con vosotros, la leña seca, dispuesta ya para ser pasto de las llamas?... ¿Por qué extrañaros tanto que si los hombres desprecian y desconocen al Sol increado de Justicia y de Verdad, que soy Yo, desconozcan y desdeñen también el chispazo pobre de luz, que sois vosotros?...

Por esto, hijitos, pensad en reparar, ante todo, el gran pecado actual, el desconocimiento de vuestro Dios y Señor..., y Yo, que soy tan suave y compasivo, sabré reparar oportunamente, la injusticia cometida con vosotros... Y qué, ¿no me habéis desconocido vosotros a Mí?... Reparad, ¡oh!, reparad, consoladores míos, ese vuestro propio pecado... Puesto que veníais a confiarme las injusticias que los hombres han cometido con vosotros, dejadme recordaros las injusticias que, más de una vez, habéis cometido contra Mí, vuestro Rey y Señor... Animados, pues, de verdaderos sentimientos de humildad, de arrepentimiento y de gran confianza, acercaos en esta Hora Santa a mi Sagrado Corazón... Venid a Mí todos los que sufrís del desconocimiento de las creaturas, venid..., que Yo soy el gran Desconocido de la tierra...

(Con el alma profundamente conmovida meditemos estas palabras tan amargas, aunque muy verdaderas por desgracia..., y humillémonos..., y reparemos, acudiendo con la más absoluta confianza al Corazón de Jesús...).

Las almas. ¡Cuánta confusión y remordimiento, sentimos, Señor, al comprender ahora la insensatez de haber venido a quejaros de la injusticia de las creaturas ante Aquel que se llama y es el gran desconocido, el Dios flagelado por nuestra propia injusticia, ofendido y humillado por nuestro propio desconocimiento! ¡Ah! Jesús, bien merecidos tenemos nosotros ése y muchos otros castigos; pero Tú, Señor, ¿por qué has de estar perpetuamente atado a la columna del olvido y de la vergüenza?... ¿Por qué, Tú?...

¡Piedad, Jesús!... ¡Gracias, Señor, porque presentado a tu Padre irritado, tu Faz adorable, cubierta de lodo, y tu Corazón Divino, sangriento y atravesado, con ello detuviste, Salvador bendito, el rayo de su cólera!... Escucha una plegaria amorosa y dolorida, ¡oh Jesús!: Dios de caridad infinita, Rey desconocido, te bendecimos en el desconocimiento que nos apena y nos hiere; pero a causa de esta amargura, otórganos una gloria mayor que la de tus Confesores...: la gracia de conocerte, ¡oh Jesús!

(Todos)

Dios de caridad infinita, Rey desconocido, te bendecimos en el desconocimiento que nos apena y nos hiere, pero, a causa de esta amargura, otórganos una gloria mayor que la de tus mártires: la gracia de conocerte, Jesús.

La gracia de conocerte, Jesús.

Dios de caridad infinita, Rey desconocido, te bendecimos en el desconocimiento que nos apena y nos hiere; pero, a causa de esta amargura, otórganos una gloria mayor que la de tus esposas vírgenes; la gracia de conocerte, Jesús.

La gracia de conocerte, Jesús.

Dios de caridad infinita, Rey desconocido, te bendecimos en el desconocimiento que nos apena y nos hiere; pero, a causa de esta amargura, otórganos una gloria mayor que la de tus apóstoles: la gracia de conocerte, Jesús.

La gracia de conocerte, Jesús.

Ángeles y Arcángeles del Señor, prestadnos vuestra inmaculada pureza, a fin de poder conocer con luz de inocencia a Jesús, a fin de hacerle reconocer dondequiera como el Rey del amor adorable.

Principados, Tronos y Potestades, prestadnos vuestra luz celestial para conocer íntimamente a Jesús, a fin de hacerle reconocer dondequiera como el Rey del amor adorable.

Virtudes y Dominaciones, comunicadnos una centella de vuestra sublime inteligencia para conocer claramente a Jesús, a fin de hacerle reconocer dondequiera como el Rey del amor adorable.

Querubines y Serafines, ¡oh!, encendednos en las llamas de vuestra caridad para amar con amor ardoroso a Jesús, todo amor, a fin de hacerle reconocer dondequiera como el Rey del amor adorable.

(Aquí un cántico al Sagrado Corazón, víctima de amor). (Pausa)

Segundo dolor
Tribulaciones del corazón... desamor e ingratitud de parte de las creaturas

Las almas. Divino Maestro, sufrimos de una herida cruel y mortal..., herida del corazón: sentimos nostalgia de amor..., y no somos amados. ¡Con cuánta sabiduría permites, Jesús, que las creaturas no quieran o no sepan amarnos..., y que, a las veces, rehusándonos su corazón, lo ofrezcan a quienes menos lo merecían o lo esperaban!... Ello es cruel, pero desarraiga de la tierra... ¡Ah, entonces sufre el corazón toda la intensidad del mal de soledad! Y, entonces también sentimos despertar en nosotros una sed inmensa de un amor más fiel, más fuerte y más puro...: *el tuyo Señor*... Esa tortura, más que tortura, es misericordia y es gracia... ¡Quién como Tú conoce, Señor, la angustia del alma que no ha encontrado sino frialdad y silencio en el corazón de los suyos!... Pero esta congoja íntima parece inseparable de otra, no menos cruel: los lazos más fuertes, lazos de familia, estallan, se quiebran... La causa secreta de este dolor, o su fruto legítimo y envenenado, es siempre... la ingratitud... ¡Qué hambre insaciable de amor se despierta, en esos momentos de angustia, en nosotros, y cómo se ahonda el abismo del corazón, ansioso de amar más, siempre más en la desesperación de su dolor!... Que, si en esa hora de mortal desolación, cedemos a la tentación de acudir en demanda de afecto, de consuelo a las creaturas, a aquellas mismas que hemos tal vez colmado de favores, recibiremos con frecuencia un escorpión en vez del pan que pedíamos...: esto es, un rechazo, tanto más penoso cuanto más cortés en la forma... En medio de tanto desamparo, tornamos los ojos, ansiando encontrar una mirada compasiva, de afectuoso interés..., pero, ¡ay!, alrededor nuestro se ha hecho el desierto de alma y de silencio... Y pensar, Señor Jesús, que con suma frecuencia en esta tristísima historia, como en la del Jueves Santo, la razón secreta de estas desventuras, de tantos desengaños en la vida, es casi siempre el interés mezquino y la vil moneda... En castigo de nuestro apego a los sórdidos tesoros y a los mentidos placeres... Tú has ordenado, Jesús, o Tú permites que el oro y el placer mundanos tengan el triste privilegio de envilecer el corazón, de atosigar sus más nobles sentimientos... Mira ahora a tus plantas, Jesús adorable, mira compasivo a estos amigos tuyos que han sufrido y sufren todavía de esa hambre de amor..., te traen un corazón herido,

tal vez un alma en jirones... ¡Ah!, y Tú sabes que la caravana de los que sufren este mal mortal de desamor es muy grande... ¡Ten piedad de todos ellos, Corazón de Jesús!... ¡Ten piedad también de nosotros, Jesús Crucificado!

(Pausa)

Estas graves reflexiones entrañan una enseñanza cristiana de primera fuerza y de suma trascendencia. Cada decepción de la tierra, como cada lágrima, debiera ser para nosotros un toque de gracia, un eco de la voz de Jesús, el único Amigo fidelísimo, el único... Este Amigo divino jamás engaña, jamás... Oigamos, pues, con entera docilidad su voz..., escuchadla..., os habla desde el Sagrario en esta Hora Santa.

Jesús. ¡Ay, a quién venís a confiar la pena que provoca en vosotros la falta de amor!... Bien sabéis que si hay alguno en la tierra que llore esta amargura, soy Yo, Jesús... Contemplad, si no, a este gran Herido...; poned los ojos en mi Corazón atravesado... Pero, sabedlo desde luego, si las creaturas no os aman como debieran, ello se debe, sobre todo, a que son ingratas, antes que con vosotros, conmigo, el Dios de caridad... ¡Qué experiencia tengo Yo, amigos del alma; qué experiencia amarguísima de la pena que venís a llorar sobre mi pecho!... Hijitos queridos, vuestro dolor lo comparto, y nadie, nadie más que yo, toma parte íntima y sincera en esa vuestra angustia crudelísima, no lo dudéis... Pero ya que así me habláis, dejadme instruiros con luz de cielo en materia tan importante y delicada... Que mis palabras, partiendo de mi Corazón herido, reconforten e iluminen los vuestros apenados... Decidme: al quejaros con tanta amargura de la ingratitud de las creaturas, ¿no sentís el remordimiento de haberlo sido vosotros conmigo..., y tal vez con más responsabilidad?... ¡Os quejáis a Mí

355

de que se os olvida!...; ¡pobrecitos!... Pero..., y vosotros ¿no me habéis olvidado también, y con frecuencia, por las creaturas?... Me afirmáis que éstas os arrebatan injustamente el cariño que decís os deben... No lo apruebo, hijitos; pero... ¿no me habéis robado también vosotros vuestro afecto?... Y, más aún, ¿no recordáis que a veces habéis arrebatado en favor vuestro el cariño que esas mismas creaturas me decían... ¡Ya veis el principal porqué de tantas de esas penas!...

Y ahora oídme: no penséis que el remedio al mal de desamor consista en que Yo os devuelva todo el cariño que reclamáis de las creaturas... ¡Oh!, no, ello os haría mayor daño... El remedio es otro: consiste en buscar ese amor no en las creaturas, sino en el Creador... Por esto os digo a todos: ¡Venid a Mí todos los que sentís un hambre devoradora de afecto; acudid a Mí, pues las creaturas no podrán jamás hartaros!... ¡Oh, venid!...

Venid y apresuraos, porque esperaríais en vano si creyérais que las creaturas abundan en nobleza de corazón... Acudid a mi Costado abierto, fuente inagotable del amor verdadero...; pero en retorno de mi Corazón adorable, dadme, ¡oh!, dadme los vuestros. Puesto que sufrís al no ser amados, ¡venid y gustad un amor sobre todo amor...; el mío!...

Y porque este es divino, inmenso, así también, inmenso y profundo es mi dolor cuando vosotros, hijitos, me rehusáis el don de amor que os rehúsan los hombres, vuestros hermanos... ¡Ah, si supiérais qué sed devoradora tengo de ser inmensamente amado!

(Pausa)

Y ahora, acentuemos una idea que puede parecer extraña aun a los mismos cristianos, y es que: el único que tiene un derecho pleno y absoluto a ser amado, el *único*, es Nuestro Señor... ¡Dichosa frialdad la de las creaturas, si con ellas nos desapegamos de la tierra y si con ella compensamos también y reparamos la ingratitud y el desamor con que tantos ofendemos al Maestro adorable!

(Un momento de silencio)

Las almas. ¡Corazón de Jesús, mortalmente herido y triste con nuestro desamor!... porque eres Jesús, ámanos más todavía a pesar de nuestra ingratitud... Pero ofrece tu Corazón en especial, Señor, a aquellos que padecen

por faltarles el retorno de amor de los hermanos: ¡oh, dales Tú, en consuelo, más amor!

(Todos)

Dales Tú, en consuelo, más amor.

¡Corazón de Jesús, mortalmente herido y triste con nuestro desamor, ámanos más todavía a pesar de nuestra ingratitud!...; pero ofrece tu Corazón en especial, Señor, a aquellos que padecen la herida de una afección tronchada y que es sincera y honda: ¡oh, dales Tú, en consuelo, más amor!

Dales Tú, en consuelo, más amor.

¡Corazón de Jesús, mortalmente herido y triste con nuestro desamor, ámanos más todavía a pesar de nuestra ingratitud...; pero ofrece tu Corazón en especial, Señor, a aquellos que han sufrido la deslealtad y la traición en la amistad: ¡oh, dales Tú, en consuelo más amor!

Dales Tú, en consuelo, más amor.

¡Corazón de Jesús, mortalmente herido y triste con nuestro desamor, ámanos más todavía a pesar de nuestra ingratitud...; pero ofrece tu Corazón en especial, Señor, a aquellos que padecen las funestas consecuencias, de un amor culpable: ¡oh, dales Tú, en consuelo, más amor!

Dales Tú, en consuelo, más amor.

¡Corazón de Jesús, mortalmente herido y triste con nuestro desamor, ámanos más todavía a pesar de nuestra ingratitud...; pero ofrece tu Corazón en especial, Señor, a aquellos que sufren en lo íntimo del alma el mal de tedio y soledad: ¡oh, dales Tú, en consuelo, más amor!

Dales Tú, en consuelo, más amor.

¡Corazón de Jesús, mortalmente herido y triste con nuestro desamor, ámanos más todavía a pesar de nuestra ingratitud...; pero ofrece tu Corazón en especial, Señor, a aquellos que, siendo buenos, leales, generosos, no encontraron en retorno la medida de amor que habían esperado: ¡oh, dales Tú en consuelo, más amor!

Dales Tú, en consuelo, más amor.

Y ahora, Maestro adorable, para santificar la decepción con que las creaturas nos amargan..., y para reparar el amor vulgar y mezquino con que se te ama a Ti, ¡aumenta, Corazón de Jesús, nuestro amor!

Aumenta, Corazón de Jesús, nuestro amor.

Para santificar, Maestro adorable, la decepción con que las creaturas nos amargan.., y para reparar la tibieza de tantos cristianos ¡aumenta, Corazón de Jesús, nuestro amor!

Aumenta, Corazón de Jesús, nuestro amor.

Para santificar, Maestro adorable, la decepción con que las creaturas nos amargan..., y para reparar el culpable olvido de tantos, ¡aumenta, Corazón de Jesús, nuestro amor!

Aumenta, Corazón de Jesús, nuestro amor.

Para santificar, Maestro adorable, la decepción con que las creaturas nos amargan..., y para reparar la falta de generosidad en tu servicio, ¡aumenta, Corazón de Jesús, nuestro amor!

Aumenta, Corazón de Jesús, nuestro amor.

Para santificar, Maestro adorable, la decepción con que las creaturas nos amargan..., y para reparar la estéril y árida religiosidad superficial de tantos católicos, ¡aumenta, Corazón de Jesús, nuestro amor!

Aumenta, Corazón de Jesús, nuestro amor.
(Si es posible, un cántico al Sagrado Corazón).

(Pausa)

Tercer dolor Sufrimientos físicos y materiales

Las almas. ¡Con qué gran sabiduría has dispuesto, Señor, que el cuerpo que nos diste para servicio tuyo, y que la tierra, con todos los demás bienes temporales, creados para nuestro bien moral y eterno, conspirasen en contra nuestra, Jesús, por haber conspirado con pecado de rebeldía contra Ti, nuestro Bienhechor divino!... *"Peccavimus"*... ¡Hemos pecado abusando de esos bienes, Señor!... *"Miserere"*... ¡Tennos piedad!... ¡Ah, sí!, tennos piedad, Jesús, en tantos y tantos sufrimientos temporales y materiales que no son sino el fruto amargo de nuestro propio delito... Retorna, Maestro de misericordia, por los mismos caminos que hace siglos recorriste...; retorna presto, Jesús; vuelve a recorrer nuestros caminos polvorientos, donde aguardan, postrados, que Tú pases bendiciendo nuestros queridos enfermos... Bien sabes Jesús, que los amamos en Ti y para Ti... Consérvalos todavía si fuere para tu gloria.

(Todos) (Tres veces)

¡Señor, si Tú quieres, puedes sanarlos!

Retorna, Maestro, ¡oh!, vuelve a recorrer los caminos de la tierra, Amigo divino; llama con insistencia a la puerta de tantos hogares, donde reina una gran desolación..., la desesperanza y el desconcierto... Y si la familia no te respondiera, si no te abriera sus puertas, no aguardes, Jesús..., esa casa es tuya:

entra, ¡oh!, entra en ella... El silencio con que ahí se te responde, te prueba ya, Señor, que ahí hay una dolencia grave que sanar... ¡entra!

Mira alrededor tuyo, desde el Tabernáculo... ¡Qué hacinamiento de ruinas morales!...; ¡cuántos fracasos lamentables de mil proyectos humanos..., de tantos sueños dorados de bienestar temporal y de locas quimeras, forjadas y fomentadas por nuestra naturaleza egoísta y miserable!...

Que no se cansen, Jesús, tus ojos; mira alrededor tuyo todavía...; contempla los escombros humeantes de tantos hogares deshechos, desmembrados; de tantas fortunas desaparecidas, esfumadas... ¡Ay! Y bajo el hacinamiento de tantas ruinas yacen amigos tuyos, heridos..., que lloran. Pon en ellos tus ojos de cielo; mira compasivo, Señor, y recompensa con un latido amoroso y tierno de tu Corazón dulcísimo a tantos que sólo ayer daban a manos llenas a tus pobres...; ¡ah, pero hoy, ellos acuden a Ti en su pobreza e imploran tu caridad, te ruegan que remedies un desastre material que amenaza sepultarlo todo!...

(Todos) (Tres veces)

¡Jesús, Hijo de María, ten piedad de esos desgraciados!

Samaritano incomparable y único, bien sabemos tus hijos que todo cuanto permites y ordenas contribuye sabiamente a asegurarnos una felicidad eterna...: ¡todo!...

361

Y cabalmente, porque así lo creemos, hemos querido esta tarde, inspirados por nuestra fe, y sin razonar, bendecirte en la cruz de nuestra desgracia... Sin penetrar en el secreto misterioso de tus designios; sin ver siempre claramente el porqué de tantos dolores, creemos que eres bueno y misericordioso cuando crucificas, y por esto nos abandonamos a tu amor...

¡Ah!, no pretendemos, por cierto, comprender el enigma de nuestra vida en sus vaivenes, Señor adorable, y mucho menos, ¡oh, no!, reclamar ni rebelarnos en contra de tus decretos soberanos aunque éstos, con frecuencia, estén en pugna con los intereses transitorios de nuestra salud, de nuestros negocios y proyectos... Venimos, pues, a protestarte con amor y fe, Jesús, que queremos vivir nuestra vida tal como Tú nos la tienes trazada...: ni más dichosa ni menos desgraciada de lo que Tú has resuelto eternamente que ella sea para gloria eterna, tuya y nuestra... Bástenos saber, como Tú mismo lo afirmaste, que no caerá un solo cabello de nuestra cabeza sin que Tú lo permitas. Cuando Tú, pues, así lo ordenes, sabemos de antemano que has procedido como Dios de amor... Y porque estamos plenamente convencidos que Tú eres, ¡oh, Jesús!, la Revelación de la Bondad del Padre y de la Misericordia infinita de Dios, descansamos ciega y amorosamente entre tus brazos y nos abandonamos sin reserva a tu Divino Corazón...

(Con vehemencia de amor)

Señor: Tú que dominas las tempestades, óyenos

benigno; te prometemos, Jesús, que en la enfermedad como en la salud, te diremos siempre con eterna sumisión y por amor: ¡Gracias, Jesús, y hágase tu santa voluntad!

(Todos)

¡Gracias, Jesús, y hágase tu santa voluntad!

Señor: Tú que riges las leyes morales, óyenos benigno; te prometemos que en la prosperidad y en la pobreza te diremos siempre con entera sumisión y por amor: ¡Gracias, Jesús, y hágase tu santa voluntad!

¡Gracias, Jesús, y hágase tu santa voluntad!

Señor: Tú que ordenas las leyes de la naturaleza, óyenos benigno; te prometemos que tanto en los éxitos, como en los fracasos de nuestros asuntos temporales, te diremos siempre con entera sumisión y por amor: ¡Gracias, Jesús, y hágase tu santa voluntad!

¡Gracias, Jesús, y hágase tu santa voluntad!

Señor: Tú que diriges las leyes que rigen a las sociedades, óyenos benigno; te prometemos que en la situación de honor o de humildad entre los hombres, te diremos siempre con entera sumisión y por amor: ¡Gracias, Jesús, y hágase tu santa voluntad!

¡Gracias, Jesús, y hágase tu santa voluntad!

Señor: Tú que imperas sobre las leyes de la vida y de la muerte, óyenos benigno; te prometemos que en el goce de la vida, como en la hora de la agonía, te diremos siempre con entera sumisión y por amor: ¡Gracias, Jesús, y hágase tu santa voluntad!

¡Gracias, Jesús, y hágase tu santa voluntad!

Cuarto dolor
Angustia del espíritu. Fugacidad y bancarrota de todo lo terreno y humano

Las almas. Mejor que nosotros, Tú bien sabes, Buen Jesús, que ni la enfermedad ni las preocupaciones materiales de bienestar material y de dinero, son las preocupaciones más angustiosas de la vida, ¡ah, no! Hay otro torcedor: la angustia del espíritu... Esto es, la inquietud constante, provocada por la caducidad y el fracaso ineludible de todo lo de acá abajo... ¡Oh, qué penosa es la incertidumbre de un porvenir, siempre obscuro..., qué abrumadora aquella falta de reposo interior y de paz en el alma!...

(Tres veces)

Sé Tú mismo nuestra paz, ¡oh Jesús!

Sí, Tú mismo y sólo Tú, has de ser nuestra quietud y nuestra paz..., sólo Tú, Maestro adorable... Porque Tú jamás engañas... Porque Tú jamás cambias... Porque Tú jamás mueres...

(Todos)

¡Qué hielo mortal sufrimos sin Ti, Jesús!

(Tres veces)

(Todos)

¡Sé Tú nuestro calor de vida, buen Jesús!

¡Ay! En vano pretendemos que las creaturas nos procuren una dicha, que ellas mismas no poseen, no... El secreto de felicidad lo tienes Tú, Jesús, y sólo Tú. Por esto te decimos, en nombre de la herida de tu Sagrado Corazón: ¡sé nuestra dicha, Jesús!

Sé nuestra dicha, Jesús.

En nombre de tu corona de espinas, ¡sé nuestra gloria, Jesús!

Sé nuestra dicha, Jesús.

En nombre de tu amor de sangre en Getsemaní, ¡sé nuestro amor, oh Jesús!

Sé nuestra dicha, Jesús.

(Pausa)

Jesús. Sí, hijos muy amados de mi Divino Corazón, Yo quisiera ser vuestra paz... vuestro amor..., vuestra gloria..., vuestra única felicidad... Yo, vuestro Jesús!... ¡ah!, pero, a vuestra vez, sed vosotros también: gloria mía, dicha mía, y la jubilación de mi Corazón adorable. Acabáis de hablarme de las congojas que torturan vuestro espíritu y de las penas que amargan vuestras almas, en la desaparición y ruina de todos los bienes perecederos de la tierra... Pero no es esto, sobre todo, amigos queridos, lo que labra vuestra desgracia... ¡ah, no!... Es un cielo, todo un cielo, el que os hace falta..., el cielo de mi amor. Y entonces, cuando sufrís de ese mal, cuando Yo os falto, siento Yo, a mi vez, que a Mí me falta algo... el bien tan mío, que sois vosotros. Decís muy bien al afirmar que vuestras cruces materiales son pequeñas en comparación con las penas del espíritu...

¡Qué bien lo sé Yo mismo en la experiencia que me procuran vuestras infidelidades!... ¡Ah, cuánto más cruel es para Mí la angustia de Getsemaní, que no la desnudez de Belén y la pobreza de mi hogar en Nazaret!...

Conozco, ¡oh, sí!, aquel abismo profundo y secreto en que se traban las luchas del espíritu cuando se desencadena la violenta tempestad moral... Pero cabalmente porque Yo lo sé todo, heme aquí, he venido para recoger la confidencia que solo a Mí podéis hacer... Acercaos, pues, y desahogad el alma, contádmelo todo: zozobras crueles..., preocupaciones de familia..., las alternativas de vuestros intereses y negocios..., el porvenir incierto del hogar..., los temores y el sobresalto por una desgracia que parece amenazaros...

He aquí mi Corazón, vaciad en él toda la hiel de amargura de los vuestros, toda... No temáis, decídmelo todo, pues soy Jesús, que os ama como nadie...

(La Hora Santa *debe ser la hora de verdadera y amorosa intimidad recíproca entre el Corazón de Jesús y nosotros sus amigos. Digámosle, pues, con toda confianza, en un lenguaje de silencio, todo lo que nos apena... Pedídle luz en la tormenta, paz y fuerza en la tribulación y amor en todo... ¡Habladle!...*).

(Silencio, pausa)

Jesús. Y ahora, hijitos míos, después de haber desahogado en Mí vuestros dolores, pensad también en los míos..., en mi Getsemaní, ya que sobre todo para ello es la Hora Santa... Vuestras penas preparan el espíritu para meditar, a la luz de una claridad divina, la infinita amargura con que los humanos sacian mi Divino Corazón... ¡Oh, que vuestras penas no os hagan olvidar las mías!... En vuestras tristezas, pues, e incertidumbres..., en las decepciones y en las sorpresas de dolor, poned los ojos y el alma en otra Cruz, la mía, pensad en aquel Dios de amor cuyo Getsemaní es este Tabernáculo... Y recordad, al sufrir, que vosotros no sois sino creaturas, y creaturas culpables que os habéis desviado del camino recto..., que padecéis por haber huido, a veces, lejos del redil..., por haber trocado desgraciadamente el cielo por los abrojos y los frutos envenenados de la tierra... Pensad y meditad que vuestra amargura no es sino la cosecha de la cizaña sembrada por el pecado... ¿Qué sería de vosotros si yo no endulzara, con misericordia, las lágrimas y dolores que vosotros mismos provocásteis?... ¿Qué sería vuestra vida si Yo no hubiera plantado, entre las espinas del pecado, mi Cruz divina, cuya bendición, amorosa y tierna, perdona y rescata, alienta, fortifica y consuela?... Más que nunca, pues, amadme con ese vuestro corazón herido, amadme con la fuerza de vuestras propias angustias. Y puesto que habéis acudido a esta Hora Santa para considerar ante todo mis dolores, midiéndolos, en lo posible, por los vuestros..., venid ahora, venid y ved si todas vuestras agonías juntas pueden compararse con la de mi Divino Corazón, desconocido..., traicionado..., cruelmente herido... Mas no olvidéis: vosotros sois las criaturas culpables..., y Yo soy vuestro Dios y Señor... Venid y ved, ponderad y medid, hijitos míos, si os es posible, según la medida de mis dolores, la medida de mi amor, que, olvidando sus propias angustias, se afana, se desvive, por suavizar y cicatrizar todas las heridas, todas... ¡Ah, todas no!... Mi amor deja siempre abierta la llaga de mi Costado..., ésta no cicatrizará jamás..., quedará siempre abierta para recibir a mis hijos y amigos dolientes...

(*Un instante de recogimiento y de plegaria en silencio. Puede entonarse entre tanto un cántico apropiado*).

Quinto dolor

Fugacidad de la vida –todo pasa–, separaciones crueles, inevitables: la muerte

¡Todo es deleznable y transitorio..., todo, menos Jesús!... El, y sólo El, es la eterna, la divina Realidad acá abajo. Todo lo demás, creaturas y bienes, sueños de grandeza y sensaciones de placer, oasis de alegría momentánea y relámpagos de gloria humana, todo, todo pasa y muere..., todo se desvanece y se derrumba con estrépito y con dolor al embate del tiempo, que vuela hacia la eternidad... Pero en medio de ese diluvio de lágrimas, al borde del abismo de tantas ruinas..., en los umbrales de aquella eternidad, cuyos fulgores alumbra el camino sombrío y tenebroso del tiempo, está el Maestro, el Salvador, el Rey-

Amigo, está Jesús...

Sí, Jesús, la única Realidad, la Realidad viviente e inmutable, que desde este Tabernáculo preside como Soberano los vaivenes de la vida..., los espasmos de la muerte... ¡Ah!... ¡la muerte!... Morir es el dolor de los dolores, la angustia más cruel y decisiva, la separación definitiva..., el dolor supremo... ¡Ah!, pero ¡cómo reconforta el espíritu poner los ojos en el Verbo de Dios, Jesús, y contemplarlo a El, la vida, apresado por las garras de la muerte..., y ultimado... y muerto en un patíbulo!... Es esto, a la vez que una lección sublime, un sublime consuelo...

Meditemos, al efecto, brevemente esta enseñanza en cuatro cuadros, hechos con las lágrimas y los duelos del Corazón de Jesús.

Primer cuadro

Un inmenso duelo cierne un día sus alas de tristeza sobre la casita encantadora de Nazaret: el justo José, aquel a quien ha llamado tantos años, con respeto y cariño, "padre", yace moribundo... Su cuerpo, que desfallece ya en las supremas congojas, se reclina dulcemente entre los brazos de Jesús..., mientras la cabeza del padre adoptivo cae en supremo desmayo sobre su Corazón adorable... Al lado del moribundo, una Reina, la Esposa fiel entre todas. Esposa tierna y amante como ninguna, solloza con el corazón

destrozado... No es Ella sola la que gime desolada... El Rey de amor..., Jesús, que recibió de ese Justo las amorosas caricias y el pan cotidiano, ganado con sus sudores..., sí, Jesús llora también amargamente, y Jesús es Dios...

(Acentuado)

¡Corazón misericordioso de Jesús, ten piedad de las viudas y de los huérfanos que lloran esta misma desventura!...

(Breve pausa) Segundo cuadro

Jesús, pronto ya para iniciar su vida pública se despide del santuario de su infancia y adolescencia, su querido Nazaret...; despídese también de María Inmaculada..., y de aquella vida apacible, de retiro y silencio, transcurrida en la intimidad estrecha de su divina Madre... Bien sabe Jesús lo que le aguarda en el camino que está ya para emprender... ¿Quién como Él sabe apreciar el tesoro que deja en ese rincón pobrecito, en ese oasis, en el que ha vivido compartiendo durante treinta años la paz y las zozobras de María?... Pero el Padre celestial lo llama, y, sin más, helo en marcha... Por ese camino de amarguras han debido siempre partir también, como Jesús, los hijos del hogar, las avecillas del nido familiar... Con el alma en jirones, cuando llega la hora, uno tras otro, se alejarán del santuario en que dejan a los padres, que bendicen entre lágrimas a los hijos de su amor... Los acontecimientos inevitables de la vida..., o el cumplimiento austero de deberes de conciencia, con la expresión de la voluntad de lo alto, y aunque duela, es preciso someterse, romper lazos, y partir...

(Acentuado)

¡Corazón de Jesús de Nazaret, ten piedad de los padres y de los hijos que han debido saborear las heces de este cáliz!

(Breve pausa)

Tercer cuadro

Jesús se despide el Jueves Santo de sus amigos íntimos de Betania...: deja para siempre ese hogar, en demanda voluntaria del Calvario... ¡Ah! Y aquellos amigos fidelísimos que lo querían tanto, tanto..., que le brindaron el hospedaje de un amor ardiente..., que llamaron a Jesús su Amigo íntimo, hubieron de recibir entonces de sus labios, en una postrera confidencia, la revelación de la tragedia que se realizaría al siguiente día... ¡Cómo se partieron esos corazones..., qué desolación mortal invadió esas almas generosas, cuando llegó la hora de la suprema despedida del Rey Amigo de Betania!... "¡Adiós! – les dijo–. ¡Hasta mañana en el Calvario!". Este cuadro suele reproducirse en el adiós impuesto por las distintas vocaciones..., sobre todo por aquellas que marcan con relieve una vida de inmolación... Así deben un día despedirse y separarse los predestinados que en el claustro, y a veces en pleno mundo, deben rescatar a éste con la sangre de su alma...

¡Corazón de Jesús, ten piedad de las familias y de los predestinados a quienes reclamas este sacrificio redentor!

(Breve pausa) Cuarto cuadro

La escena pasa en el Calvario... El Señor Crucificado va a dar su último adiós a la Reina de los Dolores, Reina de su adorable Corazón... La muerte se cierne ya sobre el Divino Ajusticiado... ha recibido licencia del Padre y del Hijo de acercarse cruel... para apagar el soplo de la vida en el cuerpo sacrosanto del Salvador..., en aquel cuerpo divino que María había calentado entre sus brazos de Virgen Madre en las noches de Navidad... Todavía una mirada..., la última, y en ella otorga a la Reina Inmaculada, en testamento, Juan, la Iglesia, las almas y su propio Corazón... Un último estertor..., y Jesús, inclinando la cabeza ensangrentada..., expira.

(Acentuado)

¡Corazón de Jesús, ten piedad de las madres y de los hogares que sufren hoy o sufrirán mañana el golpe tan temido, pero implacable, de la muerte!

En recuerdo, Jesús, de María Dolorosa, te pedimos, te suplicamos, que en esas horas de duelo crudelísimo, seas Tú mismo el Gran Consolador... Y más: que seas Tú la Resurrección y la Vida para aquellas familias enlutadas por la muerte... Por manos de la Reina de los mártires, te presento, Corazón Agonizante de Jesús, las lágrimas de las madres y esposas atribuladas..., la desolación y las tristezas de tantos hogares destrozados y desmembrados por una serie de tribulaciones y desgracias..., los llantos y el dolor acerbo de tantos corazones jóvenes todavía y marchitos ya en plena primavera de la vida. Corazón tan compasivo de Jesús, da a esas almas, y otórganos a todos, en la hora siempre sorpresiva de la prueba, un refugio de paz en tu Costado abierto, y en él, divina fortaleza y luz divina mientras dure la Vía Dolorosa... ¡Ah!... Pero no podemos, absortos en nuestras penas, olvidar las tuyas, Jesús Crucificado... Por esto te pedimos que vengas con frecuencia a buscar en nuestras almas y en la intimidad de nuestros hogares el reposo de amor a que te da derecho un Calvario sufrido por amor nuestro... Y para probarte, Jesús amadísimo, que hemos comprendido en realidad de verdad la lección de luz y fuerza que nos han dado tu Cruz y nuestras cruces, terminamos esta Hora Santa diciéndote, con el corazón en los labios, esta palabra de fe inmensa y de caridad abrasadora:

(Tres veces, en voz alta)

¡Gracias, Jesús, por el cáliz glorioso del dolor! (*Padrenuestro y Avemaría* por las intenciones particulares de los presentes. *Padrenuestro y Avemaría* por los agonizantes y pecadores.

Padrenuestro y Avemaría pidiendo el reinado del Sagrado Corazón mediante la Comunión frecuente y diaria, la Hora Santa y la Cruzada de la Entronización del Rey Divino en hogares, sociedades y naciones).

(Cinco veces)

¡Corazón Divino de Jesús, venga a nos tu reino!

(Luego, cinco veces)

¡Corazón de Jesús, venga a nos tu reino!

XVI

Octubre

(Lento):

Es ésta una hora tres veces santa, por la proximidad de Jesucristo a nuestras almas pobrecitas... La herida siempre abierta de su pecho, le habla de la tierra y lo fuerza dulcemente a atender, al mismo tiempo que los cánticos del cielo, las súplicas y los gemidos que suben del destierro...

El avanza ahora hacia el abismo de nuestra nada, sediento de almas... Avancemos también nosotros hacia el abismo de su Corazón hasta sucumbir dichosamente en El...

¡Señor Jesús, haz que comprendamos el don inefable de tu Divino Corazón!...

(Breve pausa)

(Pedidle luz de fe para conocerle, caridad abrasadora para amarle y para hacerle amar en su Sagrado Corazón).

Getsemaní, el Huerto de la agonía mortal del Maestro, no ha desaparecido...: se perpetúa en cada Sagrario de la tierra... El está aquí, pues, en la Hostia... En ella Jesús agonizante siente los desfallecimientos de una angustia suprema y de una caridad incontenible... "Triste hasta la muerte en ese Tabernáculo. El ansía, ¡oh, dulcísima misericordia!, encontrar una reparación, descansar en nuestros pechos y confiarnos ahí todo el tesoro de quebranto y de cariño en que desborda su adorable Corazón...

La tierra en que ahora lo adoramos es tierra santa... Aquí está realmente Jesús, el Adolescente encantador de Nazaret...; Jesús, el Maestro compasivo de Tiberíades... Aquí, está Jesús, el Amigo de Betania... Sí, aquí, a dos pasos,

está el amable moribundo de Getsemaní, la Víctima adorable del Calvario... ¡Oh, noche más hermosa que alborada!... A su sombra, de inefable paz, San Juan y Margarita María parecen acercarse a este altar para compartir con nosotros el secreto que al descansar sobre su Corazón les confió el Prisionero del amor...

(Pausa)

(Declaradle en dulce intimidad que lo amáis con toda el alma, con amor de desagravio).

¡Solos con Jesús!... ¡Qué delicia!... ¡Solos con El, compartiendo su soledad y su agonía!... Pero escuchad; allá fuera ruge una tormenta de odio contra el perseguido Jesucristo... El eco de los siglos va gritando ante las rejas de su cárcel la blasfemia horrenda del pueblo deicida: "¡Quítale!... Reo es de muerte... ¡Crucifícale!" ¿Qué mal nos ha hecho ese Dios ensangrentado?...

Almas piadosas que deseáis consolarlo, vedlo llegar en esta Hora Santa agobiado bajo la pesadumbre de su Cruz... Viene herido en el alma, recorriendo una Vía Dolorosa que parece no tiene término... Viene, pero abrazado siempre a su patíbulo. ¡Nos ama tanto! Vedlo. Llega angustiado, perdida la hermosura de sus ojos en la hermosura de sus lágrimas. Viene exhausto de sangre y desbordante en misericordia su dulce Corazón... Ya está aquí... ¡Oh, misterio inefable!... Si comprendiéramos el don de este acercamiento de Jesús, la gracia incomparable de su vecindad consoladora en el Sagrario... Está ahí... a un paso... Al bendecirnos, la sombra de su mano nos alcanza...

(Breve pausa)

¿Y qué es lo que busca? Una tregua a sus dolores... Quiere el amor de sus amados... Que venga entonces. ¡Ah, sí!... Que venga a reposar en esta Hora Santa al calor de afecto de nuestras almas compasivas.

Los ángeles del Santuario escuchan abismados una armonía triste y misteriosa: es como el eco, nunca apagado, de un divino lamento: el de Getsemaní... es el gemido salvador del Gólgota, que parece repercutir al renovarse este sacrificio incruento del altar...

Desde el fondo del Sagrario, sus labios, empapados en la hiel de todas las ingratitudes, nos nombran con bendición de amor a todos los que en esta Hora Santa hemos venido a llorar con Él la desventura de su amor menospreciado. Es grande, ¡qué inmenso es el dolor que le atormenta... pero es mayor aún, es infinito, el amor que lo tortura!...

¡Cuánta dignación la de este Salvador! Quiere confiarnos sus tristezas; está ansioso de desahogar con nosotros la decepción sufrida con tantos que, colmados de favores, se llamaron sus discípulos, y después lo abandonaron... Más fieles aún que Pedro, que Santiago y que Juan en el Huerto de la agonía, escuchémoslo nosotros, pues quiere hablarnos por la herida de su amante Corazón.

(Pausa más larga)

(Solicita con fervor y humildad la gracia de escuchar la voz del Señor, que pide y que se queja).

(Lento)

Voz del Maestro. Hacía tanto tiempo, alma querida, que te aguardaba aquí en la Hostia para contarte el amor que me devora... Te bendigo, porque has tenido compasión de tu Dios encarcelado, sumido en amarga soledad... Tenía

sed de ti... Por fin te he vencido... Dímelo tú mismo, sí, repíteme que mi Corazón te ha vencido...

Asegúrame en seguida que me amas..., que tú también sientes sed de mí, y sed devoradora... Lejos de mi lado, tú, que eres polvo y nada, cuántas veces has reído y has gozado... Yo sin ti, Yo, tu Dios, por recobrarte, dejé a los ángeles, dejé a los cielos, y, después de treinta y tres años de agonía, expiré en un cadalso... Rompiste un día mis cadenas..., y, libre de mis brazos por la culpa, ¡ay!, ¿cómo pudiste amar tan triste libertad?... Mira, en cambio, los grillos que en la tierra me he forjado para atarme a tu ingrato corazón... Aquí me tienes, constituido en el Prisionero dichoso de tu amor... ¿Cómo me lo has pagado? Te perdono; pero sé desde hoy, en desagravio, entera y eternamente mío...

Hijo tan amado, contémplame traicionado y solo..., solo y blasfemado..., solo y escarnecido..., solo y siempre abandonado. ¡Cómo me hiere ese olvido, sobre todo el de los buenos; cómo me lastima la cobardía e indiferencia de los que se llaman mis amigos!...

"He aquí el Corazón que tanto ha amado a los hombres, y de los cuales es tan mal correspondido...".

¿Habrá dolor semejante a mi dolor?... Mi alma está triste hasta la muerte... Acércate, pon los labios en la herida de mi Costado, y, en reparación de amor, dime que me amas con todo tu corazón, con toda tu alma y todas tus fuerzas. Dame de beber tu alma... Tengo sed de tu felicidad...

(Cortado y muy lento)

Llamé a tu conciencia tantas veces por mi gracia, y enmudeciste... ¿Recuerdas?... Perdono tu desdén y tu silencio...

Esperé a las puertas de tu alma semanas, meses, largos años...; te supliqué que me abrieras... y me rechazaste... ¿Te acuerdas?... Perdono esa cruel deslealtad...

Arrojado de todas partes, mendigué un consuelo y el albergue de tu corazón... Por respeto humano, por falta de abnegación o por tibieza, me lo negaste... ¿Recuerdas?... Olvido esa perfidia...

Cuando repartías cariño a todos, pedí para mí una centella de ese afecto... Todas las criaturas llegan siempre a tiempo, todas... y Yo, alma querida, ¿por qué sólo Yo llego siempre tarde?... ¿Por qué me hieres?... ¿Cuándo y en qué te he contristado?... ¡Respóndeme!

(Breve pausa) (Cortado)

Tuve hambre de dar consuelo a los enfermos y a los tristes... Busqué un refugio en las casas del dolor humano...; entré con osadía en ellas, pues soy el Dios consolador de todas las miserias... Y aquí me tienen arrojado con ignominia de centenares de hospitales, de la cabecera de los ancianos y de las cunas de los huérfanos... ¿Qué mal os ha hecho mi compasión y mi ternura?... ¡Oh! Vosotros, hijitos míos, amadme, en reparación de tanta crueldad... Amadme mucho. Soy Jesús...

Tuve sed de un amor sin mancha: el de las flores de la infancia... Busqué el cariño de los niños, pues al bajar del Calvario de mis decepciones recordé los lirios y las brisas de mi Nazaret inolvidable, cuando Yo también fui Niño... ¡Oh, dolor! ¡De ese campo de azucenas, *de la escuela*, también se me ha arrojado!... Escucha, alma consoladora, cómo los que se llaman sabios en el mundo me reniegan y maldicen... ¿Qué mal he hecho a vuestros hijos?... Amadme, ¡oh!, amadme mucho. Soy Jesús...

Estuve ansioso de haceros felices, dándoos la

verdadera paz, que el mundo no posee, y os rogué que me aceptarais, como uno de los vuestros, en lo íntimo de vuestro hogar... quise constituirme y ser llamado el Padre, el Esposo adorado, el Hermano inseparable... y *el hogar* me ha despedido... Pero no me iré... ¡Ah, no! Aquí me tenéis aguardando con dulzura que un pesar me abra, aunque tarde, su puerta, pues las de mi Corazón jamás se cierran. Yo soy

Jesús, la paz y el amor de las familias... Dejad en mi frente, si queréis, la diadema de espinas, dejadla sangrienta y crudelísima, pero dadme, os lo pido por mi Madre, dadme hospedaje en vuestras casas, consentid que reine en el hogar...

Amadme en la familia...; soy su vida... Amadme mucho, porque yo soy Jesús.

(Pausa larga)

Y ahora, háblame tú, alma dichosa; háblame en íntima confianza, a este Dios, que es todo caridad... Heme aquí, benigno y manso, soy Jesús de Nazaret... ¿Qué podría negarte en esta Hora Santa, en que has venido a compartir mis abandonos y mis agonías?... Aquí tienes; te entrego el Corazón que tanto te ha amado...: no puedo contener los ardores del amor que te profeso... Llámame, y seré mil veces tuyo...; háblame, soy tu Hermano...; adórame, soy tu Dios... Consuélame, con todo el amor de tu alma... Yo soy Jesús...

(Pausa)

(Mientras tantos buenos duermen, mientras tantos desgraciados pecan, el Señor Jesús sigue agonizando místicamente en el Sagrario... Acerquémonos y hablemos, en dulce intimidad, a su Corazón que nos aguarda).

(Lento y siempre cortado)

Voz del alma. ¿Qué tengo yo, Señor Jesús, que Tú no me hayas dado? ¿Qué sé yo, que Tú no me hayas enseñado?

¿Qué valgo yo, si no estoy a tu lado?
¿Qué merezco yo, si a ti no estoy unido?
¡Perdóname los yerros que contra ti he cometido!
Pues me creaste, sin que lo mereciera,
Y me redimiste, sin que te lo pidiera...
Mucho hiciste en crearme,
Mucho en redimirme.
Y no serás menos poderoso en perdonarme.
Pues la mucha sangre que derramaste,
Y la acerba muerte que padeciste,
No fue por los ángeles que te alaban,
Sino por mí y demás pecadores que te ofenden...
Si te he negado, déjame reconocerte;
Si te he injuriado, déjame alabarte;
Si te he ofendido, déjame servirte,
Porque es más muerte que vida,
La que no está empleada en tu santo servicio.

(Breve pausa)

¡Qué bien me encuentro así..., reclinado blandamente en el cielo de tu pecho!...

Es éste, solo éste, el lugar de mi descanso

eterno...; éste, el Tabernáculo donde escucho tus palabras de vida y tus reclamos de amor y sacrificio... Deja de sufrir, Maestro y atiende el himno de mi alma, ansiosa de confundirse, en un abrazo eterno, con la tuya... Escúchame, Jesús-Hermano:

(Lento)

Corazón de Jesús, dulcísimo con los pecadores: un pecador te habla...

Corazón de Jesús, camino de los extraviados: un pródigo te busca...

Corazón de Jesús, suavidad de los que sufren: un desgraciado llama a tu santuario...

Corazón de Jesús, amigo fidelísimo del hombre, un amigo ingrato está aquí y te llora...

Corazón de Jesús, bonanza en las continuas vacilaciones de la vida; un alma combatida te llama en su socorro...

Corazón de Jesús, hoguera de santidad en el amor; mi alma ansía saciarse en ti de amor y santidad...

Corazón de Jesús agonizante, esperanza de los moribundos, *memento*: acuérdate de los que en esta misma hora luchan en las convulsiones de la muerte... Ten piedad de los agonizantes, sálvalos según tu gran misericordia... Envíales, Señor, el ángel de Getsemaní, y acerca a sus labios, que ya no pueden llamarte, el cáliz de tu Corazón piadoso. ¡Jesús..., sé Jesús con los moribundos más desamparados!...

(Pedid por los agonizantes).

(Pausa)

Tu tierna Madre y tu Cruz son testigos de esta tu amabilísima palabra: *"He venido en busca de los enfermos, de los extraviados..., de las ovejitas perdidas de Israel".*

La Virgen María ha recogido celosa, en beneficio de los pecadores, tus lágrimas de sangre. En unión, pues, con Ella, buena, misericordiosa, refugio de pecadores y caídos, te pido por aquellos que al ofenderte no saben lo que hacen... El mundo les condena inexorable; pero Tú, que conoces la flaqueza humana y que lees tan adentro de esas almas infelices, Tú, Jesús, ten piedad, ten paciencia, ten perdón para ellas en tu amable Corazón... Te pido, te ruego, en nombre de tu Eucaristía, por los pobres pecadores... Perdónalos, Jesús, y escribe sus nombres desde luego en el libro de la vida...

Divino Salvador de las almas, cubierto de confusión me postro en tu presencia, y, dirigiendo mi vista al solitario Tabernáculo, siento oprimido el corazón al ver el olvido en que te tienen relegado tantos de los redimidos. Pero ya que con tanta condescendencia permites que en esta Hora Santa una mis lágrimas a las que vertió tu benigno Corazón, te ruego, Jesús, por aquellos que no ruegan..., te bendigo por tantos que te maldicen, y con todo el ardor de mi alma te alabo y te adoro en todos los sagrarios de la tierra... Acepta,

Señor, el grito de expiación que un pesar sincero arranca de nuestras almas afligidas... Ellas te piden piedad...

Por mis pecados, por los de mis padres, hermanos y amigos. (Todos, en voz alta)

Piedad, ¡oh Divino Corazón!

Por las infidelidades y sacrilegios.

Piedad, ¡oh Divino Corazón!

Por las blasfemias y profanaciones de los días santos.

Piedad, ¡oh Divino Corazón!

Por el libertinaje y los escándalos públicos.

Piedad, ¡oh Divino Corazón!

Por los corruptores de la niñez y de la juventud.

Piedad, ¡oh Divino Corazón!

Por la desobediencia sistemática a la santa Iglesia.

Piedad, ¡oh Divino Corazón!

Por los crímenes de los hogares, por las faltas de los padres y de los hijos.

Piedad, ¡oh Divino Corazón!

Por los atentados cometidos contra el Romano Pontífice.

Piedad, ¡oh Divino Corazón!

Por los trastornadores del orden público social cristiano.

Piedad, ¡oh Divino Corazón!

Por el abuso de sacramentos y el ultraje a tu santo Tabernáculo.

Piedad, ¡oh Divino Corazón!

Por la cobardía a los ataques de la prensa, por las maquinaciones de sectas tenebrosas.

Piedad, ¡oh Divino Corazón!

Y, por fin, Jesús, por los buenos que vacilan... por los pecadores obstinados, que resisten a tu gracia...

Piedad, ¡oh Divino Corazón!

(Pausa)
Las doce promesas

No nos basta, Señor, tu misericordia... Tus intereses son los nuestros, queremos tu Reinado... Pedimos, buen Jesús, que cumplas con nosotros las promesas que hiciste a tu confidente Margarita María en beneficio de las almas que te adoran en la hermosura indecible, en la ternura inefable, en el amor incomprensible de tu Sagrado Corazón.

Por eso te pedimos con tu santa Iglesia, te suplicamos por la Virgen Madre, te exigimos por el honor inviolable de tu nombre, que establezcas ya, que apresures el reinado de tu amante Corazón.

(Todos, en voz alta)

Venga a nos el reinado de tu amante Corazón.

1a. Pronto, Jesús, sí, reina presto, antes que Satán y el mundo te arrebaten las conciencias y profanen en tu ausencia todos los estados de la vida...

Venga a nos el reinado de tu amante Corazón.

2a. Adelante, Jesús, y triunfa en los hogares, reina en ellos por la paz inalterable prometida a los que te han recibido con hosannas...

Venga a nos el reinado de tu amante Corazón.

3a. No demores, Maestro muy amado, porque muchos de éstos padecen aflicciones y amarguras que Tú solo prometiste remediar...

Venga a nos el reinado de tu amante Corazón.

4a. Ven..., porque eres fuerte..., Tú, el Dios de las batallas de la vida... Ven, mostrándonos tu pecho herido como esperanza celestial en el trance de la muerte...

Venga a nos el reinado de tu amante Corazón.

5a. Sé Tú el éxito prometido en nuestros trabajos, sólo Tú la inspiración y recompensa de todas las empresas.

Venga a nos el reinado de tu amante Corazón.

6a. Y tus predilectos, quiero decir, los pecadores, no olvides que para ellos, sobre todo, revelaste las ternuras incansables de tu amor.

Venga a nos el reinado de tu amante Corazón.

7a. ¡Ay, son tantos los tibios, Maestro, tantos los indiferentes a quienes debes inflamar con esta admirable devoción!

Venga a nos el reinado de tu amante Corazón.

8a. "Aquí está la vida", nos dijiste, mostrándonos tu pecho atravesado... Permite, pues, que ahí bebamos el fervor, la santidad, a que aspiramos...

Venga a nos el reinado de tu amante Corazón.

9a. Tu imagen, a pedido tuyo, ha sido entronizada en muchas casas... En nombre de ellas te suplico sigas siendo en todas el Soberano muy amado...

Venga a nos el reinado de tu amante Corazón.

10a. Pon palabras de fuego, persuasión irresistible, vencedora, en aquellos sacerdotes que te aman y que te predican como Juan, tu Apóstol regalado...

Venga a nos el reinado de tu amante Corazón.

11a. Y a cuantos enseñen esta devoción sublime, a cuantos publiquen sus inefables maravillas, resérvales, Jesús, una fibra vecina a aquella en que tienes grabado el nombre de tu Madre...

Venga a nos el reinado de tu amante Corazón.

12a. Y, por fin, Señor Jesús, danos el cielo de tu Corazón a cuantos hemos compartido tu agonía en la Hora Santa, por esta hora de consuelo y por la Comunión de los primeros viernes; cumple con nosotros tu promesa infalible... Te pedimos que en la hora decisiva de la muerte...

Venga a nos el reinado de tu amante Corazón.

(Pedidle que cumpla sus promesas de victoria, que reine en las almas y en la sociedad).

(Pausa)

En el seno de mi hogar hay, buen Jesús, penas muy hondas y secretas... ¡Si Tú reinaras entre los míos con toda la intensidad de amor que Tú mereces, ¡ah!, no habría en mi casa tantos y tan amargos pesares!... Ven, ¡oh!, ven, Amigo de Betania, pues en mi familia hay alguien que está enfermo y Tú le amas... Cuando Tú estás, las mismas penas son suaves, y a tu lado, las espinas tienen bálsamo de paz... Ven, pues, y no tardes, amigo de Betania... Apresúrate, porque mi hogar está herido con la ausencia de seres queridos que faltan en él: padre, madre y hermanos, todos crecimos junto al pie de la Cruz... ¡Ah! Y después esa misma Cruz, por voluntad del Cielo, nos ha ido separando del nido santo del hogar... Ten piedad de esos amados ausentes, que trabajan y luchan lejos de la familia, y tal vez también lejos de tu altar... ¡Oh, sé dulce, y ven pronto a nuestro lado, Jesús, Amigo dulce de Betania!

(Nombradle los seres queridos del hogar, los pródigos por quienes os interesáis).

(Breve pausa)

Maestro, Hermano, Amigo del alma, Jesús querido, ten misericordia también de los míos que murieron, de aquellos que volaron a la eternidad en seguimiento tuyo... Duermen en paz porque te amaron, y porque Tú eres infinito en caridad... Mas, al irse..., nos dejaron sombras y tristezas en el alma..., espinas y una tumba en el camino... ¡Ah!, pero bien sé yo que en tu Corazón amabilísimo no puede haber separaciones; en Él, donde está la vida, desaparece la horrible muerte... Por eso te pido paz sobre sus tumbas, y a los que hemos quedado gimiendo en este valle de lágrimas, danos la resignación que levanta, el desapego de la tierra y el amor del sufrimiento, que nos una inseparablemente a ti...

(Nombradle a vuestros muertos tan queridos, inolvidables).

(Pausa)

No cierres todavía la preciosa herida del Costado: tengo que pedirte, en especial, por los que sufren, por aquellos, Señor Jesús, que te buscan con ojos cansados de llorar..., por tantos a quienes la desgracia, los duelos, las decepciones, la pobreza, las enfermedades o sus propias flaquezas han herido de muerte... Nazareno amabilísimo, Tú sabes, por amarguísima experiencia, cuán punzantes son las espinas del camino... Consuela, pues, a los atribulados..., ten piedad de los que sufren...

(Pedidle fuerza de consuelo en las tribulaciones).

De mí no te he hablado, porque me he confiado sin reservas a tu Divino Corazón... Tú, que tanto me amas y que eres el único en comprenderme, no querrás seguramente olvidarme. ¡Oh, Jesús: escucha mi última plegaria, unida siempre a la agonía de tu Corazón Sacramentado!... Inclínate y atiéndeme benigno...

(Cortado y lento)

Cuando los ángeles de tu Santuario te bendigan en la Hostia Sacrosanta... y yo me encuentre en la agonía..., sus alabanzas son las mías..., acuérdate del pobre siervo de tu Divino Corazón...

Cuando las almas justas de la tierra te alaben encendidas en amor... y yo me encuentre en la agonía..., sus labores y sus lágrimas son las mías..., acuérdate del pródigo, rescatado por tu Sagrado Corazón.

Cuando tus sacerdotes, las vírgenes del templo y tus apóstoles te aclamen Soberano, te prediquen a las almas y te entronicen en los pueblos... y yo me

encuentre en la agonía..., su celo y sus ardores son los míos..., acuérdate del apóstol de tu Divino Corazón.

Cuando la Iglesia ore y gima ante el altar, para redimir contigo el mundo..., y yo me encuentre en la agonía..., su sacrificio y su plegaria son los míos..., acuérdate del amigo de tu Sagrado Corazón.

Cuando, en la Hora Santa, tus almas regaladas, amando y reparando, te hagan olvidar abandonos, sacrilegios y traiciones..., y yo me encuentre en la agonía..., sus coloquios contigo y sus consuelos son los míos..., acuérdate de este altar y de esta víctima de tu Divino Corazón.

Cuando tu divina Madre te adore en la Sagrada Eucaristía y repare ahí los crímenes sin cuento de la tierra..., y yo me encuentre en la agonía..., sus adoraciones son las mías..., acuérdate del hijo de tu Sagrado Corazón.

¡Oh, sí!, acuérdate de esta criatura miserable, que Tú tanto amaste... Recuerda que le exigiste que se olvidara de sí misma por tu amor... Mas no, Señor; olvídame si quieres, con tal que me dejes olvidado para siempre en la llama hermosa de tu amante Corazón... ¡Ah!, y cuida, Jesús, del mío; despréndelo de todo afecto terreno..., vela por esta alma, encadenada deliciosamente a tu Sagrario, y alimenta en ella el fuego santo en que te abrasas... ¡Oh, abrásame, Señor Jesús..., enciéndeme en tu caridad, pues anhelo amarte hasta la pasión, hasta la insensatez, hasta el delirio, con amor más fuerte que la muerte!...

(Pausa) (Cortado)

¿Qué tengo yo, Señor Jesús, que Tú no me hayas dado?

Despójame de todo, de tus propios dones; pero abísmame en la hoguera de tu ardiente Corazón.

¿Qué sé yo, que Tú no me hayas enseñado?...

Olvide yo la ciencia sombría de la tierra y de la vida, y en cambio, conózcate mejor a ti, ¡oh, amable Corazón!...

¿Qué valgo yo, si no estoy a tu lado?

¿Qué merezco yo, si a ti no estoy unido?...

Úneme, pues, a ti, con vínculo que sea eterno... Renuncio a todas las delicias de tu amor, con tal de poseer perfectamente este otro Paraíso, el de tu tierno Corazón... Y en Él sepulta, ¡oh, sí!, los yerros que contra ti he cometido..., y castiga, y véngate de todos ellos hiriendo con dardo de encendida caridad al que tanto te ha ofendido.

Y si te he negado... déjame reconocerte en la Eucaristía en que Tú vives...; si te he ofendido, déjame servirte en eterna esclavitud de amor eterno, porque es más muerte que vida la que no se consume en amar y en hacer amar tu olvidado, tu amoroso, tu divino Corazón. *¡Venga a nos tu reino!*

(*Padrenuestro y Avemaría* por las intenciones particulares de los presentes.

Padrenuestro y Avemaría por los agonizantes y pecadores.

Padrenuestro y Avemaría pidiendo el reinado del Sagrado Corazón mediante la Comunión frecuente y diaria, la Hora Santa y la Cruzada de la Entronización del Rey Divino en hogares, sociedades y naciones).

(Cinco veces)

¡Corazón Divino de Jesús, venga a nos tu reino!

Acto final de consagración

Jesús, dulcísimo Redentor del género humano, míranos postrados humildemente delante de tu altar; tuyos somos y tuyos queremos ser, y a fin de estar más firmemente unidos a ti, he aquí que, hoy día, cada uno de nosotros se consagra espontáneamente a tu Sagrado Corazón.

Muchos, Señor, nunca te conocieron; muchos te desecharon al quebrantar tus mandamientos; compadécete, Jesús, de los unos y de los otros, y atráelos a todos a tu Santo Corazón. Sé Rey, ¡Señor!, no sólo de los fieles que jamás se separaron de ti, sino también de los hijos pródigos que te abandonaron; haz que vuelvan pronto a la casa paterna, no sea que perezcan de miseria y de hambre.

Sé Rey de aquellos a quienes engañaron opiniones erróneas y desunió la discordia; tráelos al puerto de la verdad y a la unidad de la fe, para que luego no quede más que un solo rebaño y un solo pastor.

Sé Rey de los que aún siguen envueltos en las tinieblas de la idolatría o del islamismo. A todos dígnate atraerlos a la luz de tu Reino.

Mira, finalmente, con ojos de misericordia, a los hijos de aquel pueblo, que en otro tiempo fue tu predilecto; que también descienda sobre ellos, como bautismo de redención y vida, la sangre que reclamó un día contra sí. Concede, Señor, a tu Iglesia incolumidad y libertad segura, otorga a todos los pueblos la tranquilidad del orden;

haz que del uno al otro polo de la tierra resuene esta sola aclamación.

"Alabado sea el Divino Corazón, por quien hemos alcanzado la salud...; a Él gloria y honor, por los siglos de los siglos". Así sea.

XVII

Noviembre

"*Ecce Homo*"... He aquí al Hombre de todos los dolores, al Salvador Jesús, tras de esa Hostia... Doblemos la rodilla, adorémosle en la suave y vencedora majestad de ese misterio... ¡Oh!, viene seguramente en busca nuestra, ya que en el Paraíso tiene legiones de ángeles... Miradle..., se acerca como le vio un día su sierva Margarita María...; viene sin fulgores de sol, sin diadema, maniatado, perseguido... Trae el alma abrumada de angustias... cargados de lágrimas los ojos... Busca un huerto de paz en dónde orar en su agonía, y ha venido aquí, trayéndonos una confidencia de caridad infinita, y de infinita tristeza... Callad, hermanos, y en el silencio del alma, olvidados del mundo, desligados por un momento de los mezquinos intereses de la tierra..., oíd al Señor Jesús en esta Hora Santa... Contempladle bajo la figura dolorida, ensangrentada del *Ecce Homo*, tal como se apareció en Paray-le-Monial a su primer apóstol y confidente, para reclamar de sus amigos un amoroso desagravio...

"¡Oh, buen Jesús: al comenzar esta Hora Santa, déjanos besar con deliquios de amor, con pasión del alma, con embriaguez de cielo, la herida encantadora del Costado, y permítenos llegar, por medio de ese ósculo dichoso, hasta lo más recóndito de tu divino y agonizante Corazón!".

(Presentadle el pedido íntimo que queréis hacerle en

esta Hora Santa).

Voz del Maestro. Hijitos míos, ¿queréis brindar un asilo de amor, un abrigo de fidelidad a vuestro Dios, perseguido por el huracán maldito de la culpa?... Es cierto que no veis hoy día mi cuerpo hecho pedazos...; pero creed que no han cesado los crudelísimos azotes... No veis tampoco que el llanto inunda mis mejillas...; pero ¡con qué furor penetran en mi frente las espinas!... No está a la vista la congoja mortal y la agonía de Getsemaní...; pero, ¡ay!, sus indecibles amarguras llenan hasta los bordes el cáliz de mi abandonado Corazón... El pecado no da tregua a mis dolores... Ese torrente de inquietud me persigue hace veinte siglos, sigue mis pasos, iracundo... Quiere devorar la

obra de mi sangre...; quiere condenar las almas... "¿Qué pude hacer por mi rebaño que no lo haya hecho?"... El sacrificio de mi cuerpo, de mi alma, de mi Corazón; el holocausto del Calvario y de la Eucaristía..., todo está consumado... Y, con todo, la culpa avanza, como hálito del infierno, penetra en las conciencias, mata en ellas mi amor... y la gloria de mi nombre... ¡Ay! Abridme pronto, vosotros mis amigos, abridme el refugio cariñoso de vuestros corazones... Ponedme al abrigo de la noche fría, lóbrega, del pecado que envuelve al mundo... Tendedme, hijitos míos, alargadme con caridad filial los brazos... ¡Oh, no es el recuerdo del Calvario el que me hiere..., es el pecado de hoy el que atraviesa sin piedad mi desolado Corazón!... Ved: estoy llorando ahora mis tristezas; estoy desahogando entre vosotros la tempestad de mis dolores... ¡Y en el mismo instante, millares de saetas se clavan en la llaga sangrienta de mi pecho!... ¡Oh, dad albergue de caridad y de ternura, en vuestras almas compasivas, a este Jesús, el eterno ultrajado y perseguido de la culpa!...

(Pausa)

El alma. Jesús, Rey de los altares y Soberano de las almas: ven y asienta tus reales de dominio en estos corazones... No serás entre nosotros el huésped, sino el Padre y el Monarca..., no el peregrino, sino el Redentor desagraviado y el Señor mil veces bendecido... Ven... Y si es constante la ofensa de la culpa..., más constante aún ha de ser el homenaje de nuestro humilde desagravio... Abre tu prisión, señor Sacramentado, y que los ángeles que rodean tu pobre tabernáculo se unan a los amigos leales de tu Eucaristía, para decirte:

(Todos en voz alta)

¡Corazón Santo, tú reinarás!

No obstante los esfuerzos desesperados del infierno, que anhela la desdicha eterna de las almas.

¡Corazón Santo, tú reinarás!

A pesar de la fragilidad humana, que impele a tantos por la pendiente del abismo...

¡Corazón Santo, tú reinarás!

No obstante la furia de tantos enemigos de tu

moral intransigente y de tus dogmas invariables...

¡Corazón Santo, tú reinarás!

A pesar de los ataques con que la razón y las sabidurías vanas de la tierra se alzan para derrocarte del altar...

¡Corazón Santo, tú reinarás!

No obstante la licencia vergonzosa, que muchos pretenden erigir en ley natural de la conciencia...

¡Corazón Santo, tú reinarás!

A pesar del artificio con que se trama noche y día en contra de la Iglesia, del hogar y de la infancia...

¡Corazón Santo, tú reinarás!

No obstante la sacrílega legalidad de tantos atentados de lesa majestad divina...

¡Corazón Santo, tú reinarás!

A pesar del odio de los gobernantes, excitados por el poder de tu humildad y de tu silencio...

¡Corazón Santo, tú reinarás!

No obstante los ataques airados de la prensa, de las leyes y de las sectas, poderes conjurados en ruinas de tu gloria y de tu reinado entre los hombres...

¡Corazón Santo, tú reinarás!
(Pedid con todo fervor el reinado del Corazón de

Jesús).

Voz del Maestro. ¿Por qué, decidme, confidentes muy amados, por qué los hijos de las tinieblas son con frecuencia más prudentes y esforzados que vosotros, los hijos de mi dolor y de la luz?

Vedlos a mis enemigos, perpetuamente afanados en aislarme en el Sagrario, y luego, en derribar mi altar... No se dan descanso en el propósito de anular mi ley, de dispersar mi sacerdocio y de aniquilarme en las conciencias de los hombres... Y vosotros... y tantos de los míos, ¿qué habéis hecho?... ¿Cómo no habéis podido velar una hora conmigo?... Y por cansancio, por preocupaciones terrenas..., por debilidad de carácter..., por falta de amor a vuestro Dios y Maestro, habéis descansado, mientras Yo agonizaba... Dormíais tranquilos, entre vuestro Salvador agonizante y la turba enemiga que venía a prenderle... No habéis amado así, seguramente, a vuestros padres, a vuestros hermanos, a los amigos íntimos de vuestro corazón... Y para mí, solo para mí, ¿por qué no habéis tenido fineza ni resolución en el amor?... Me prometisteis generosidad... bendije y acepté vuestra buena voluntad..., y, a poco, desfallecisteis y fui olvidado... Os perdoné tantos desvíos, olvidé tantos olvidos..., y vosotros, los de mi casa, vivís a menudo en un sopor de tranquila indiferencia que me lastima cruelmente... Un sueño de apatía..., de egoísmo, de desamor por mi persona os rinde... Levantaos ya...; despertad de esta tibieza... Se acerca el enemigo que trae el ultraje para vuestro Dios..., y para vosotros, las cadenas y la muerte... Ha llegado la hora milagrosa de una sincera conversión... ¡Oh, venid y acompañadme, si preciso fuera, hasta el Calvario!... No queráis abandonarme, ovejitas mías, cuando hieran al Pastor...

(Pausa)

El alma. ¿Qué tengo yo, ¡oh, Dios escarnecido!, que Tú no me hayas dado?... Aliéntame, Jesús, y haz que te siga, sin vacilaciones, en las dulces exigencias de tu gracia y de tu amor...

¿Qué valgo yo, si no estoy a tu lado?

Y porque reconozco mi nada y mi impotencia... te ruego no quieras dejarme de tu mano, no consientas que me aleje por un día del Sagrario...

Perdóname los yerros que contra ti he cometido...: son tantas las flaquezas de mi corazón... Perdónalas y olvida...

Pues, la mucha sangre que derramaste.

Y la acerba muerte que padeciste.

No fue por los ángeles que te alaban, sino por mí y por tantos tibios e indolentes en el ejercicio de tu amor, que te desoyen y te ofenden...

Por eso, en esta Hora Santa, al renovar los propósitos de fervor en tu servicio, consiente que te diga con dolor del alma:

Si te he negado, déjame reconocerte; si te he injuriado, déjame alabarte; si te he ofendido, déjame servirte, porque es más muerte que vida la que no está empleada en el santo servicio de tu gloria y para consuelo y triunfo de tu Divino Corazón.

(Confesadle vuestra tibieza y pedid fervor perseverante en su servicio).

Voz del Maestro. ¿Cuántos sois los que veláis conmigo en esta Hora Santa?... Es cierto que es grande vuestro amor... ¡Ah, sí!, pero inmenso, insondable es el amargo océano de delitos y de orgías, que a esta misma hora, está saturando de tristeza mortal mi Corazón... ¡Qué frenesí de pecado..., qué desenfreno en el torbellino humano que va pasando ahora mismo ante mis ojos!...

¡Oh, qué escenas de muerte, qué espectáculos de infierno... qué vértigo de pasión sensual en el teatro!... El gran mundo aplaude y ríe ante un escenario donde a mí se me flagela... Si supierais cómo me despedaza el alma dolorida la gran mentira que llaman civilización moderna... ¡Ah, cuántas fiestas de mis hijos son la befa y el Calvario de su Padre y Salvador!... Sólo vosotros, mis amigos, podéis adivinar la congoja de este agonizar perpetuo en un patíbulo, levantado por los míos... ¡Cómo se presentan a mi vista las grandes capitales... orgullosas como Nínive... desenvueltas como Babilonia!... En ellas mi Evangelio es una exageración intolerable... Vosotros, mis consoladores, que habéis penetrado tan adentro en mis tristezas, poned un bálsamo en mi

herida... Reparad, vosotras, esa embriaguez culpable y acallad, con una plegaria fervorosa, el clamar que, en esta misma noche, en centenares de salas, de banquetes, de fiestas, de bailes y teatros, se levanta como marejada de fango, insultando la santidad de mi Evangelio y la blancura de la Hostia...

El alma. ¡Oh, sí, Maestro!: baje de una vez fuego del cielo, que purifique, que perdone y salve a millares de infieles, que viven sin amor, amando locamente la materia y lo nefando...

Para tantos que derrochan dinero y juventud en la disipación de placeres mundanales que te ofenden...

(Todos, en voz alta)

¡Misericordia, y sálvelos tu dulce Corazón!

Para aquellos que luchan, tolerando los pecados públicos, que trafican en la profanación de la conciencia y de los sentidos...

¡Misericordia, y sálvelos tu dulce Corazón!

Para los pervertidores de almas, que en la Prensa y en los libros se enriquecen, condenando a sus hermanos...

¡Misericordia, y sálvelos tu dulce Corazón!

Para aquellos que tienen el tristísimo negocio de excitar pasiones en la escena teatral, donde todo es permitido, so pretexto de arte...

¡Misericordia, y sálvelos tu dulce Corazón!

Para tantos débiles que, desoyendo su conciencia, cooperan con remordimiento al escándalo social de modas y teatros...

¡Misericordia, y sálvelos tu dulce Corazón!

Para tantos que, relajado su criterio de cristianos, no ven mal ninguno en el atropello a tus santos mandamientos...

¡Misericordia, y sálvelos tu dulce Corazón!

Para aquellos que, por su cargo, debieran evitarte, Señor, gravísimas ofensas, y no lo hacen por timidez o por transacción mundana...

¡Misericordia, y sálvelos tu dulce Corazón!

(Reparemos los pecados públicos y sociales con que se ofende a Jesucristo en el mundo entero).

Voz del Maestro. "Pueblo mío, heredad preciosa de mi Corazón, ¿qué te he hecho... o en qué te he contristado?... ¡Respóndeme!... Desde aquí en la Hostia, contemplo, noche y día, el hogar de mis cariños, el campamento del Israel de mis ternuras, la grey pequeñita de los que me juraron amor eterno... Desde aquí pongo los ojos en el corazón de mis amigos, de los que yo he querido con predilección... Desde aquí sigo los pasos de los que tengo predestinados al banquete de mi amor y de mi gloria... ¡Ay!, cuántos de ellos arrancan de mis ojos las lágrimas que lloré sobre Jerusalén, mi patria... ¡Cuántos que fueron íntimos de mi alma son ingratos! ¡Cuántos gozan lejos de mi lado, muy lejos... los bienes de talento, estimación y de fortuna con que los colmé para hacerlos santos... Sus tronos están colocados entre los príncipes del reino de los cielos!... ¡Oh, cuántos de esos sitiales, perdidos por ingratitud,

403

los daré a pecadores arrepentidos, que oyeron mi llamada en la agonía!...

Para olvidar principalmente ese pecado, el más amargo, para endulzar el cáliz de la ingratitud humana, pedí a mi sierva esta campaña deliciosa de la Hora Santa; aquí se convierten en lágrimas de bendición, de amor, las que lloré en el desamparo de mi grey y en la fuga de mis hijos... Entre el vestíbulo y el altar, gemid, consoladores míos... tengo sed de los consuelos que me niegan los ingratos de mi propia casa...

El alma. Divino Salvador Jesús, dígnate mirar con ojos de misericordia a tus hijos, que unidos por un mismo pensamiento de fe, esperanza y amor, vienen a deplorar ante tu sacratísimo Corazón sus infidelidades y las de sus hermanos culpables. ¡Ojalá podamos con nuestras solemnes y unánimes promesas conmover ese Divino Corazón y obtener de El misericordia para nosotros, para el mundo infeliz y criminal y para todos aquellos que no tienen la dicha de conocerte y amarte!

Sí, de hoy en adelante lo prometemos todos: Por el olvido e ingratitud de los hombres.

(Todos, en voz alta)

Te consolaremos, Señor.

Por tu desamparo en el sagrado Tabernáculo.

Te consolaremos, Señor.

Por los crímenes de los pecadores.

Te consolaremos, Señor.

Por el odio de los impíos.

Te consolaremos, Señor.

Por las blasfemias que se profieren contra ti.

Te consolaremos, Señor.

Por las injurias hechas a tu Divinidad.

Te consolaremos, Señor.

Por las inmodestias e irreverencias cometidas en tu adorable presencia.

Te consolaremos, Señor.

Por las traiciones de que eres víctima adorable.

Te consolaremos, Señor.

Por la frialdad de la mayor parte de tus hijos.

Te consolaremos, Señor.

Por el abuso de tus gracias.

Te consolaremos, Señor.

Por nuestras propias infidelidades.

Te consolaremos, Señor.

Por la incomprensible dureza de nuestros corazones.

Te consolaremos, Señor.

Por nuestra tardanza en amarte.

Te consolaremos, Señor.

Por nuestra tibieza en tu santo servicio.

Te consolaremos, Señor.

Por la amarga tristeza que te causa la perdición de las almas.

Te consolaremos, Señor.

Por las largas esperas a las puertas de nuestros corazones.

Te consolaremos, Señor.

Por los amargos desprecios con que eres rechazado.

Te consolaremos, Señor.

Por tus quejas de amor.

Te consolaremos, Señor.

Por tus lágrimas de amor.

Te consolaremos, Señor.

Por tu cautiverio de amor.

Te consolaremos, Señor.

Por tu martirio de amor.

Te consolaremos, Señor.

¡Oh, Jesús! Divino Salvador nuestro, de cuyo Corazón se ha desprendido esta dolorosa queja: "Consoladores busqué y no los he hallado", dígnate aceptar el modesto tributo de nuestros consuelos, y asístenos tan eficazmente con el auxilio de tu divina gracia, que, huyendo cada vez más, en lo venidero, de todo lo que pudiera desagradarte, nos mostremos en toda circunstancia,

tiempo y lugar, tus hijos más fieles y obsecuentes. Te lo pedimos por ti mismo, que, siendo Dios, vives y reinas por los siglos de los siglos.

(Pedidle perdón por los ingratos, que son tantos...).

Voz del Maestro. No me preguntéis, almas reparadoras, por qué vivo perpetuamente crucificado por manos de mis redimidos... El mundo ha llegado a convencerse que merezco realmente la vergüenza y la muerte del patíbulo... ¡Ay!, son, en realidad, tantos los sabios, los honrados y los poderosos que repiten con cruel tranquilidad estas palabras de mis acusadores a Pilatos: "¡Si este Nazareno no fuera un malhechor, no te lo hubiéramos traído encadenado!"...

¡Ah, sí! Y porque soy un malhechor para la turba, desenfrenada en moral y en pensamiento, me condena la autoridad...; porque soy un malhechor, se me condena en los Tribunales...; porque soy un malhechor, se me flagela por la prensa...; se me trata como villano y como loco, por decreto de mis jueces... Ellos, ¡qué irrisión!, me entregan al populacho, en resguardo de los intereses nacionales... Ellos, gobernantes y legisladores, se lavan las manos, y con pleno derecho, dicen, y por razones de libertad..., de civilización y de justicia..., me condenan al destierro y a la Cruz por vías de la más estricta legalidad... Este

407

es el gran delito de hoy, hijos míos: insultarme *con razón y con derecho*, proscribirme por dignidad y por ley de las naciones... Sigo siendo *Vermis Et Non Homo*, el gusano pisoteado de la tierra...

¡Oh, vosotros los fidelísimos, aclamadme, para acallar el grito de esa muchedumbre que, desde las alturas, asalta mi trono y quiere sortear, burlona, el manto de mi realeza..., bendecidme con amor.

El alma. Acércate, dulcísimo Maestro... y aquí, en medio de los tuyos, estrechándote tus hijos, recibe de su mano la diadema que quisieran arrebatarte los que, siendo polvo de la tierra, se llaman poderosos, porque, en tu humildad, creen injuriarte de más alto...

Adelántate triunfante en esta ferviente congregación de hermanos... No borres las heridas de tus pies ni de tus manos... No abrillantes, no hermosees, deja ensangrentada tu cabeza... ¡Ah!, y no cierres, sobre todo, deja abierta la profunda y celestial herida de tu pecho... Así, Rey de sangre, así..., cubierto con esa púrpura de amor y con la túnica de todos los oprobios..., sin transfigurarte... ¡Jesús, el mismo de la noche espantosa del Jueves Santo, preséntate, desciende y recoge el hosanna de esta guardia de honor que vela por la gloria del Corazón de Cristo-Jesús, su Rey!

(Todos, en voz alta)

¡Viva tu Sagrado Corazón!

Los reyes y gobernantes podrán conculcar las tablas de la Ley, pero, al caer del sitial del mando en la tumba del olvido, tus súbditos seguiremos exclamando:

¡Viva tu Sagrado Corazón!

Los legisladores dirán que tu Evangelio es una ruina, y que es deber eliminarlo en beneficio del progreso...; pero, al caer despeñados en la tumba del olvido, tus adoradores seguiremos exclamando:

¡Viva tu Sagrado Corazón!

Los ricos, los altivos, los mundanos, encontrarán que tu moral es de otro tiempo, que tus intransigencias matan la libertad de la conciencia...; pero, al

confundirse con las sombras de la tumba del olvido, tus hijos seguiremos exclamando:

¡Viva tu Sagrado Corazón!

Los interesados en ganar alturas y dinero, vendiendo falsa libertad y grandeza a las naciones..., chocarán con la piedra del Calvario y de tu Iglesia..., y al bajar aniquilados a la tumba del olvido, tus apóstoles seguiremos exclamando:

¡Viva tu Sagrado Corazón!

Los heraldos de una civilización materialista, lejos de Dios y en oposición al Evangelio..., morirán un día envenenados por sus maléficas doctrinas y al caer a la tumba del olvido, maldecidos por sus propios hijos, tus consoladores seguiremos exclamando:

¡Viva tu Sagrado Corazón!

Los fariseos, los soberbios y los impuros habrán envejecido estudiando la ruina, mil veces decretada de tu Iglesia..., y al perderse, derrotados, en la tumba de un eterno olvido..., tus redimidos seguiremos exclamando:

¡Viva tu Sagrado Corazón!

¡Oh, sí, que viva! Y al huir de los hogares, de las escuelas, de los pueblos, Luzbel, el ángel de tinieblas, al hundirse eternamente encadenado a los abismos, tus amigos seguiremos exclamando:

¡Viva tu Sagrado Corazón!

Voz del Maestro. Os he amado hasta el exceso de un Calvario... Llegado a su cima, obedecí en silencio y me tendí en el patíbulo afrentoso... Y desde entonces, ahí estoy a merced de todos mis verdugos, los sacrílegos.

Si tantos dicen que no estoy aquí en la Hostia, ¿por qué la insultan y me hieren?... Y si creen, ¿por qué me ultrajan en este misterio en que amo con locura, en que perdono con inagotable caridad?... ¡Oh!, sabedlo: mis lágrimas han dejado huella de dolor en los caminos y en los muladares, donde he sido arrastrado en millares de profanaciones, desde el Jueves Santo... He sido pisoteado con furor...; se me ha arrojado, entre blasfemias, a las llamas...; se me ha sepultado en el fango...; he sido atravesado con puñales deicidas en antros donde se trama, con sigilo, en contra mía...

¡Ay!, se paga vil dinero y no faltan Judas que comulguen, para entregarme, con el beso de esa comunión, en manos de mis mortales enemigos... El incendio criminal ha abrasado mi Sagrario y convertido en pavesas la forma consagrada... Esto, en pago de haber dejado mi Corazón entre vosotros, para abrasar el mundo en el incendio de salvadora caridad. ¡Ah, y cuántas veces los infelices, que codician el metal dorado del copón en que os aguardo, han salteado la prisión de mis amores..., y he sido arrojado sobre el pavimento, sin tener una piedra consagrada en qué reclinar mi cabeza ensangrentada...!

Fue esta visión de horror la que hirió mi Corazón en las angustias de Getsemaní... ¡Los que pasáis, considerad y ved si hay dolor semejante a mi dolor!...

El alma. ¡Hosanna, gloria a Dios en las alturas... gloria, bendición y amor a ti, Señor Sacramentado, sólo a ti en el incomprensible aniquilamiento de tu Santa Eucaristía!

¡Que te canten los cielos, porque Tú, el Dios del Tabernáculo, eres la bienaventuranza del mismo Paraíso! ¡Que te canten, Jesús-Hostia, los campos, los mares, las nieves y las flores, panorama de belleza creado para recrear tus

ojos, cansados de llorar soledad e ingratitudes!... ¡Que te canten, dulce Prisionero, las aves y las brisas; que te canten las tempestades; que te ensalcen los sollozos del corazón humano y sus palpitaciones de alegría, a ti, el Cautivo del altar... Gloria a Dios en las alturas...; gloria, bendición y amor a ti, Jesús Sacramentado, sólo a ti, en el incomprensible aniquilamiento de tu adorable Eucaristía!

(Rendidle una completa reparación de amor por el horrendo crimen del sacrilegio con que se le hiere en el altar. Si posible, cántese el "Magníficat" con la Inmaculada en homenaje a la Divina Eucaristía).

Voz del Maestro. No os vayáis, hijos de mi Corazón, sin recoger en esta Hora Santa un desahogo de dolor, que sólo vosotros, mis fidelísimos, sabéis comprender en toda su amargura...

No es la profanación de este Tabernáculo el atentado más cruel en contra de mi soberanía conculcada; hay otro sagrario más valioso y que es consciente en el rechazo de su Salvador...: es el corazón humano... ¡Y decir que lo amo tanto!... ¡Cómo lo profanan millares de cristianos con el veneno de un amor pagano!... Ese corazón debiera ser el cáliz de todos mis consuelos..., el ara redentora de un mundo, que es infeliz porque no ama con amor de espíritu..., con el casto amor de mi Evangelio... En ese Corazón deposité mis lágrimas para purificarlo..., y luego, sacando llamas de mi inflamado Corazón, le he ofrecido mi amor para colmar sus ansias de amar y ser amado... Y no le basta esta infinita dignación de caridad... Busca a las creaturas... y a Mí me olvida en ese delirio de placer, que no es ni amor, ni paz ni vida... A Mí me deja..., y por eso, ¡pobrecitos!, tantos sufren, desgarrada el alma..., el hambre insaciable de pasiones vergonzosas... Los que tenéis sed de amar, venid..., venid a mí: Yo soy el amor que guarda las espinas para sí, y os da sus flores...; los que sentís ansias, necesidad de ser amados..., venid... y bebed hasta saciaros de la fuente de mi pecho. Hijos míos, dadme vuestros corazones, ¡oh!; dádmelos en cambio del mío Sacrosanto...

El alma. Jesús Sacramentado, ejercita en nosotros tus derechos, pues somos tus reparadores... Ven. No pidas, no mendigues... Ven. Toma con amabilísima violencia lo que es tuyo...: toma nuestros corazones... Sí, son pobres. Tú sabrás enriquecerlos...; te los damos por manos de tu dulce Madre y de tu

sierva Margarita María... Te rogamos los aceptes en demanda urgente del reinado de tu Corazón Divino... No quieras desecharlos porque un día se marcharon, cuando Tú perdonas, olvidas para siempre...

La Iglesia perseguida, nuestro hogar necesitado, los pecadores, tu Vicario, el Purgatorio de tortura purificadora, las almas de los justos, todos, todos esperamos de tu omnipotencia torrentes de gracia, prometida al homenaje de esta hora de consuelos para ti y de milagros de misericordia para el mundo...

¡Ah! Y en especial acuérdate de los que, como Gabriel Arcángel, hemos venido a darte amable refrigerio en tu agonía... Acepta sus intereses, sus penas, sus esperanzas, su vida; lo depositan todo

en la llaga-paraíso que nos descubrió Longinos...
Recoge ahora, Señor, nuestra oración de despedida:

Corazón agonizante de Jesús, estas almas te confían sus espinas...

Corazón amable de Jesús, estas madres te confían sus esposos y el tesoro de sus hijos...

Corazón amante de Jesús, estos peregrinos te confían su porvenir y todas sus incertidumbres...

Corazón dulcísimo de Jesús, estos pródigos te confían su debilidad y su arrepentimiento...

Corazón benigno de Jesús, estos tus amigos te confían la paz y redención de sus familias...

Corazón compasivo de Jesús, estos enfermos te confían las dolencias secretas e íntimas de la conciencia...

Corazón humilde de Jesús, estos adoradores te confían sus anhelos vehementes por el triunfo de tu amor en la Santa Eucaristía...

Corazón Sacramentado de Jesús, en ti confía el mundo, que corre desolado a refugiarse de la muerte ahí donde una lanza abrió las fuentes de la vida...

V en, Jesús. cristiano...

Sé nuestro Hermano en las castas fruiciones del amor

Ven, Jesús. Sé nuestro Rey en las tentaciones y

borrascas que azotan a las sociedades y a las almas: domina el huracán desde el Sagrario... Serena el cielo amenazante, con los fulgores de paz y las ternezas de tu omnipotente Corazón.

(*Padrenuestro* y *Avemaría* por las intenciones particulares de los presentes.

Padrenuestro y *Avemaría* por los agonizantes y pecadores.

Padrenuestro y *Avemaría* pidiendo el reinado del Sagrado Corazón mediante la Comunión frecuente y diaria, la Hora Santa y la Cruzada de la Entronización del Rey Divino en hogares, sociedades y naciones).

(Cinco veces)

¡Corazón Divino de Jesús, venga a nos tu reino!

Súplica final al Sagrado Corazón de Jesús

(De Margarita María)

Escóndenos, ¡oh dulce Salvador!, en el Sagrario de tu Costado, fragua encendida del puro amor, y ahí estaremos seguros... Elegimos tu Corazón por morada, en la firme confianza que él será nuestra fuerza en el combate, el báculo de nuestra flaqueza, nuestra guía y luz en las tinieblas, el reparador de todas nuestras faltas y el santificador de nuestras intenciones y obras. Las unimos todas a las tuyas, y te las ofrecemos a fin de que nos sirvan de preparación continua para recibirte en el Sacramento de tu amor.

Para honrar tu condición de Víctima en este mis-

415

terio de la fe, venimos a ofrecernos también nosotros en calidad de hostias, suplicándote que seas Tú mismo el sacrificador y nos inmoles en el ara de tu Sagrado Corazón.

¡Ah! Pero como somos tan culpables, te rogamos, Señor Jesús, tengas a bien purificarnos y consumirnos con las llamas de tu Sagrado Corazón, como un holocausto perfecto de caridad y de gracia, para obtener una vida nueva y poder entonces decir con verdad: "Nosotros nada tenemos que sea nuestro; vivos o muertos, Jesús es nuestro todo; nuestra propiedad es ser nosotros entera y eternamente de su Divino Corazón... ¡Venga a nos tu Reino!".

XVIII
La Pasión de Nuestro Señor en Jerusalén, en el altar y en las almas

(Todos, en voz alta)
¡Que tu sangre caiga sobre nosotros y nuestros hijos, Jesús!

(Tres veces)

¡Oh, sí, que tu sangre caiga, Señor, como el maná milagroso, en nuestras almas, como un rocío celestial sobre nuestros corazones..., como una bendición de amor sobre nuestros hogares, como una redención suprema sobre nuestra querida Patria!...

(Todos, en voz alta) (Tres veces)

Por tu sangre preciosa, ¡venga a nos tu reino!...

(La Pasión del Salvador no terminó en el Gólgota...: se perpetúa en los altares y en las almas... Pero de la misma manera que la misericordia del Señor convirtió sus llagas en una fuente redentora, descubramos también nosotros un nuevo manantial de gracias misteriosas en la herida que la ingratitud humana ha vuelto a abrir y sigue abriendo... Ved..., ahí, en el altar, se reproducen las agonías de Getsemaní y el sacrificio del Calvario... Hora nefasta y de tinieblas fue en verdad, aquella en que se aherrojó al Señor en la prisión...; que ésta sea en desagravio una hora

417

de luz esplendorosa... Hora de

odio y de pecado la de la traición de Judas...
¡Que la Hora Santa sea una hora de reparación y
de alabanza amorosa!...).

*(Salgamos al encuentro de Jesús Agonizante...; ore-
mos y velemos una hora en compañía suya... Nuestra
presencia cubrirá la multitud de pecados que prolon-
gan su agonía... Oremos con fervor de inmensa fe).*

Las almas. Señor Jesús, al despertarse los apóstoles, cuando se acercaba ya el traidor, sus ojos pudieron contemplarte, bañado en un sudor de
sangre que, destilando de tu cuerpo, empapaba
el suelo... Y a la Reina Inmaculada, a San Juan y
Magdalena, les fue dado también el ver, abiertos
los manantiales de tus llagas, de donde manaba
a torrentes nuestra vida... ¿Por qué, Señor, no
abrirías esta tarde a tus amigos el cielo de tu
pecho atravesado?... ¿Por qué no les mostrarías,
misericordioso, aquella honda herida de tu Corazón Sagrado, ya que hemos venido para suavi-
zarla con el bálsamo de ternuras y de amores?...
¡Oh, aumenta, Jesús, de tal modo nuestra fe que
nos sea dado contemplar en esta Hora Santa
todo un cielo, en el incendio de llamas y dolores
que en día venturoso arrebató en éxtasis el alma
de tu Confidente Margarita María!... No quieras,
Maestro, cerrarnos esa herida y guardar para Ti
sólo los secretos de tu angustia... Páganos así el
haber correspondido esta tarde, con amor ardiente, al llamamiento que hiciste desde Paray-
le-Monial...

Habla, pues, Jesús adorable, exponnos tus peticiones y tus quejas...; pero, sobre todo, habla para enseñarnos la ciencia de amarte, no de cualquier manera; enséñanos la gran ciencia de amarte en el sufrimiento y en la cruz, en unión con tu Corazón adorable... Háblanos, Jesús.

(Un instante de gran recogimiento)

Voz de Jesús. Bienaventurados mil veces aquellos que sienten sed de conocerme de veras penetrando en las intimidades de mi Pasión..., secreto que no revelo sino a los verdaderos amigos, a los apasionados de mi Sagrado Corazón...

Escuchadme, hijitos: ¿Sabéis el porqué de aquel sudor de sangre que empapa mis altares diariamente?... ¡Ah!, son las lágrimas que lloro, herido, traicionado por el número de *ingratos*. ¡Oh dolor!... Amasé esas almas con mi luz..., las embellecí con mi hermosura...

Las alimenté con mi sangre... Las albergué en mi Corazón... Las rodeé de mis ángeles...
Las enriquecí con mis tesoros... Les revelé mis secretos...

Las senté en mi trono...
Las confié a mi Madre...
Les prometí un cielo eterno...

Y todo esto a costa de un amor y de un dolor infinitos... ¡Ah! ¿Dónde están ahora tantos de esos hijos mimados?... ¿Dónde?... La cobardía comenzó a arrebatármelos... luego, su propia debilidad les hizo resbalar por la pendiente peligrosa...; la pasión ahondó el abismo de las distancias..., y, por fin, el olvido y la ingratitud consumaron la obra de tinieblas y de muerte... Llorad, ¡oh!, llorad conmigo, vosotros mis amigos fidelísimos, vosotros mis apóstoles..., sobre el pecado de tantos y tantos ingratos... Vedlos a distancia ya... Se han ido llevando en el alma, ciertamente, una saeta de fuego, un remordimiento, pero, ¡ay!, ¡cuántos de ellos ríen y cantan para aturdirse en la bacanal de un mundo corruptor!...

Ya no cuento Yo para ellos..., Yo, Jesús... Y no es esto sólo...; hay todavía algo mucho más triste y doloroso. ¡Cuántos de esos ingratos son hoy día verdaderos apóstatas renegados que me devuelven amor con odio!... Sí, me odian... y esto... por una criatura..., por la vil moneda..., por una situación de

honor humano...; baladí... Han olvidado que apenas mañana tanta mentira y vanidad no será sino un puñado de cenizas en una tumba solitaria...

Parecen olvidar que más allá de esa tumba comienza la obra de una justicia fulminante y eterna... ¡Y ésos son hijos que Yo engendré en la omnipotencia de mi brazo y en la omnipotencia de mi sangre!... Sí, y esos hijos se ruborizan hoy de mi pobre cuna, de mi Cruz, de mis altares... Así me pagan el haberlos amado con ternura infinita... ¡En pago de ella me enrostran la voluntaria ignominia con que quise cubrirme para cubrirlos a ellos de gloria inmarcesible!...

Llorad, ¡oh!, llorad conmigo tanta desventura,

amigos y apóstoles míos... Llorad, sobre todo, si en vuestro propio hogar hubiera alguno de esos ingratos... Hay tal vez... aquí un hijo o un hermano..., más allá un padre o un esposo que se encuentran hoy día a gran distancia del altar de su primera Comunión... Confiad, reparadores míos... pues la Hora Santa es una gran preparación por esos desdichados... Y sabedlo: este desagravio comienza aquí su conversión... Valor, pues, almas queridas; salvemos, vosotros y Yo, a esos seres queridos, salvémoslos tal vez a pesar de ellos mismos... Lloremos ya que ellos no lloran..., oremos ya que ellos no oran.

(Silencio)

Las almas. Después de escucharte Jesús, queremos presentarte en desagravio y en consuelo, más que lágrimas de los ojos, lágrimas y plegarias del corazón... Y para que esta ofrenda sea preciosa en su pobreza, te la ofrecemos, Corazón de Jesús, en el cáliz del Corazón Inmaculado de María, la divina Reparadora... Escúchanos, Maestro:

Corazón de Jesús, triturado a causa de nuestros pecados: vuelve hacia nosotros tus ojos, nublados por una mortal tristeza; y cuando tantos amigos desleales te abandonen... ven a nuestro hogar en busca de consuelo.

(Todos)

Ven a nuestro hogar en busca de consuelo.
Corazón de Jesús; cuando so pretexto de prudencia mundana, culpable, se te

posponga en tus derechos soberanos; ven a nuestra casa en busca de consuelo.

Ven a nuestro hogar en busca de consuelo.

Corazón de Jesús: cuando por razones inaceptables de sabiduría no cristiana se te ofenda conculcando los deberes de conciencia, ven a nuestra casa en busca de consuelo.

Ven a nuestro hogar en busca de consuelo.

Corazón de Jesús: cuando por la imposición tiránica de supuestas exigencias sociales se te ultraje atropellando las fundamentales exigencias de tu santo Evangelio..., ven a nuestra casa en busca de consuelo.

Ven a nuestro hogar en busca de consuelo.

Corazón de Jesús: cuando por seducciones de vanidad mundana y pecaminosa se te hiera quebrantando desdeñosamente tus leyes sacrosantas... ven a nuestra casa en busca de consuelo.

Ven a nuestro hogar en busca de consuelo.

Corazón de Jesús: cuando por imposición absurda y muy culpable de la moda indecorosa se flagele tu carne y se la despedace cruelmente, ven a nuestra casa en busca de consuelo.

Ven a nuestro hogar en busca de consuelo.

Corazón de Jesús: cuando por combinaciones de una política sanedrista y sacrílega se te ultraje poniéndote en parangón con Barrabás... ven a nuestra casa en busca de consuelo.

Ven a nuestro hogar en busca de consuelo.

Corazón de Jesús: cuando bajo el título irrisorio de ciencia, es decir, de refinado orgullo, se elimine tu nombre y se descarten tus derechos de Rey divino con el pretexto injurioso de que lo exigen el progreso y las libertades de la época..., ven a nuestra casa en busca de consuelo.

Ven a nuestro hogar en busca de consuelo.

(Si tenemos una petición urgente en favor de alguno del hogar querido, que ansiamos ver convertido, o cualquiera otra intención de orden moral, aprovechemos estos instantes preciosos... Ahí a dos pasos, en esa Hostia Divina, aguarda vuestra plegaria el Rey divino, cuyo cetro es de misericordia).

(Pausa)

Y ahora sigamos al Salvador paso a paso en el camino de sus amarguras. Apenas le ha besado Judas, helo cautivo de sus enemigos... Poco después se le arroja en un calabozo..., y horas más tarde ya está en camino del Calvario... ¿Cómo explicaremos tanto crimen? ¡Ah, es que el mundo ha puesto en un platillo de la balanza a Barrabás y en otra a... Jesús; y Barrabás, el asesino, ha inclinado en su favor la balanza de la iniquidad! ¡Crimen de ayer, de hoy y de todos los tiempos!

Jesús, porque es Dios, condena y despedaza los ídolos...

Jesús es la Vida..., y con la barrera de su ley y su doctrina, detuvo en su camino victorioso y venció a la muerte...

Jesús es el Amor... Prohíbe y condena el odio y la pasión... Ved por qué las tinieblas complotaron contra Él, lo asaltaron con furor, lo condenaron sin piedad.

Jesús es la Belleza increada... y por esto debió condenar sin apelación toda licencia y todo desenfreno...

Jesús es la Verdad substancial, suprema... Fulminó, pues, sentencia de muerte contra toda libertad de pensamiento...

Jesús es la Justicia soberana..., y por esto reprobó la iniquidad que se titula "libertad de conciencia"...

Jesús es el Verbo de luz indefectible; es Él la fuente infinita, única, de todo amor humano, de toda vida...; por esto sometió a su Ley los sentidos rebeldes y el espíritu orgulloso...

Lo que el mundo, pues, achaca a este Rey de reyes, lo que sirve de pretexto para condenarle, no es sino su obra redentora... He ahí la venganza ruin de los ídolos infames, hechos pedazos por el Evangelio... Son las puertas del infierno, que pretenden en vano prevalecer en contra del Señor de señores... De ahí que, en su furor, tan inútil como insano, vociferan: "¡Quítale!... No queremos que este Rey de verdad y de amor reine sobre nosotros... ¡Quítale!". Así gritan los liberticidas de la conciencia y de las naciones... ¡Ah! Pero en balde luchan; pues, mal que pese al infierno, Jesús es y quedará el único Juez, el único Libertador y el único Señor de sociedades y de pueblos!...

(Aquí puede entonarse un himno apropiado a la Realeza del Corazón de Jesús).

(Aclamaciones en voz alta) (Tres veces)

Sólo Tú serás nuestro Rey ¡oh, Jesús!

Reclamamos tu reinado prometido, Jesús. Convierte a tus enemigos, Jesús.

Herodes, como tantos cristianos de nuestra época, no conocía al Señor sino de nombre... Representémonos un momento esta escena sublime y conmovedora: Jesús encadenado delante de Herodes el villano...

Éste interroga, acosa a preguntas al Rey divino, que responde con un silencio de majestad divina... ¿Por qué no habla Jesús y se defiende?... ¡Oh!... Este Señor, que presta atentos los oídos y que abre de par en par el Corazón a los débiles, a los leprosos morales de todas las categorías, no se digna contestar a la canalla soberbia y corrompida... Sus labios divinos parecen sellados... Enmudece delante del ruin, del villano, cuya impiedad, mezcla de orgullo y de fango, profana con cinismo su Cuna y su Calvario...

Jesús adorable, tu silencio provoca entonces la cólera y la venganza..., y Herodes te castiga vistiéndote de Loco... ¡Ah!... ¡Y en ese instante de suprema ignominia callaste todavía..., como para confirmar ante el mundo que eras el divino Insensato!...

Sí, ¡oh, sí, Jesús! Tu Encarnación incomprensible... tu Cruz y el santo Tabernáculo, cantan a las claras la locura de un infinito amor... Y ahí, en esa Hostia que adoramos de rodillas, conservas todavía las vestiduras blancas del Insensato, como para predicar al mundo de los sabios la victoriosa y sublime insensatez de tu infinita caridad.

Y así, vestido y encadenado en el Sagrario como el Insensato, reparas, Señor, los daños, los inmensos males que provoca en la tierra la sabiduría orgullosa, que te elimina y te condena a ti, pervirtiendo tantas almas...

Señor, mejor que nosotros Tú sabes que, después de veinte siglos, el mundo persiste en reproducir contigo el ultraje del inicuo Herodes..., y, como él, la sociedad actual sigue tratando tu Persona adorable, en tu doctrina y en tus leyes..., de Insensato...

Cuéntanos Tú mismo, Jesús, esta angustia mortal... Rasga nuestras tinieblas ¡oh, Verbo increado y eterno!... Háblanos Tú mismo, Jesús...

(Sobrecogidos de santa emoción, recojamos en lo íntimo del alma el reproche que el Señor va a hacernos; recojámoslo para nosotros, y transmitámoslo a tantos cristianos cuyo criterio, por desgracia, no es ya el criterio de la fe, y que, contagiados por el mundo, razonan como él y ceden con lamentable condescendencia a sus imposiciones, con frecuencia anticristianas).

Voz de Jesús. Yo soy la luz bajada del cielo para alumbraros, hijitos míos, disipando todas vuestras tinieblas...; pero esas tinieblas rehusaron aceptarme, no quisieron comprenderme... Vosotros, de tan buena voluntad, juzgad en esta Hora Santa entre la verdadera locura del mundo y la real sabiduría de mi Evangelio y de mi Cruz... Al hablaros con esta intimidad, ahogaré los sollozos dentro de mi pecho, para que todas mis palabras resuenen con claridad en vuestras almas... ¡Oídme!...

(Muy lento y con gran unción)

El mundo aprueba plenamente que, por razones de diversión y de placer, con frecuencia peligrosos y siempre pasajeros, sacrifiquéis en parte la salud... Según él os es perfectamente lícito acortar la noche, el reposo necesario, cuando así lo exigen lo que llamáis razones de sociedad... Por motivos también de negocios y dineros, el mundo no reprocha a nadie el sacrificio, la quietud de la vida normal, el descanso del cuerpo o del espíritu... Esto, si el mundo así lo pide... ¡Ah!... Pero si Yo solicitara la cuarta parte, y menos aún, de semejantes sacrificios, tributo obligado a la vanidad o al placer...; si Yo me atreviera a pedir con timidez una hora más, de día o de noche, una sola hora, en mi adoración o en mi servicio, y ésta con promesa de recompensa, de paz acá y de cielo en la eternidad... ¡Oh!, la respuesta sería un cruel rechazo... ¿Ceder a mis deseos? ¡Qué imprudencia!... ¿Presentarme el pobre obsequio que deseaba? ¡Exageración ridícula!... Por esto, ¡cuántas y cuántas veces, después de haber tendido una mano suplicante a mis propias creaturas, debo retirarla como un mendigo! *¡Yo, el Rey de los reyes soy siempre el Insensato, y sólo Yo!*

(Todos, en voz alta) (Dos veces)

Te adoramos, Jesús, en la locura de tu Cruz.

¿Quién os reprocharía, hijos míos, en el mundo, que empleéis a veces largas horas, tardes enteras, en ciertos deberes de sociedad... en visitas molestas tal vez, pero que consideráis necesarias para mantener vuestras relaciones sociales?... Eso pide el mundo. Pero cuando Yo me atrevo a pedir la Comunión más frecuente..., o que se me acompañe con más fidelidad en mi Cárcel eucarística de amor...; cuando dulcemente insisto para que en el hogar se me rinda el homenaje de un honor..., de una plegaria familiar..., ¡ay!, todo ello, dice el mundo, es imposible...; son absurdos que conviene evitar...; todo

ello es ponerse en ridículo, ¡y eso jamás!... En silencio, pues debo retirarme y callar, pues *¡Yo, el Rey de reyes, soy siempre el Insensato, y sólo Yo!*

(Todos, en voz alta) (Dos veces)

Te adoramos, Jesús, en la locura de tu Cruz.

Ved, amigos de mi Corazón, con qué afán todos en el mundo, aun los mejores, se acomodan a los cambios frecuentes, caprichosos, tiránicos de la moda...; con qué admirable docilidad ceden a una corriente nueva... y aceptan hoy lo que reprochaban ayer... Que esas exigencias de novedades y de modas sean costosas... o sean poco castas y anticristianas..., que traigan consigo graves peligros para la paz de la conciencia o del hogar, aquello no se toma en cuenta; cuando el mundo ha dicho una palabra, la sociedad obedece y se doblega. Eso, si el mundo ordena algo. Pero cuando Yo me atrevo a predicar una virtud un poco más austera, menos de artificio...; cuando reclamo dulcemente más amor en más abnegación y sacrificio...; si por boca de mi Iglesia impongo ciertas obras de mortificación sencilla y mitigada..., ¡ved con qué prontitud y celo pretenden eximirse aun los que se dicen mis discípulos..., ved cómo protestan muchos de ellos por razones de prudencia!... ¡Ah ! Y en cambio, siguen caminando sobre las espinas envenenadas, dolorosas, que les presente el mundo..., pero a Mí me vuelven las espaldas, porque *¡Yo, el Rey de reyes, soy siempre el Insensato, y sólo Yo!*

(Todos, en voz alta) (Dos veces)

Te adoramos, Jesús, en la locura de tu Cruz.

Más todavía: los hijos gozan en la familia de plena libertad para elegir una situación y una carrera..., siempre que ésta los retenga entre los peligros incontables de un mundo sembrado de abismos... En tal caso, los padres se afanan en prepararles un puesto de brillo, un porvenir halagador, respetando el deseo, las aspiraciones de sus hijos... Esto, si ellos se deciden por el mundo. Pero cuando Yo me aventuro a golpear a la puerta de un *hogar cristiano*..., cuando al abrirme llamo con ternura a una de las jóvenes, ofreciéndole el título de Esposa mía...; cuando reclamo para mis altares a uno de los hijos..., ¡ay!... ¡qué protesta, a veces indignada, se levanta en esa casa en contra mía!... Se tilda entonces mi elección de fantasía peligrosa, que es preciso contrariar y disipar a toda costa... Y, cosa extraña, aquellos mismos padres, cuyas almas sufren cruelmente de los horribles desengaños del mundo, de sus falsías, parecen defenderse de un ladrón cuando Yo, un Dios, otorgando a esa familia un honor inmerecido, reclamo se me devuelva uno de los hijos que les presté para mi gloria... ¡Cuántos padres cristianos, ¡oh dolor!, olvidan entonces que soy el Amo que se reserva el porvenir de las almas, y, una vez más, me dicen con su rechazo que *¡Yo, el Rey de reyes, soy siempre el Insensato, y sólo Yo!*

(Todos, en voz alta) (Dos veces)

Te adoramos, Jesús, en la locura de tu Cruz.

(Silencio y plegaria secreta)

(Dolor muy grande, inmenso, es, ciertamente, el del Corazón de Jesús al verse tratado como un extraño, como el gran Desconocido por excelencia, no sólo entre enemigos, sino en plena sociedad que se tilda de cristiana. Para ésta, con sobrada frecuencia la piedad es una locura...; la mortificación y el alejamiento del mundo, una locura...; la vida profundamente piadosa del hogar y la vocación religiosa o sacerdotal de los hijos, una locura... Es decir, que el mundo pretende para sí todos, absolutamente todos, los derechos, aun atropellando los del Rey de Reyes... ¡Ello es una grave ofensa a su Soberanía social!... Reparemos, pues, este

pecado tan corriente con una oración de desagravio).

Las almas. Señor, porque eres infinitamente bueno..., pero también porque eres Rey, levántate..., encadena la tempestad que osa amenazarte..., y restaura Tú mismo tu soberanía, conculcada y desconocida... Extiende tu brazo omnipotente, haz obrar tu Corazón, y reinarás por la sabiduría de tu Cruz.

(Todos)

Reinarás por la sabiduría de tu Cruz.

Adelántate victorioso, Jesús. Sé el Rey absoluto de tantos hogares donde las conciencias dormitan con sueño letal, donde las almas desfallecen sin vida, y reinarás por la sabiduría de tu Cruz.

Reinarás por la sabiduría de tu Cruz.

Adelántate victorioso, Jesús. Sé el Rey conquistador de tantos hogares donde en tu puesto de honor se hallan entronizados los ídolos de iniquidad, y reinarás por la sabiduría de tu Cruz.

Reinarás por la sabiduría de tu Cruz.

Adelántate victorioso, Jesús. Sé el Rey amantísimo de tantos hogares que te sirven y adoran con mezquindad de amor, y reinarás por la sabiduría de tu Cruz.

Reinarás por la sabiduría de tu Cruz.

Adelántate victorioso, Jesús. Sé el Rey amadísimo de tantos hogares que temen tu yugo suave y las dulcísimas exigencias de tu amor, y reinarás por la sabiduría de tu Cruz.

Reinarás por la sabiduría de tu Cruz.

Adelántate victorioso, Jesús. Sé Rey dominador en tantos hogares piadosos donde temen con verdadero sobresalto que siembres una vocación sacerdotal o religiosa, y reinarás por la sabiduría de tu Cruz.

Reinarás por la sabiduría de tu Cruz.

Adelántate victorioso, Jesús. Sé Rey de amor de tantos hogares que consideran exageraciones y absurdos las naturales y obligadas expansiones de una piedad sincera y generosa, y reinarás por la sabiduría de tu Cruz.

Reinarás por la sabiduría de tu Cruz.

(Pausa)

Y ahora, Maestro muy amado, ¿no tienes una respuesta que dar al grito de fe y amor de tus amigos?... Di tan sólo una palabra, y nuestras almas no sólo sanarán, sino que, robustecidas y animadas, sabrán también luchar por el honor de tu nombre... Háblanos, Rey Divino.

(Escuchad la respuesta, que Jesús no hace nunca espe-rar; pongamos atento el oído del corazón).

Voz de Jesús. Estaba triste hasta la muerte, hiji-tos míos, y vosotros me acabáis de consolar... ¡Si supierais cómo os bendice por ello mi divino Co-razón!... Pero veo que en silencio aguardáis, y pedís algo más. ¿No es así?

Tenéis razón, amigos y consoladores; pues siendo vosotros los testigos de mi Pasión y agonía, queríais ser también los testigos y aun los actores de la victoria prometida de mi adorable Corazón. ¿Qué pediríais, pues, en esta Hora Santa para apresurar mi triunfo, cuya gloria será a la vez vuestra y mía?... llamad, ¡oh!, llamad con entera confianza a las puertas de mi Tabernáculo, y exponedme vuestros anhelos... Hablad, decid: ¿qué gracia me pedís?

(Todos)

La llama ardiente de tu divino amor.

¡Oh, qué hermosa petición; amigos queridos!... Pero decidme: para curar o preservaros de los numerosos y grandes males que os abruman..., ¿qué remedio eficaz solicitáis de Mí esta tarde?...

La llama ardiente de tu divino amor.

Bien sé que lo necesitáis; y puesto que lo pedís, sabed que lo obtendréis... Pero ya que vuestras almas sufren debilidad moral... y que con frecuencia vuestros corazones desfallecen en la lucha..., ¿qué desearíais como aliento, como fortaleza secreta e invencible?...

La llama ardiente de tu divino amor.

Ya sabéis por experiencia que mi poder es la omnipotencia... Tended, pues, las manos..., pedid algo grande que os aliente en la obra capital de vuestra propia santificación... Con este fin, decid: ¿qué gracia especial, qué alas me pedís?...

433

La llama ardiente de tu divino amor.

Pero... ¿y vuestras penas, hijitos?... ¡Cómo! ¿Las olvidáis acaso, en obsequio de amor a las mías?... Pues esto mismo me obliga a ser más benigno y dadivoso con vosotros... Reclamad, ¡oh, sí!, el bálsamo que suavice y cicatrice las heridas. ¿Qué lenitivo me pedís?...

La llama ardiente de tu divino amor.

¿Y vuestros hogares?... ¿No tenéis, por ventura, la preocupación de algo grave que os apena en ellos con relación a los intereses temporales, y, sobre todo, eternos, de los vuestros? ¿Qué tesoro me pedís para el hogar querido?...

La llama ardiente de tu divino amor.

Hablando así, me habéis robado el Corazón... Aprovechadlo en favor de alguno que amáis mucho, y que es tal vez la ovejita extraviada del redil de la familia y de mi altar... ¿Qué favor, qué secreto de resurrección imploráis en su favor?...

La llama ardiente de tu divino amor.

Y ahora, antes que termine, consoladores míos, esta Hora Santa, poned el pensamiento en vuestra hora de agonía... ¿Qué bendición, qué gracia de misericordia reclamáis para aquella hora decisiva, cuando os encontréis en los dinteles de mi eternidad?... Hablad: ¿qué favor supremo me pedís cuando os hiera la implacable muerte?...

(Tres veces)

La llama ardiente de tu divino amor.

(Reiteramos en silencio y fervorosamente cada uno de nosotros esta misma petición al Sagrado Corazón, pidiéndole la gracia de amarlo, si posible fuera, como Él nos ha amado).

(Pausa)

El mundo actual no ha tenido ni siquiera el mérito de invención, al flagelar como a un esclavo al divino Salvador. Al azotarle, nuestra sociedad moderna no hace sino imitar el ejemplo del cobarde Pilatos... Éste declara solemnemente que Jesús es inocente...; pero lo entrega a la soldadesca y lo hace flagelar para saciar la sed de sangre que sofoca al pueblo enardecido...

No de otra suerte procede el mundo con el Redentor, desde hace siglos. No se atreve siempre, por cierto, a negar quién es Jesús...; mas, cediendo cobardemente al clamor pecaminoso de la carne y de la sangre..., vencido vergonzosamente por el orgullo, por la ambición y por tantas y tantas bajezas de nuestra sociedad, que se precia de culta y refinada..., hace lo que Pilatos: entrega al Señor al furor de las pasiones desencadenadas, y ordena y aplaude la flagelación... Y en este nuevo suplicio, los modernos verdugos, tan finos y elegantes de maneras..., tan pulcros en la forma, están, por cierto, a la altura de los soldados de Pilatos..., y aun los sobrepujan en maldad...

Tú los conoces, Jesús, y nosotros debemos también conocerlos, para evitar más de un peligro en sociedad... Nómbralos aquí, Señor; señálanos esos verdugos, a fin de que nuestra reparación

435

sea más sentida y amorosa siendo más consciente...

(Lento, con unción y entrecortado)

Jesús. *"Miseremini mei"*... Tened piedad de Mí, y también de vuestras almas en peligro, vosotros que deliráis con los placeres..., que vivís del vértigo y de la fiebre de un sensualismo mortífero y nefando... ¿Qué mal os he hecho para que así me azotéis pisoteando los preceptos de mi ley divina...?

"Miseremini mei"... Tened piedad de Mí, y también de vuestras almas en peligro, vosotros los vividores que pasáis, en revista obligada, calles y plazas, clubes y salones... los que os deleitáis entre las arenas candentes de aquellas

playas, más que mundanas, frívolas y matadoras... ¿Qué mal os he hecho para que así me azotéis, pisoteando los preceptos de mi ley divina...?

"Miseremini mei"... Tened piedad de Mí, y también de vuestras almas en peligro, vosotros los idólatras de la diosa impura que fascina, que provoca con modas licenciosas, de indecorosidad atrevida y peligrosa..., ¿qué mal os he hecho para que así me azotéis, pisoteando los preceptos de mi ley divina"...?

"Miseremini mei"... Tened piedad de Mí, y también de vuestras almas en peligro, vosotros los dilapidadores insensatos de la salud, del dinero y de la juventud..., ¿qué mal os he hecho para

436

que así me azotéis, pisoteando los preceptos de mi ley divina...?

"Miseremini mei"... Tened piedad de Mí, y también de vuestras almas en peligro, vosotros los atolondrados gozadores de una hora, que se esfuma veloz como el relámpago..., vosotros que vivís aturdidos por el vértigo de una pasión desbocada y loca..., ¿qué mal os he hecho para que así me azotéis, pisoteando los preceptos de mi ley divina...?

"Miseremini mei"... Tened piedad de Mí, y también de vuestras almas en peligro, vosotras madres, esposas y jóvenes cristianas, engañadas frecuentemente por la sirena de aquella vanidad mundana que empaña, siempre que la obedecéis, el brillo de vuestra belleza moral..., ¿qué mal os he hecho para que así me azotéis, pisoteando los preceptos de mi ley divina?

"Miseremini mei"... Tened piedad de Mí, y también de vuestras almas en peligro, vosotros los entusiastas inmoderados de los espectáculos teatrales; vosotros, para quienes el sexto mandamiento es palabra vana y tal vez una irrisión... ¡Oh, deteneos, hijos míos, deteneos!

A la luz de este Sagrario, que no miente y de la eternidad, que avanza implacable hacia vosotros..., contemplad el oleaje de fango y de frivolidad, de impudor y de sensualismo degradante...; ¡oleaje que viene a estrellarse a mis plantas, que me insulta con coraje atrevido y que amenaza con la ruina del hogar cristiano! ¿Qué mal os he hecho para que así me azotéis, pisoteando los preceptos de mi ley divina?

¿Me oís, hijitos míos?... ¡Es vuestro Señor y Rey quien os suplica que no lo castiguéis como a un esclavo!... ¡Es vuestro Dios quien implora vuestra piedad y compasión!...

(Recítese o cántese cinco veces en honor de las cinco llagas el "Parce Domine"..., o algo equivalente, en espíritu de reparación).

Afirma hermosamente San Francisco de Sales, que, si se hubiera hecho en el cadáver adorable de Jesús la autopsia que se hace al cadáver de un rey para averiguar la causa cierta de la muerte, se hubiera descubierto que el Corazón del Salvador había sido mortalmente herido, traspasado mucho antes que lo partiera la lanzada de Longinos... ¡Oh, sí! El dardo del amor que atravesó el Sagrado Corazón fue el principal causante de la Pasión y de la muerte de Jesús...

Señor, porque quisiste amar con amor de santa locura a los pequeñitos, a los pobres y a los desgraciados; porque quisiste amar, perdonando a tu pueblo, a tus enemigos y verdugos..., porque quisiste amarnos a todos hasta el extremo límite, por esto, tus jueces y tu Patria exclamaron: "¡Reo es de muerte!".

¡Y ese mismo grito de blasfemia deicida atraviesa hoy todavía, como una lanzada tu Corazón divino, como si quisiéramos castigar con un inmenso desamor tu amor sin límites!

Señor, dinos: ¿no es ésta la razón de tu Pasión?

¡Dígnate contestarnos, Jesús, por esas bocas sangrientas de tus llagas..., por esa herida preciosa del Costado!

Jesús. ¡Oh, sí; decís verdad, amigos queridos!, me entregué a la muerte por amor..., el gran culpable es, pues, mi Corazón... Pero, ¡ay!... Yo conozco además otro culpable, y es preciso que lo conozcáis también vosotros: es vuestro corazón ingrato... ¡Cómo quisiera que lo reconocierais, y que así como lloráis fácilmente sobre infortunios y enfermedades, cuánto más querría veros llorar sobre la falta de generosidad al amarme... Gemid..., llorad por Mí..., porque no soy amado...!

Reclamáis ante Mí en pro de vuestros derechos, en la paz y en la guerra... ¿Y qué hacéis de mi derecho sacrosanto, de ser amado?

Mas no imaginéis al oírme este reproche que me arrepiento de haberos amado tanto: ¡oh, no!... Y en prueba de ello, os reitero en esta Hora Santa el don total, irrevocable, de mi Sagrado Corazón.

Pero, en cambio, os pido que no terminéis esta plegaria sin haberme hecho antes, en testimonio de agradecimiento, el don total también de vuestros corazones, encendidos en aquella llama de caridad que consume el mío... Dadme, ¡oh!, dadme vuestros corazones...

Las almas. Aunque no lo pidieras Tú mismo, Jesús, este Calvario ardoroso de amigos fieles te hubiera aclamado en esta hora de solemne desagravio su Rey de amor... Escúchanos benigno y complacido, Jesús-Rey, Jesús-Amigo... En nombre de todos cuantos te bendicen y te aman, y en reparación ardorosa por tantos desgraciados que te desconocen, que te olvidan y maldicen, queremos repetirte a saciedad que:

Te amamos, Jesús, porque eres Jesús.

(Todos)

Te amamos, Jesús, porque eres Jesús.

En nombre de tus grandes amigos, los pequeñitos y los niños: ¡te amamos, Jesús, porque eres Jesús!

Te amamos, Jesús, porque eres Jesús.

En nombre de tus amigos los desvalidos y los pobres: ¡te amamos, Jesús, porque eres Jesús!

Te amamos, Jesús, porque eres Jesús.

En nombre de tus amigos los infortunados y dolientes: ¡te amamos, Jesús, porque eres Jesús!

Te amamos, Jesús, porque eres Jesús.

En nombre de tus amigos los olvidados, los desechados y los huérfanos: ¡te amamos, Jesús, porque eres Jesús!

Te amamos, Jesús, porque eres Jesús.

En nombre de tus amigos los justos y los fervorosos: ¡te amamos, Jesús, porque eres Jesús!

Te amamos, Jesús, porque eres Jesús.

En nombre de tus amigos los resucitados, esto es, los arrepentidos, los perdonados: ¡te amamos, Jesús, porque eres Jesús!

Te amamos, Jesús, porque eres Jesús.

En nombre de tus amigos los maltrechos, los tristes y atribulados: ¡te amamos, Jesús, porque eres Jesús!

Te amamos, Jesús, porque eres Jesús.

En nombre de tus amigos los sacerdotes, los apóstoles y las almas consagradas: ¡te amamos, Jesús, porque eres Jesús!

Te amamos, Jesús, porque eres Jesús.

En desagravio por la traición de Judas el ingrato: ¡venga a nos tu reino!

Venga a nos tu reino.

En desagravio por el ultraje del infame Herodes: ¡venga a nos tu reino!

Venga a nos tu reino.

En desagravio por la sentencia inicua del cobarde Pilatos: ¡venga a nos tu reino!

Venga a nos tu reino.

En desagravio por las afrentas de la Vía Dolorosa: ¡venga a nos tu reino!

Venga a nos tu reino.

En desagravio por la ignominia de tu Cruz redentora: ¡venga a nos tu reino!

Venga a nos tu reino.

En desagravio por toda aquella Pasión de dolores y de crímenes, de apostasías y de vergüenza con la que, hace siglos, te seguimos amargando: ¡venga a nos tu reino!

Venga a nos tu reino.

(*Padrenuestro y Avemaría* por las intenciones particulares de los presentes.

Padrenuestro y Avemaría por los agonizantes y pecadores.

Padrenuestro y Avemaría pidiendo el reinado del Sagrado Corazón mediante la Comunión frecuente y diaria, la Hora Santa y la Cruzada de la Entronización del Rey Divino en hogares, sociedades y naciones).

(Cinco veces)

¡Corazón Divino de Jesús, venga a nos tu reino!

Oración final

En presencia, ¡oh, Jesús!, de la Reina Inmaculada y de los ángeles que te adoran en esta Hostia Sacrosanta, a la faz del cielo y también de la tierra rebelde y mal agradecida te reconocemos, Señor, como el único Soberano y Maestro y como la fuente única de toda autoridad, de toda belleza, de toda virtud y de toda verdad...

Por esto, de rodillas, y en espíritu de reparación

social, te decimos: No reconocemos un orden social sin Dios ni contra Dios: ¡la base de todo orden social es tu Evangelio, Jesús!

(Todos)
La base de todo orden social es tu Evangelio, Jesús.

No reconocemos ninguna ley de verdadero progreso sin Dios ni contra Dios: ¡la ley de todo progreso es la tuya, Jesús!

La ley de todo progreso es la tuya, Jesús.

No reconocemos las utopías de una civilización sin Dios ni contra Dios: ¡el principio de la civilización es tu espíritu, Jesús!

El principio de toda civilización es tu espíritu, Jesús.

No reconocemos una justicia sin Dios ni contra Dios: ¡la justicia integral eres Tú mismo, Jesús!

La justicia integral eres Tú mismo, Jesús.

No reconocemos noción alguna de Derecho sin Dios ni contra Dios: ¡la fuente del Derecho es tu código, Jesús!

La fuente del Derecho es tu código, Jesús.

No reconocemos una libertad sin Dios ni contra Dios: ¡el único Libertador eres Tú mismo, Jesús!

El único Libertador eres Tú mismo, Jesús.

No reconocemos una fraternidad sin Dios ni contra Dios: ¡la única fraternidad es la tuya, Jesús!

La única fraternidad es la tuya, Jesús.

No reconocemos ninguna verdad sin Dios ni contra Dios: ¡la Verdad substancial eres Tú mismo, Jesús!

La verdad substancial eres Tú mismo, Jesús.

No reconocemos un amor verdadero sin Dios ni contra Dios: ¡el Amor increado eres Tú mismo, Jesús!

El amor increado eres Tú mismo, Jesús.

(Cinco veces) ¡Corazón Divino de Jesús, venga a nos tu reino!

XIX

Diciembre
Las cinco peticiones del Corazón de Jesús

Ahí lo tenéis; miradlo con fe viva: ese es Jesús... En esa Hostia divina lo vio su sierva Margarita María...; desde ella oyó su voz arrobadora, sus lamentos, los sollozos de su Corazón, despedazado por los tormentos del amor y de la ingratitud humana... Ahí le tenéis; miradle: ese es Jesús, el Dios tierno, dulce y misericordioso de Paray-le-Monial. Transportémonos en espíritu a esa capillita humilde y misteriosa, y, en compañía de la predestinada Margarita María, con la frente en el polvo y con el alma henchida en fervores de cielo, adoremos a Jesucristo, que nos quiere hablar, en esta Hora Santa, de los anhelos, de las tristezas, de las victorias y de las divinas promesas de su Sagrado Corazón... ¡Ahí lo tenéis, miradlo con fe viva: ese es Jesús!

(Pausa)

(En este primer Viernes, el último del año, pedidle que perdone muchas faltas, muchas infidelidades, mucha tibieza; pero agradecedle, al mismo tiempo, en unión con María, el sinnúmero de gracias y mercedes con que os ha colmado su amable Corazón).

Voz de Jesús. (*Primera petición: la Comunión reparadora*). Levantad los ojos, hijitos míos, y aunque

445

confundidos porque sois culpables, miradme sin recelo; no temáis, pues soy Jesús, que os ama perdonando...

Venid, quiero sentir el calor de vuestro abrazo; comulgad, en nombre, ¡ay!, de tantos que jamás comulgan... ¡Si supierais qué desolación inmensa siente mi alma cuando recorro los caminos frecuentados por los hombres, y, con la mano extendida como un mendigo, voy reclamando un corazón que se me niega!...

¡Y vuelvo entonces solo con mi angustia a mi Sagrario..., y me oculto en él, saboreando mil rechazos!...

¡Ah!, pero mi Corazón de Buen Pastor, jamás se desencanta de los hombres... Salgo nuevamente y ruego y suplico que se me brinde un hospedaje... A veces, al caer el día, destrozados ya mis pies, encuentro un niño, un pobre, que acepta un asiento en el banquete eucarístico... Almas queridas, es este desamor el que me hiere mortalmente... ¡Cuántos son los que viven una larga vida sin haber jamás saboreado las delicias de una Comunión!... La Hostia es, sin embargo, la herencia, el cielo anticipado y exclusivo de los hombres...

Tengo sed de amor.

Tengo sed abrasadora de ser amado en este Sacramento de amor.

Tengo sed infinita de entregarme día a día a millares de almas en mi sacrosanta Eucaristía.

Venid, mis preferidos, y compensad la ausencia de tantos que menosprecian este don supremo; comulgad vosotros con comunión reparadora; dadme vosotros el amor que se me niega; estrechadme en nombre de los que huyen de mis brazos; aprisionadme, hacedme todo vuestro, en desagravio de la culpable ausencia de innumerables hijos que, aturdidos por el mundo, olvidan que en este Tabernáculo está su Padre y está su Dios, bajo las apariencias del Maná sacramentado.

Más que vuestro aliento, más que vuestra sangre, mucho más que vuestra alma, Yo, Jesús-Eucaristía, quiero ser eternamente vuestro...

¡Oh!, venid sin más demora..., volad ante mi altar y prometedme siempre el gran consuelo de la Comunión reparadora, muy frecuente.

¿Seréis insensibles a mi amor y a mis lamentos?... Hijos míos, contestadme...

(Pausa)

(*Un Dios está pendiente de nuestros labios; respondámosle con pasión del alma*).

Las almas. Como el ciervo sediento busca la fuente de las aguas, así, apasionados de tu Corazón, nos abalanzamos a ti, ¡oh, Fuente!, ¡oh, Vida!, ¡oh, Paraíso, Jesús-Eucaristía!... No es una mera palabra, Señor, no: es una solemne promesa la que hacemos en esta Hora Santa la de vivir de Eucaristía en desagravio de la ausencia dolorosa de tantos hijos tuyos, que jamás comulgan...

Recoge, pues, nuestra plegaria y, desde ese altar, sonríe, consolado, ¡oh, amable Prisionero del Sagrario!

Ven... te adoramos, Jesús, en este Sacramento querido. (Todos, en voz alta)

Inflama nuestras almas de sed de Eucaristía.

Ven... te adoramos, Jesús, en este Sacramento de amor.

Inflama nuestras almas de sed de Eucaristía.

Ven... te adoramos, Jesús, en este Sacramento de dulzura.

Inflama nuestras almas de sed de Eucaristía.

Ven... te adoramos, Jesús, en este Sacramento santificador.

Inflama nuestras almas de sed de Eucaristía.

Ven... te adoramos, Jesús, en este Sacramento de fortaleza.

Inflama nuestras almas de sed de Eucaristía.

Ven... te adoramos, Jesús, en este Sacramento de consuelo.

Inflama nuestras almas de sed de Eucaristía.

Ven... te adoramos, Jesús, en este Sacramento de divina esperanza.

Inflama nuestras almas de sed de Eucaristía.

Ven... te adoramos, Jesús, en este Sacramento de vida eterna.

Inflama nuestras almas de sed de Eucaristía.

Ven... te adoramos, Jesús, en este Sacramento de suavidad infinita.

Inflama nuestras almas de sed de Eucaristía.

Ven... te adoramos, Jesús, en este Sacramento de paz inefable.

Inflama nuestras almas de sed de Eucaristía.

Ven... te adoramos, Jesús, en este Sacramento de luz indeficiente.

Inflama nuestras almas de sed de Eucaristía.

Ven... te adoramos, Jesús, en este Sacramento de celestiales delicias.

Inflama nuestras almas de sed de Eucaristía.

Ven... te adoramos, Jesús, en este Sacramento, prenda de gloria inmarcesible.

Inflama nuestras almas de sed de Eucaristía.

(Pausa)

(No olvidéis: lo que acabamos de decirle no es una palabra que se desvanece como el entusiasmo de un momento: es una resolución, es una gran promesa de comulgar con suma frecuencia en espíritu de desagravio).

Jesús. (*Segunda petición: la celebración de todos los*

Primeros Viernes). Vuestro amor ardoroso me alienta... Me siento reconfortado con vuestra promesa, y ya que ella es tan fervorosa y sincera, atended todavía, hijos de mi Corazón, un segundo pedido de vuestro Dios y Maestro... Quiero que me dediquéis un día de especial consuelo...; quiero sentiros en él más cerca de mi Corazón Divino; en beneficio vuestro, quiero colmaros en ese día privilegiado de aquellas gracias que reservo a los muy fieles, a los muy míos... Que ese día de amor y de celo, de reparación y de consuelo, sea el Primer Viernes... Dedicádmelo con especial cariño, celebradlo en alabanza mía con particular fervor... Sí, vosotros todos, que me comprendéis mejor que el mundo, venid cada Primer Viernes al comulgatorio, venid a visitarme, con el amor de los serafines, en mi Santa Eucaristía, y tomad ahí el asiento de Juan, mi predilecto, y habladme ahí el idioma de Margarita María, mi venturosa confidente... Y luego, en silencio, recogidos ante el altar, buscando el calor de mi pecho, puestos el alma y los labios en la herida de mi Costado, habladme de todo lo que os aflige e interesa, nombradme a los que amáis y que no me aman, contadme vuestras ambiciones de santidad y vuestras miserias, confiadme vuestras amarguras, decídmelo todo, todo... El Primer Viernes será día de gracia hasta la consumación de los tiempos; día de gran misericordia... Recogedla superabundante para el hogar querido, para los pecadores; ¡ah!, y en este día pedidme especialmente por mis sacerdotes y apóstoles, rogad por ellos, que sean santos y que santifiquen las almas que les he confiado... Y ahora, escuchad: voy a daros mi palabra en garantía de una infinita recompensa: "En el exceso de mi misericordia, os prometo, a todos los que comulguéis nueve Primeros Viernes consecutivos, la gracia de la penitencia final; si esto hacéis, no moriréis en mi desgracia, ni sin recibir los Sacramentos, y, en vuestra última hora, encontraréis asilo seguro en mi Divino Corazón". ¿Qué respondéis amados míos a esta palabra que agota mi omnipotencia, entregándoos, para el tiempo y la eternidad, mi Corazón?...

(Pausa)

(Aunque ni en el cielo podremos pagar tantas larguezas, comencemos desde aquí ante el altar, nuestra eterna acción de gracias... Hablemos a Jesús con palabras de fuego).

Las almas. ¡Oh, Jesús, por cumplir con el deber de amarte, Tú nos puedes ofrecer un cielo, porque eres Dios... Pero nosotros, pobrecitos, ¿qué podremos darte en pago de habernos amado gratuitamente..., y hasta el exceso de la Cruz y de la Eucaristía?.... ¿Qué diéramos, Jesús, por tener en este instante los incendios de San Juan, de Magdalena y de San Pedro; los heroísmos de holocausto de Margarita María, y la caridad incomparable de tu Madre, para saciarnos de amor, para enloquecer de amor, para morir de amor entre las llamas de tu dulce y adorable Corazón?... Nos pides, Señor, la celebración de un día... Quieres que te consagremos en especial los Primeros Viernes... Sí, Jesús, ¡oh, sí!, todo el será tuyo: de la alborada hasta el anochecer, en cada latido de nuestros corazones habrá para ti una palabra, un afecto, un suspiro de gratitud y de consuelo... En cambio, no te pedimos, Maestro muy amado, sino una gracia, y es que sigas siendo benigno y paciente en soportarnos, no obstante las muchas y constantes miserias de nuestra voluntad, tan tornadiza y frágil... ¡Tennos piedad, Señor!... No te canses de nosotros, ¡oh, Divino Corazón!

(Todos, en voz alta)

No te canses de nosotros, ¡oh, Divino Corazón!

Cuando te llamemos, Jesús, en los desmayos del corazón, al sentir que nos enfriamos en tu amor...

No te canses de nosotros, ¡oh, Divino Corazón!

Cuando te llamemos, Jesús, en las inevitables tentaciones en que desfallece y vacila nuestra fe...

No te canses de nosotros, ¡oh, Divino Corazón!

Cuando te llamemos, Jesús, en las fatigas que acarrea una vida de lucha y de incesante sacrificio...

No te canses de nosotros, ¡oh, Divino Corazón!

Cuando te llamemos, Jesús, en la exasperación que producen los grandes y crueles dolores de la vida.

No te canses de nosotros, ¡oh, Divino Corazón!

Cuando te llamemos, Jesús, en los desalientos que provocan ciertos desengaños dolorosos y enteramente inesperados...

No te canses de nosotros, ¡oh, Divino Corazón!

Cuando te llamemos, Jesús, en las horas de perplejidad, en la angustia de una penosa incertidumbre...

No te canses de nosotros, ¡oh, Divino Corazón!

Cuanto te llamemos, Jesús, a nuestra casa para suavizar congojas íntimas y desgracias que nadie puede remediar...

No te canses de nosotros, ¡oh, Divino Corazón!

Cuando te llamemos, Jesús, como el Buen Samaritano, al lecho de un enfermo del alma, que necesita de tu gran misericordia...

No te canses de nosotros, ¡oh, Divino Corazón!

Cuando, en fin, te llamemos, Jesús, en nuestra hora postrera para darte, en la Hostia Divina, nuestro último abrazo en la tierra, ven sin demora, trayéndonos la vida eterna.

No te canses de nosotros, ¡oh, Divino Corazón!

(Breve pausa)

Y como nos lo has pedido, Señor, queremos rogar por tus sacerdotes, por los ministros de tu altar y tus apóstoles... Dales, amado Salvador, la luz de una fe muy viva... Dales el don de una caridad sin límites... Dales el tesoro de una humildad a toda prueba... ¡oh!, dales, Jesús, resolución de santidad y pasión, celo ardiente por tu gloria... Y puesto que la mies es mucha, aumenta, Jesús, los segadores realmente santos del campo de tu Iglesia, y envía a tu viña obreros según tu Corazón...

(Pedid por el Soberano Pontífice y ofreced las buenas obras del Primer Viernes de mañana, en especial por la verdadera santificación de los sacerdotes... Y que siga Jesús revelándonos sus deseos; su voz, que extasía a

los ángeles del Santuario, nos señala un camino hacia su Corazón... Oigámoslo).

(Pausa)

Jesús. (Tercera petición: la Hora Santa). Todos los que estáis aquí, todos me sois particularmente queridos... Vuestras almas enamoradas y compasivas me supieron a miel y néctar en la hora más horrenda y angustiosa de mi Pasión: ¡en mi agonía de Getsemaní! Yo os vi entonces, entre las sombras del Huerto... Vosotros me amáis, ¡oh, sí!, me amáis, ciertamente, mucho más que tantos otros hermanos vuestros... Y por esto tenéis un derecho mayor a mi confianza: ¡sois tan míos al compartir los tedios, abandonos y las torturas de mi Corazón agonizante en la Hora Santa!... ¡Qué consuelo inmenso siento al ver que no se ha perdido en el vacío la súplica que hice a mi Esposa Margarita María, cuando le pedí esta hora de intimidad amorosa, en petición de mi reinado y por la conversión de los desdichados pecadores!... Hacedme siempre esta guardia de honor y de desagravio... Amadme, orad, velad conmigo, labrad mi triunfo en la Hora Santa... Hacedla siempre, hacedla con fervor de caridad, hacedla con amor de sacrificio... ¿Querríais abandonarme en la hora de las traiciones, en el momento de saborear lo más acerbo de mi cáliz?... No he de llamar a la legión de los ángeles, no: quiero llorar la sangre de mis venas, rodeado por mis redimidos, sostenido entre los brazos de mis amigos fidelísimos... Mi Corazón herido, mi Corazón que llora, el Corazón agonizante de vuestro Hermano Primogénito, es herencia vuestra, que no os será jamás arrebatada, ¡jamás!... Hacedme, pues, Cautivo vuestro en la Hora Santa; encadenadme a vuestras almas, y llevadme prisionero a vuestras casas... Para eso os he llamado, amados míos; con ese objeto habéis llegado ante este altar... ¡Ea, avanzad! Yo soy Jesús de Nazaret...; aquí tenéis mis manos..., mis pies...: encadenadme con grillos de amor... Aquí tenéis, tomad mi Corazón: encerradlo para siempre en los vuestros...

Y ahora, consoladores míos, ¿qué más queréis..., qué más pedís?... (En voz alta)

Las almas. Amarte y darte gloria, ¡oh, Divino Corazón!
Jesús. ¿Olvidáis entonces vuestros intereses terrenales?... ¿Qué queréis que

os dé, como suprema recompensa?
(En voz alta)

Las almas. Amarte y darte gloria, ¡oh, Divino Corazón!
Jesús. Pero, ¡qué!, ¿no quisierais bienes tempora-

les de fortuna o de salud?

Habladme, ¿qué pedís en pago de esta Hora Santa? (En voz alta)

Las almas. Amarte y darte gloria, ¡oh, Divino Corazón!

Jesús. Hijitos míos tan amados, vuestra generosidad me conmueve hondamente... No temáis; decid, ¿qué puedo daros, qué tesoro pedís en galardón por vuestro generoso olvido?

(En voz alta)
Las almas. Amarte y darte gloria, ¡oh Divino Corazón!

Jesús. Ese es, almas queridas, el lenguaje de los santos... Con él me habéis vencido... Hablad, pues; decid lo que solicitáis sin más demora...

(En voz alta)
Las almas. Amarte y darte gloria, ¡oh Divino Corazón!

Jesús. Al contestarme así os abandonáis sin reserva en mis brazos... Aquí tenéis mi Corazón; disponed de él... Expresadle cuál es vuestro íntimo deseo...

(En voz alta)
Las almas. Amarte y darte gloria, ¡oh Divino Corazón!

Jesús. Pero en tantas penas y sinsabores de la tierra..., en el desengaño del amor de las creaturas, ¿no tenéis alivio y consuelo qué pedirme?... ¿Qué lenitivo, qué bálsamo queréis que os dé?

(En voz alta)

Las almas. Amarte y darte gloria, ¡oh Divino Corazón!

Jesús. Y por ese gran deseo de amarme, por ese afán de darme inmensa gloria, ¿qué pago anticipado de justicia me reclamáis aquí en la tierra?...

(En voz alta)

Las almas. Amarte y darte gloria, ¡oh Divino Corazón!

Jesús. Consoladores busqué y los he encontrado en espíritu y en verdad... Pero en la hora de vuestra agonía, cuando estéis ya por despediros de la tierra, ¿qué me pedís por haber consolado en la Hora Santa a vuestro Dios en su agonía?

(En voz alta)

Las almas. Amarte y darte gloria, ¡oh Divino Corazón!

(Ofreced al Sagrado Corazón hacer durante toda vuestra vida el bellísimo ejercicio de la Hora Santa, y prometedle propagar esta práctica salvadora).

(Pausa)

Jesús. (*Cuarta petición: el culto a su Corazón Divino*). Los enemigos os cercan..., la tempestad arrecia y os azota con furor, hijitos míos, la tempestad de aquel abismo en que se me maldice a Mí y en que se condenan, con desdicha eterna, los que quisieron luchar sin los auxilios de mi gracia... Ruge violento y crece ese huracán, hirviente en cólera satánica, que busca la muerte de las almas... Pero no temáis, pues Yo he vencido al mundo y al infierno...; quedad en paz... He aquí que os traigo ahora un signo seguro de bonanza..., una enseña de victoria: ¡mi Corazón Divino!... Caed de rodillas y temblando de amor inmenso, aceptadle primero..., y luego adoradle, sí, adoradle como que es el Corazón de vuestro Dios y Salvador, que os ha amado hasta la locura del Calvario y de la Hostia... Sus palpitaciones de misericordia y de perdón son las palabras..., son los gemidos con que os suplica que le améis por encima de todas las cosas del cielo y de la tierra... ¡Oh!... y por sus espinas, por la Cruz que lo corona, y sobre todo, por la ancha y sangrienta herida que lo tiene lacerado, os conjura que le deis inmensa gloria..., que lo hagáis conocer y amar de tantos infortunados, que necesitan de esta fuente milagrosa de resurrección...

(Lento y cortado)

Venid, pues, los desterrados de un paraíso terrenal...; no me temáis y entrad por mi Costado, donde hallaréis la paz del alma que anheláis...

V enid los engañados por los espejismos de un desierto, siempre traicionero...; no me temáis y entrad por mi Costado, donde hallaréis las santas realidades de mi amor, que apaga toda sed...

Venid los peregrinos de un camino, bordeado de abismos de error y de desdicha..., no me temáis y entrad por mi Costado, donde hallaréis consuelos y esperanzas, que os reserva un Dios, que es todo caridad...

Venid los infortunados de la vida, que sois tantos, los decepcionados del dinero y del aprecio de los hombres...; no me temáis y entrad por mi Costado, donde hallaréis luz, calma y delicias ignoradas, en medio de todos los quebrantos...

Venid, venid pronto los que tenéis amargada el alma en los placeres envenenados de la tierra...; no tardéis; entrad en mi Costado en plena juventud; entrad en él, en el atardecer de la existencia; entrad, no fuera, sino en la postrera hora de la vida... y encontraréis ahí, recobrando para siempre, un paraíso de eterna paz y de amor eterno...

Venid... Longinos abrió las puertas de mi Corazón... Yo he rasgado más aún esa herida redentora... y llamo a los justos, a los pecadores, a los ingratos, a los afligidos y les ofrezco, en esa llaga, a todos, una mansión de dicha eterna... ¡Quien se consagre al amor de mi Corazón..., tendrá la vida!

(Pausa)

Las almas. ¡Piedad, Jesús!... Recuerda que ofreciste la victoria a las huestes que combatieran con el lábaro de tu Sagrado Corazón...

(Todos, en voz alta)

Acuérdate de tus promesas, ¡oh Divino Corazón!

¡Piedad, Jesús!... Recuerda que ofreciste la paz a los hogares que entronizaran con amor la imagen de tu Sagrado Corazón...

Acuérdate de tus promesas, ¡oh Divino Corazón!

¡Piedad, Jesús!... Recuerda que ofreciste convertir a los más empedernidos pecadores con la misteriosa fuerza de tu Sagrado Corazón...

Acuérdate de tus promesas, ¡oh Divino Corazón!

¡Piedad, Jesús!... Recuerda que ofreciste santificar las almas de los buenos que se consagraron con fe viva a tu Sagrado Corazón...

Acuérdate de tus promesas, ¡oh Divino Corazón!

¡Piedad, Jesús!... Recuerda que ofreciste endulzar las penas de las almas afligidas que reclamaran los consuelos de tu Sagrado Corazón...

Acuérdate de tus promesas, ¡oh Divino Corazón!

¡Piedad, Jesús!... Recuerda que ofreciste deshacer el hielo de la indiferencia religiosa, inflamando el mundo en los ardores de tu Sagrado Corazón...

Acuérdate de tus promesas, ¡oh Divino Corazón!

¡Piedad, Jesús!... Recuerda, sobre todo, que ofreciste hacer dormir entre tus brazos, en sueño de apacible y santa muerte, a los amigos, a los consoladores y a los apóstoles de tu Sagrado Corazón...

Acuérdate de tus promesas, ¡oh Divino Corazón!

(Si tuvierais alguna intención particular apremiante y grave, hacédsela presente).

Jesús. (*Quinta petición: el establecimiento de una fiesta solemnísima en honor de su Sagrado Corazón*). ¿Sabéis, hijos de Mi Corazón, por qué os amo tanto y por qué me inclino, con maravilloso desbordamiento de ternura hacia vosotros?... ¡Ah!, oídmelo: ¡porque a vuestra pequeñez y miseria, porque a vuestra orfandad, pobreza e infortunio debo el ser Hermano vuestro..., el ser Jesús!... El abismo de vuestra nada y de vuestra culpa atrajo el de mi misericordia, y para él y por él fue creado así, de carne, como el vuestro, este Corazón que es todo ternura e infinita piedad... Era preciso, pues, que los niños, los pobres, los tristes, los desamparados, los desechados de la tierra y este vuestro Salvador tuviéramos un día propio, un día grande y único, un día de regocijos celestiales, en que celebraríamos nuestra eterna unión por nuestro desposorio eterno. Ese día incomparable será el Viernes siguiente a la Octava del Corpus, y será llamado *el día de mi Sagrado Corazón*... Es mi voluntad que sea ésta *la gran fiesta de la tierra*, la fiesta genuina de los mortales, de los que sufren, de los que vivís conmigo bajo tienda en el desierto: ¡vuestra fiesta, hijitos míos!... Celebrad en ese Viernes la gran Pascua de mis misericordias; celebrad la conquista de una tierra ingrata con las lágrimas y el perdón de vuestro Dios... Cantadme en ese día... Regocijaos con alegría no enturbiada... Cantadme Rey amable de vuestros hogares... ¡Ah, sí: cantadme triunfador de paz y de humildad por las inagotables ternuras de mi benigno Corazón!...

(Pausa)

(Prometedle celebrar con íntimo regocijo, ante el altar y en vuestros hogares, como fiesta de familia, la gran

461

fiesta del Sagrado Corazón).

Las almas. ¡Oh, sí!, Jesús, queremos cantar ahora en Sión, aquí en la tierra, un himno de acción de gracias, un cantar de Eucaristía, que los ángeles no sabrían entonarle, porque ni han pecado, ni han sufrido..., ni jamás han comulgado... Nosotros, los perdonados, anegados en llanto de amargura y de reconocimiento, queremos decirte con los discípulos de Emaús, al terminar esta Hora Santa y feliz: ¡Quédate con nosotros, Corazón de Jesús!

(Todos, en voz alta)

Quédate con nosotros, Corazón de Jesús.

Gracias, Señor, en nombre de tantos pecadores rescatados... Y cuando nuestra flaqueza y las tentaciones quieran arrojarte de la conciencia de estos hijos tuyos..., ¡no te vayas, Maestro!

Quédate con nosotros, Corazón de Jesús.

Gracias, Señor, en nombre de tantos tristes consolados... Y cuando el torcedor de inevitables penas venga a herirnos cruelmente, con licencia tuya..., ¡no te vayas, Maestro!

Quédate con nosotros, Corazón de Jesús.

Gracias, Señor, en nombre de tantos pobres fortificados en tu esperanza... Y cuando las asperezas de la vida nos la hagan cansada y muy penosa... ¡no te vayas, Maestro!

Quédate con nosotros, Corazón de Jesús.

Gracias, Señor, en nombre de tantos desvalidos, alentados por tus promesas. Y cuando la tierra nos brinde sus frutos naturales de abrojos y de espinas..., ¡no te vayas, Maestro!

Quédate con nosotros, Corazón de Jesús.

Gracias, Señor, en nombre de tantos decepcionados, felizmente iluminados por tu gracia... Y cuando la ingratitud nos despedace el alma y nos desengañe de las criaturas... ¡no te vayas, Maestro!

Quédate con nosotros, Corazón de Jesús.

Gracias, Señor, en nombre de tantos caídos y enfermos, regenerados por tu caridad... Y cuando nuestras fragilidades quieran arrastrarnos a la muerte..., ¡no te vayas, Maestro!

Quédate con nosotros, Corazón de Jesús.

Gracias, Señor, por tantos moribundos redimidos a la hora undécima... Y cuando la agonía nos advierta que se acerca la hora de la justicia inexorable..., ¡oh, no te vayas, Redentor y Maestro!

Quédate con nosotros, Corazón de Jesús.

Sí, quédate en ese instante de suprema congoja, cuando desaparezcan todas las ilusiones mentirosas de la tierra, al resplandor pavoroso de un Tribunal infalible e inapelable... ¡Ah, para esa hora te damos cita, Jesús..., te recordamos, desde ahora, tus promesas, y te suplicamos que leas nuestra sentencia decisiva en aquel libro de amor en que escribiste, según tu palabra, nuestros nombres; senténcianos con la benignidad y la ternura de tu dulce Corazón!...

(*Padrenuestro y Avemaría* por las intenciones particulares de los presentes.

Padrenuestro y Avemaría por los agonizantes y pecadores.

Padrenuestro y Avemaría pidiendo el reinado del Sagrado Corazón mediante la Comunión frecuente y diaria, la Hora Santa y la Cruzada de la Entronización del Rey Divino en hogares, sociedades y naciones).

(Cinco veces)

¡Corazón Divino de Jesús, venga a nos tu reino!

Invocación para la agonía

Amado y divino Agonizante de Getsemaní, Jesús Sacramentado, he aquí a los testigos fidelísimos de tu congoja mortal del Huerto, que vienen en demanda de una gracia suprema, prometida a los consoladores y apóstoles de tu entristecido Corazón...

Señor, no te pedimos salud, tesoros, ni una larga vida; te suplicamos que en el trance mortal de la agonía, nos tiendas los brazos, nos muestres la llaga encendida del Costado, y, al morir, nos dejes exhalar, Jesús, el último suspiro de amor, de adoración y de desagravio en la herida celestial de tu Sagrado Corazón... Cuando en esa hora de recuerdos se presente a nuestra mente la niñez, la juventud, la vida entera con todas sus flaquezas, Jesús amado, recuérdanos tus promesas, señálanos la herida abrasadora del Costado, revélanos tu Corazón para aquietar los nuestros agonizantes... Cuando en ese momento decisivo queramos asirnos de un áncora segura y deseemos abrazarnos de tu Cruz, pedirte perdón entre gemidos, llamar a María en nuestro socorro y balbucear tu nombre..., ¡ay!, si nuestros labios no pudieran pronunciarle, Tú, Jesús, que trocaste tu vida por nuestras vidas, Tú, que nos

abrazaste en el comulgatorio, Tú, que nos sonreíste consolado en la Hora Santa, acércate dulcísimo, señalándonos la herida abrasadora del Costado, revélanos tu Corazón para aquietar los nuestros agonizantes...

Acuérdate, Jesús, de cuánto quisimos amarte y no de nuestras tibiezas...; acuérdate de cuánto oramos por redimirte almas, y no de nuestros pecados...; acuérdate de nuestros desvelos por entronizarte, como Rey de amor, y no de nuestras ingratitudes. ¡Oh!... acuérdate que nuestros nombres los escribiste ahí donde nadie jamás podrá borrarlos...

No te pedimos goces de la tierra, ni halagos de gloria fementida, ni amor humano... Te suplicamos que, en el trance mortal de la agonía, nos muestres la llaga encendida del Costado y nos dejes, Jesús, exhalar el último suspiro de amor, de adoración y de desagravio en la herida celestial de tu Sagrado Corazón... Ahora y en la hora de nuestra muerte: ¡Venga a nos tu reino!...

Fiesta de la Realeza de Cristo

¡Qué reparación providencial, sublime, es la nueva fiesta de la Realeza divina de Jesús!

Hace veinte siglos que un gobernante cobarde, con miedo en el alma, con la burla en el gesto y con la ironía en los labios, dice *"Ecce Rex vester!"*, presentando a la befa y a la cólera del pueblo a Cristo-Rey.

Veinte siglos más tarde, el Supremo Pontífice del Nuevo Israel, hablando al mundo católico, repetirá con entonación de victoria, de adoración y de amor: "¡He aquí a vuestro Rey!".

"Y nosotros, Jesús, tus vasallos y tus hijos, sobrecogidos de emoción y de dicha, unidos a doscientos millones y más de creyentes, respondemos con un grito del alma:

¡Salve, Tú eres el Rey de la gloria!, ¡oh Cristo-Jesús! (Dos veces todos, en voz alta)

¡Salve, Tú eres nuestro único libertador!, ¡oh Cristo-Jesús! ¡Salve, Tú eres el ungido del Padre!, ¡oh Cristo-Jesús! ¡Salve, Tú recibiste en herencia la tierra!, ¡oh Cristo-Jesús! ¡Salve, tu trono son los cielos!, ¡oh Cristo-Jesús!

¡Salve, tu corona son las almas!, ¡oh Cristo-Jesús! ¡Salve, tu cetro es la misericordia!, ¡oh Cristo-Jesús! ¡Salve, tu púrpura es tu sangre!, ¡oh Cristo-Jesús!

¡Salve, Tú reinarás por siglos infinitos!, ¡oh Cristo-Rey!

¡Sí, por Ti, oh Cristo-Rey, reinan los reyes y los gobernantes administran justicia!

¡Por Ti, oh Cristo Rey, la autoridad legítima tiene fuerza de mando y dicta las leyes!

¡Por Ti, oh Cristo-Rey, y sólo por Ti es noble y es santo el obedecer en obsequio a Ti, Rey de amor!

Te aclamamos con el Pontífice de Roma, ¡oh Rey de Reyes!, te bendecimos, te adoramos, te amamos, rogándote, Jesús, que desde esta nueva Festividad nos hagas sentir en las almas, en las familias, en la Sociedad y en nuestra Patria que Tú eres el Monarca absoluto, que Tú eres el Señor "ante quien doblan la rodilla los cielos, la tierra y los infiernos...".

(Todos en voz alta, cinco veces)

¡Cristo venza, Cristo reine, Cristo impere por su amor!

Esta fiesta es indispensable, así como son oportunísimas y hermosas nuestras aclamaciones, porque la sociedad actual con encarnizamiento, y con habilidad diplomática y legal, digna de mejor causa, se esforzaba como nunca en destronar a Cristo-Rey... Por un lado las huestes compactas de conjurados, aquellos enemigos que darían gustosos la vida por arrebatarle el cetro y la corona si pudieran, y por otro la turbamulta de católicos tímidos, de los amigos en los que predomina la prudencia humana, las consideraciones de etiqueta social, la transigencia imposible sobre los derechos de un Dios, amenazaban seriamente agraviar el cataclismo social que nos azota en castigo del pecado moderno de lesa Majestad divina...

El fenómeno físico, pavoroso, ocurrido el Viernes Santo al morir el Señor, parece, en efecto, renovarse en el sentido moral en muchas de las grandes naciones que, para civilizarse y engrandecerse laicamente y a lo pagano,

decretaron destronar y desterrar a este Rey Divino... Ved el nublado de densísimas tinieblas, esto es, de errores y mentiras fatídicas que las envuelve ya como con un sudario... Ved cómo tiembla la tierra, digo, cómo se estremecen los pueblos solivantados y las multitudes desenfrenadas, roto el yugo suave del Amo Divino... Ved las catástrofes sociales, las iras y los odios en actividad como un volcán... Ved el sol de sus ideales terrenos, el sol de sus ambiciones mezquinas, el sol de sus dichas sensibles, de su paz falsificada y mentirosa; ved el sol de sus grandezas materiales cubrirse con un velo de sangre fratricida, primer fruto de la apostasía nacional... "Toda paz verdadera, toda dicha pura, toda grandeza real se ha eclipsado, Señor, ahí donde te coronaron de espinas a Ti, Rey de justicia, Rey de paz y Rey de amor... Con razón, pues, tu Vicario de Roma, al decretar la celebración de esta fiesta, ha querido, dice él mismo, asentar un golpe mortal a la herejía tan corriente de los que, por malicia o culpable debilidad, querían relegarte, Señor Jesús, a los dominios privadísimos de la conciencia, o a lo sumo a la cámara privada de tus audiencias secretas, la iglesia y la sacristía, desligando así de tus derechos de Realeza la vida familiar y social y cercenando y eliminando en absoluto de tu ingerencia divina las cuestiones nacionales y políticas".

Anatema, pues, a quien crea que se puede tener autoridad y paz en una familia, autoridad, paz y moralidad en una sociedad o nación que elimina sistemáticamente la Soberanía, el Código y el Evangelio de Aquel a quien ha sido dado todo poder en el cielo y en la tierra... "¡Ese Rey, por derecho propio, no es otro sino Tú, Jesús!".

Por esto, con la Iglesia santa, y en espíritu amoroso y solemne desagravio social, te decimos:

(Todos)

Es urgente, queremos que Tú reines, ¡oh Jesús!

Muchos, Jesús, son los príncipes, reyes y presidentes que se han coaligado, Rey Divino, en contra tuya; muchos los gobernantes que han desechado y removido del edificio nacional, la piedra angular, que eres Tú... Rey adorable,

detén tu mano, retarda el fallo de tu justicia... y por los amigos de tu Corazón, por los Apóstoles de tu Realeza, haz misericordia y véngate, extendiendo sobre todos ellos los beneficios de tu Reinado: ¡Vence, reina, impera, Cristo- Rey!

Es urgente, queremos que Tú reines, ¡oh Jesús!

Qué triste historia, Señor, la de los pueblos que

redimiste con tu sangre...; sus representantes legales, sus Parlamentos han hecho ¡ay! tantas veces tabla rasa de tu Código y burla de tu Evangelio, que es la Carta Magna del mundo cristiano... En cuántos Parlamentos y Congresos se te ha blasfemado, se te ha desconocido, se te ha suprimido con sacrílega legalidad... Rey adorable, detén tu mano, retarda el fallo de tu justicia... y por los amigos de tu Corazón y los Apóstoles de tu Realeza, haz misericordia y véngate, extendiendo sobre todos ellos los beneficios de tu Reinado: ¡Vence, reina, impera, Cristo-Rey!

Es urgente, queremos que Tú reines, ¡oh Jesús!

El único Legislador eres Tú, Jesús..., pero aquel poder que delegaste a los hombres de comentar tu Ley con leyes justas, santas, cristianas, ese poder lo han convertido tantos legisladores sin conciencia en arma contra Ti y han legislado, Jesús, declarando oficialmente que tu Iglesia es una irritante tiranía, que tu Evangelio es un absurdo, que tu Vicario, tu Sacerdocio y tu espíritu están en oposición con libertades y progresos... Y por esto, en nombre del bien nacional, ¡oh mentira blasfema!, te han proscrito... Rey adorable, detén tu mano, retarda el fallo de tu justicia... y por los amigos de tu Corazón y por los Apóstoles de tu Realeza, haz misericordia, véngate, extendiendo sobre todos ellos los beneficios de tu Reinado: ¡vence, reina, impera, Cristo-Rey!

Es urgente, queremos que Tú reines, ¡oh Jesús!

Aquella casta de orgullosos que te condenó,

Jesús, desde tu primera aparición en la tierra, andando los siglos se ha parapetado tras el nombre de filosofía, de derecho y ciencia, y con altivez de soberbia, te desecha en nombre de la razón libre y te condena al destierro en nombre de la ciencia emancipada de tu Ley sacrosanta... Esa casta de soberbios pervierte con saña a la juventud y la organiza y lanza intelectualmente en contra tuya y de tu Evangelio... Rey adorable, detén tu mano, retarda el fallo de tu justicia, y por los amigos de tu Corazón y los Apóstoles de tu Realeza, haz misericordia y véngate, extendiendo sobre todos ellos los beneficios de tu Reinado: ¡Vence, reina, impera, Cristo-Rey!

Es urgente, queremos que Tú reines, ¡oh Jesús!

La sociedad moderna, Jesús, sobre todo aquella que por el dinero y la situación ejerce una influencia e imprime rumbos, se ha apartado mucho de Ti en su fiebre de goces y de frivolidades, en sus locos devaneos de espectáculos y modas, en sus rebeldías de licencias culpables, con frecuencia escandalosas... Quiere gozar pecando y querría que Tú callases, que Tú toleraras mil y mil flaquezas sociales, funestísimas en la vida de familia, porque contrarían, Señor, a tus derechos soberanos. Es ¡ay! toda una apostasía social en el orden moral, aun entre los mismos que se dicen buenos... Rey adorable, detén tu mano, retarda el fallo de tu justicia... y por los amigos de tu Corazón y por los Apóstoles de tu Realeza, haz misericordia y véngate, extendiendo sobre todos ellos los beneficios de tu Reinado: ¡Vence, reina, impera, Cristo-Rey!

Es urgente, queremos que Tú reines, ¡oh Jesús!

El Sanedrín que te condenó con odio mortal, Jesús, no ha desaparecido, por desgracia...; existe hoy, y sigue *complotando* en aquellos antros de masonería y revolución anticristiana, que preparan leyes inicuas, decretos infames, movimientos de opinión mediante una propaganda envenenada de prensa sectaria, y todo en odio a tu corona y a tu Persona divina... ¡Ay, y no les falta aquí y allá apoyo oficial, dinero y traidores pagados para herirte, Señor, para insultarte, para crucificarte en la realización criminal de sus planes deicidas... Rey adorable, detén tu mano, retarda el fallo de tu justicia... y por los amigos de tu Corazón y los Apóstoles de tu Realeza, haz misericordia y véngate, extendiendo sobre todos ellos los beneficios de tu Reinado: ¡Vence, reina, impera, Cristo-Rey!

Es urgente, queremos que Tú reines, ¡oh Jesús!

Y esas muchedumbres de gente sencilla y en el fondo buena, esas multitudes que te rodearon en el Sermón de la Montaña y para las cuales multiplicaste los panes; ese ejército de humildes y trabajadores que Tú tanto y tanto amaste, casi todo él se ha levantado en armas para destronarte... Y pervertido por infelices desalmados, ese pueblo se dice desengañado de tus promesas, y con cólera en el alma, te arroja de sus casitas, de la educación de sus pequeñuelos, y con piedras en la mano y con la blasfemia en los labios, vocifera como un mar embravecido en contra tuya, pide tu sangre y grita que no quiere que Tú reines

472

sobre él... Rey adorable, detén tu mano, retarda el fallo de tu justicia, y por los amigos de tu Corazón y los Apóstoles de tu Realeza, haz misericordia y véngate, extendiendo sobre todos ellos los beneficios de tu Reinado: ¡Vence, reina, impera, Cristo-Rey!

Es urgente, queremos que Tú reines, ¡oh Jesús!

(Breve pausa; pedid por los perseguidores y los perseguidos).

Si la tierra ingrata, del uno al otro polo, pudiera oírnos y quisiera hacer el eco ferviente, clamorosa a estas aclamaciones nuestras... Mas, no..., nos basta que las escuchen complacidos, el Padre que nos envía a este Rey-Divino, y el Espíritu Santo que lo ungió desde todos los siglos..., nos basta que Cristo-Rey acepte el Hosanna de estos los muy suyos, los que forman la escolta de amigos y apóstoles, de los que gustosos darían la vida por añadir al esplendor de su diadema el florón de una sola alma, conquistada para sus dominios eternos... Pero El que nos ha oído y que nos ha bendecido, quiere hablarnos un instante; escuchémoslo de rodillas: que hable el Rey a su guardia de honor...

Voz de Jesús. Bien sabéis, hijitos míos, que Yo soy Rey, para esto nací y vine al mundo..., para dar testimonio de esta verdad, hoy en día tan oscurecida porque tan combatida por la rabia de los malos, por el silencio de los tímidos... Sin vuestras aclamaciones soy y quedaría Rey, porque soy vuestro Dios y Señor, pero el clamor de vuestras almas en consonancia de amor con la de mi Vicario en Roma, es para mí un consuelo grande y una gloria inmensa...

¡Heme aquí, pues, reconocido en mis derechos absolutos de Soberano divino, os bendigo!... Pero, decidme: después de esta gran fiesta y después de este bellísimo homenaje, ¿seré más Rey que antes, y vosotros seréis también mucho más los vasallos fieles y los hijos sumisos? ¡Respondedme!

¿Reconoceréis mi Realeza divina cuando la conciencia y la Iglesia os prohíban en mi nombre los espectáculos escabrosos y profanos, los teatros y las escenas paganizantes?

(Todos)

Renunciamos al mundo y a sus vanidades, Tú reinarás, ¡oh Cristo-Rey!

¿Reconoceréis mi Realeza divina cuando la conciencia y la Iglesia en mi nombre condenen modas sin pudor, inmodestas, y os someteréis, despreciando el parecer del mundo mundano, porque el único Juez soy Yo?

Renunciamos al mundo y a sus vanidades, Tú reinarás, ¡oh Cristo-Rey!

¿Reconoceréis mi Realeza divina cuando la conciencia y la Iglesia en mi nombre condenen ciertas diversiones sociales, en boga tal vez, pero contrarias a la ley de pureza, ley gravísima que he establecido Yo, en resguardo de la dignidad cristiana?

Renunciamos al mundo y a sus vanidades, Tú reinarás, ¡oh Cristo-Rey!

¿Reconoceréis mi Realeza divina cuando la conciencia y la Iglesia en mi nombre condenen boatos y lujos de soberbia social, con los cuales se fomenta la sensualidad y se provocan las iras populares?...

Renunciamos al mundo y a sus vanidades, Tú reinarás, ¡oh Cristo-Rey!

Sí, Jesús adorable, poniendo nuestra mano sobre el ara de tu altar, hacemos la promesa solemne de observar tus leyes... No querríamos hoy aclamar tu Realeza y burlarnos de ella mañana con el escándalo en nuestra conducta social..., no querríamos llamarte, a voces en la Iglesia nuestro Rey y después vestir en la calle y gozar en el salón y razonar en nuestro hogar como gente

traidora a tus preceptos, y peor, como aquellos que tejieron para tu cabeza divina una diadema de espinas...

(Haced íntima y sinceramente una promesa: ni lecturas... ni teatros... ni modas que ofendan a este Rey de santidad, el único Rey, como aquí en la Iglesia, así en la calle y en la vida social...).

Los cielos se unen a la tierra en todas nuestras hermosísimas festividades. Como en pocas, en esta de la Realeza, los habitantes de la Jerusalén celestial deben formar con nosotros un solo coro de alabanzas. Que se rasguen, pues, las nubes, que den paso a los nueve coros angélicos, que bajen y se postren ante el Rey Sacramentado las legiones de Santos, de Mártires, de Confesores y de Vírgenes..., que venga, que se acerque a este trono eucarístico la Reina del Amor Hermoso, María, que fue el primer Sagrario y el primer trono de Cristo- Rey.

¡Cielos, inclinaos en homenaje de adoración a Cristo-Rey; Ángeles del Paraíso, cantad su Realeza!

(Todos)

¡Cantad a vuestro Dios y nuestro Dios, cantad a Cristo-Rey!

¡Cielos, inclinaos en homenaje de adoración a Cristo-Rey; Arcángeles del Paraíso, cantad su Realeza!

¡Cantad a vuestro Dios y nuestro Dios, cantad a Cristo-Rey!

¡Cielos, inclinaos en homenaje de adoración a Cristo-Rey; Principados del Paraíso, cantad su Realeza!

¡Cantad a vuestro Dios y nuestro Dios, cantad a Cristo-Rey!

¡Cielos, inclinaos en homenaje de adoración a Cristo-Rey; Virtudes del Paraíso, cantad su Realeza!

¡Cantad a vuestro Dios y nuestro Dios, cantad a Cristo-Rey!

¡Cielos, inclinaos en homenaje de adoración a

Cristo-Rey; Potestades del Paraíso, cantad su Realeza!

¡Cantad a vuestro Dios y nuestro Dios, cantad a Cristo-Rey!

Cielos, inclinaos en homenaje de adoración a Cristo-Rey; Dominaciones del Paraíso, cantad su Realeza!

¡Cantad a vuestro Dios y nuestro Dios, cantad a Cristo-Rey!

¡Cielos, inclinaos en homenaje de adoración a Cristo-Rey; Tronos del Paraíso, cantad su Realeza!

¡Cantad a vuestro Dios y nuestro Dios, cantad a Cristo-Rey!

¡Cielos, inclinaos en homenaje de adoración a Cristo-Rey; Querubines del Paraíso, cantad su Realeza!

¡Cantad a vuestro Dios y nuestro Dios, cantad a Cristo-Rey!

¡Cielos, inclinaos en homenaje de adoración a Cristo-Rey; Serafines del Paraíso, cantad su Realeza!

¡Cantad a vuestro Dios y nuestro Dios, cantad a Cristo-Rey!

¡Cielos, inclinaos en homenaje de adoración a Cristo-Rey; Apóstoles y Evangelistas del Paraíso, cantad su Realeza!

¡Cantad a vuestro Dios y nuestro Dios, cantad a Cristo-Rey!

¡Cielos, inclinaos en homenaje de adoración a Cristo-Rey; Confesores, Vírgenes y Mártires del Paraíso, cantad su Realeza!

¡Cantad a vuestro Dios y nuestro Dios, cantad a Cristo-Rey!

¡Cielos, inclinaos en homenaje de adoración a Cristo-Rey; Virgen Inmaculada, María Madre del Amor Hermoso y Reina del empíreo... José, el padre adoptivo y Juan Bautista el Precursor, cantad a Cristo-Rey!

¡Cantad a vuestro Dios y nuestro Dios, cantad a Cristo-Rey!

Digno es el Cordero que fue inmolado, de recibir virtud y dominación y sabiduría y fortaleza y honor. ¡A El la gloria y el imperio por los siglos de los siglos!

¡Amen! ¡Hosanna! ¡Adveniat!

¡A El, sólo a El, la gloria y el imperio por los siglos de los siglos!

¡Amen! ¡Hosanna! ¡Adveniat!

¡A El, sólo a El, la gloria y el imperio por los siglos de los siglos!

¡Amen! ¡Hosanna! ¡Adveniat!

(Pedidle en un breve momento de silencio la gracia del desprendimiento total de la tierra, de sus vanidades, de sus afectos caducos, para merecer renovar en el Paraíso estas alabanzas y aclamaciones al Rey de la Gloria).

(Breve pausa)

Sin que lo pudiéramos merecer, y más aún, después del desmerecimiento y rebeldía del pecado, abrióse el cielo hace veinte siglos y dio paso al Rey de la Gloria, al Verbo, que venía a tomar posesión de la tierra, a establecer en ella su trono, a publicar, desde el Calvario, el bando de su divina Realeza, pero Realeza de misericordia.

Voz de las almas. Rey de amor, Jesús Crucificado, venimos a tus pies, trayéndote en nuestro beso de amor el tributo de adoración rendida y el vasallaje que te ofrecen los cielos y la Iglesia en este día hermoso. Mejor que los espíritus angélicos, debiéramos alabarte y cantarte nosotros, los rescatados al precio de tu sangre, los que hiciste libres e inmortales desde el trono de dolores y agonías del Calvario sacrosanto... ¡Ah!, te llamamos Rey de amor porque venciste por tu Corazón..., por tu amor, por tu amor, por tu misericordia, pero hasta la fecha no has sido todavía en nuestra vida el Rey de amor que hubieras debido y que hubieras querido ser, porque no has sido amado en la medida en que Tú lo esperabas... ¡Perdona, Rey de amor, ¡oh, perdona!, tanto, tanto desamor contigo!

¡Perdona, Rey de amor, ¡oh, perdona!, tanto derroche de amor con las creaturas!

¡Olvida, Rey Crucificado, nuestros innumerables

olvidos!

Y olvida, Rey Crucificado, nuestros apegos a las criaturas.

¡Ay..., tan medidos, tanto contigo, Rey Divino... y tan exuberantes, tan generosos y fieles en demasía con las creaturas!

Como lo pide tu Vicario, el Papa, sé Rey, Jesús Crucificado, no solo de los fieles que jamás se separaron de Ti, sino también de los hijos pródigos que te abandonaron... Pon los ojos, nublados por tu sangre, en aquellos pródigos que nos son particularmente amados..., seres del hogar querido, fibras de nuestro corazón, pero que, siendo buenos con nosotros, desconocen tu cetro, rechazan la práctica positiva de la ley divina, dicen que no eres Tú quien manda cuando la Iglesia legisla, y se hallan así, Jesús amado, bordeando un precipicio eterno...; haz que vuelvan pronto a la casa paterna para que no perezcan de miseria y de hambre. ¡Prueba que eres Rey de amor, véncelos con el cetro de tu gran misericordia!

(Por ellos tres veces en voz alta)

¡Te amamos, Jesús, porque eres Jesús!

Sé Rey de aquéllos, Jesús, a quienes engañaron opiniones erróneas y desunió la discordia ... Pobrecitos, son ahora ovejas sin pastor, son navecillas sin brújula ni estrella, ten de ellos piedad... Tantos de esos espíritus son tal vez honrados en el fondo, pero bogan desde hace tiempo al garete, a merced de mil vientos de doctrinas deletéreas... Tráelos al puerto de la verdad y a la unidad de la fe, para que luego no quede ya más que un solo rebaño y un solo pastor. ¡Prueba que eres Rey de amor, véncelos con el cetro de tu gran misericordia!

(Todos)

¡Te amamos, Jesús, porque eres Jesús!

Sé Rey de los que aún siguen envueltos en las tinieblas de la idolatría y del islamismo... Son estos desdichados tan numerosos como las arenas del desierto ¡ay! y son hijos y son súbditos tuyos. A todos, pues, dígnate atraerlos a la luz de tu Reino... ¡Prueba que eres Rey de amor, véncelos con el cetro de tu gran misericordia!

¡Te amamos, Jesús, porque eres Jesús!

Sé Rey, Jesús Nazareno, sé Rey de aquel pueblo que, en otro tiempo, fue tu predilecto, haz que descienda sobre ellos como bautismo de redención y vida la sangre que reclamó un día contra sí... ¡Ah!, pero junto con ellos que Tú perdonaste en el Gólgota, diciendo a tu Padre que no sabían lo que hacían, atrae, convierte y luego perdona también a tantos otros verdugos de tu

Corazón y de tu Iglesia, mucho más culpables, que saben de memoria el Catecismo, recibieron ejemplo y educación cristiana, hicieron su primera Comunión. Tú los colmaste de gracias en su infancia y juventud y después, Señor, te traicionaron por interés, por una creatura, por una situación... Mira, ¡oh Jesús!, a esos infelices renegados con la mirada penetrante de ternura con que miraste a Pedro... ¡Prueba que eres Rey de amor, véncelos con el cetro de tu gran misericordia!

¡Te amamos, Jesús, porque eres Jesús!

Desde el trono de tu cruz repite, Rey Crucificado, en favor de todas estas diversas categorías de culpables y de tantos otros, repite: *¡Perdónalos, Padre, que no saben lo que hacen!*

"¡Perdónalos, Padre, que no saben lo que hacen!"

Salve, Rey Crucificado por amor; besamos el trono de tu Cruz, desde donde estás atrayéndolo todo a tu Corazón. ¡Salve, Rey de amor!

Salve, Rey Crucificado por amor; besamos con emoción y lágrimas tu diadema sangrienta y crudelísima, quisiéramos con todo celo colocar en cada espina como joyas que atestigüen tu victoria y tu reinado, millares de almas convertidas por tu Corazón. ¡Salve, Rey de amor!

Salve, Rey Crucificado por amor; besamos de rodillas la púrpura de tu realeza, tu sangre, ese manto escarlata que envuelve tus espaldas destrozadas y tu cuerpo todo hecho una llaga viva para curar la lepra de nuestros pecados, para borrarlos en la piscina de tu Corazón. ¡Salve, Rey de amor!

Ni los ángeles vestidos de luz de gloria ni Salomón en toda su majestad terrena, fueron, ¡oh jamás!, tan hermosos, tan grandes, tan conquistadores en gracia y en belleza soberanas como Tú,

Rey Crucificado, como Tú, Jesús, Dominador de las naciones con el resplandor suavísimo de tus cinco llagas, que más que soles son y quedarán cinco cielos en que nos embriagaremos tus súbditos, tus hijos y tus apóstoles en aquel reinado que no tendrá fin. ¡Salve, Rey de amor!

(Encomendad en un momento de plegaria silenciosa a este Rey Crucificado la conversión de aquellos seres muy amados y que están en peligro de perderse).

(Todos)

Jesús se proclamó Rey de las almas, y tomando posesión de la tierra con tu sangre, la declaró peana de su trono el Viernes Santo... Pero su Resurrección y después su Ascensión a los cielos no nos arrebató a este Rey Divino... Antes de morir había edificado ya su Palacio de Gobierno y éste es indestructible... ¡el Sagrario! Desde él dirige y gobierna el mundo de las almas y de la Iglesia, nuestro Rey Sacramentado... Más amor, más amor, más amor, pide Él en su silencio sacramental; y la Iglesia, sobre todo desde Pío X, pide más Eucaristía en el comulgatorio... más Eucaristía en la predicación y en la escuela... más Eucaristía en la familia... y en la vida... La audiencia diaria está concedida... el Palacio del Sagrario abierto de par en par y el Rey en su trono aguarda con anhelos divinos a los numerosísimos invitados al banquete... ¡Pero, ay, muchos son los llamados y pocos los hambrientos de Jesús-Eucaristía!

Voz de Jesús. "Mi diadema real y mi gloria sois vosotros, *'filioli'*, hijitos míos; más que los soles y las estrellas... mi trono amadísimo sois vosotros, amigos queridos; más que las alas de los ángeles... mi palacio no es tanto la inmensidad de los espacios, cuanto vuestro pecho cuando me brindáis ardiente, sencillo, apasionado el corazón ante el altar...

¡Y no venís!... Si supierais cómo me duele el alma contar los amigos fieles tan escasos en el comulgatorio, y tornar luego los ojos tristes y encontrar la inmensa mayoría de los hijos en la preocupación legítima o pecaminosa de tantas cosas, de tantas personas, que no son ni mi Persona Divina, ni mi gloria... Tanto afán y tanto tiempo para todo y para todos, menos para Mí, el Rey solitario por excelencia... ¡Os llamo, os ruego, os suplico y más os conjuro por vuestro bien eterno que comáis, que devoréis mi Corazón, que bebáis de mi cáliz y no venís!... ¡Os prometo paz y fortaleza y luz y torrentes de gracias y de consuelos y, además, por añadidura, un cielo seguro si sois los comensales asiduos de mi Mesa eucarística... y ni así venís!... Decid, ¿qué más podría hacer, de qué ardides y promesas, de qué halagos valerme para conseguir que seáis más, mucho más míos en el Sacramento de mi amor?

Yo he agotado mis recursos, para conquistaros, he agotado mis lágrimas y mis ternuras, he agotado mis tesoros y mis promesas para atraerlos y debo confesar que mi locura de amor no ha prendido sino en muy pocas almas... ¡Cuántos cuerdos en mi servicio ¡ay! y cuántos locos de desvarío mundano, de amor terreno en el servicio de las creaturas!... ¡Después de esta festividad, habiéndome aclamado tan solemnemente como Rey, probadme en el comulgatorio que en realidad lo soy para vosotros y Rey Sacramentado, esto es, Rey de amor!... Habéis invitado a los ángeles para ayudaros a celebrar y ensalzar mi divina Realeza, bien está... pero creedme, una sola Comunión más, hecha con fervor, me glorificaría mejor... Venid, tengo hambre que me devoréis, ¡oh, venid, y dejadme reinar, devorándoos Yo en el comulgatorio!

Si no ha de aumentar el fervor eucarístico, la festividad de la Realeza no será sino un *Hosanna*, muy hermoso, una ovación conmovedora, pero sin fruto de vida cristiana o, si queréis mejor, dicha fiesta sería como el aclamar a un Rey, para despojarlo al día siguiente de sus atributos reales: corona, cetro y púrpura... No será así con Cristo-Rey, ¡oh, no!... Digámoselo con un lenguaje tan sentido como sincero.

Voz de las almas. Te llaman corrientemente, Jesús, ¡qué tristeza! Rey solitario, Rey desconocido y abandonado en el Sagrario, pero desde esta fecha ya no será así... Rey de amor porque muy amante, serás también Rey de amor porque muy amado. ¡Óyenos benigno!

Rey solitario de grandes y bellísimas iglesias, artísticas, con qué tristeza ves desfilar tantas veces los curiosos que entran para admirar los mármoles, las

esculturas de tus templos, maravillas de arte y de historia... y Tú quedas relegado a tu Sagrario y de Ti no se acuerdan y esa gente pasa y no te saluda, o apenas...

¡Ay!, qué solo estás, Jesús, qué frío hace en aquellos monumentos de arte... Te aclamamos, Rey de amor, en ellos, te adoramos, te amamos, Rey solitario, en desagravio por ese abandono...

(Todos)

¡Perdón, Jesús, y venga a nos tu reino!

Rey solitario en tantas iglesias de grandes ciudades, donde hierve una multitud en las calles y en las tiendas de lujo y en los centros de placer... Iglesias de grandes capitales, donde la vida es vértigo de negocios por la mañana y de placer por la noche... ¡Ay!, qué solo estás, Jesús, qué frío hace en tantas de aquellas iglesias, casi vacías durante la semana... ¡Te aclamamos, Rey de amor, en ellas te adoramos, te amamos, Rey solitario, en desagravio por ese abandono!...

¡Perdón, Jesús, y venga a nos tu reino!

Rey solitario en tantas iglesias de ciudades materializadas, tomadas por asalto por la fiebre del lucro, embriagadas con el éxito creciente de nuevos negocios... Iglesia de grandes centros industriales, donde es una ínfima minoría la que acude a rendirte vasallaje de fe y adoración... ¡Ay!, qué solo estás, Jesús, qué frío hace en tales iglesias..., donde no hacen falta ni un gran Sagrario, ni un gran copón, porque son contados los que comulgan... ¡Te

aclamamos, Rey de amor, en ellas, te adoramos, te amamos, Rey solitario, en desagravio por ese

486

abandono!...

¡Perdón, Jesús, y venga a nos tu reino!

Rey solitario en tantas iglesias de pueblos apartados, de poblaciones reducidas y sumidas en gran ignorancia religiosa...; poblaciones que vegetan en la vida puramente material, alrededor de una iglesia que no les dice nada, iglesia sobrado grande aun en días festivos... ¡Ay!, qué solo estás, Jesús, qué frío hace en tales iglesias, donde la lámpara, en su luz mortecina, parece el triste símbolo de una fe que se va y de un amor que se ha ido... ¡Te aclamamos, Rey de amor, en ellas, te adoramos, te amamos, Rey solitario, en desagravio por ese abandono!...

¡Perdón, Jesús, y venga a nos tu reino!

Rey solitario en tantas iglesias de poblaciones desmoralizadas, pervertidas, donde es moda el burlarse de lo sagrado, donde sería ignominioso para un hombre el decir de él que ha puesto los pies, Señor, en tu casa..., donde hace tiempo no se conoce la piedad, donde se vive lejos de la Iglesia y se muere tranquilo sin sacerdote ni sacramentos... ¡Ay! qué solo estás, Jesús, qué frío hace en tales iglesias, pero no te vayas en tu gran misericordia... ¡Te aclamamos, Rey de amor, en ellas, te adoramos, te amamos, en desagravio por ese abandono!...

¡Perdón, Jesús, y venga a nos tu reino!

Y para resarcirte, Señor Jesús, por esas soledades, que nos acusan de un desamor tan cruel;

para reparar más cumplidamente ese pecado de los vasallos que, llamándote su Rey con los labios, te desconocen y ofenden con las obras y el corazón, queremos decirte, interpretando la voluntad del Pontífice: ¡Rey Divino, aclamado en los solemnes Congresos Eucarísticos, llevado en triunfo bajo arcos de victoria y paseado entre vítores de millares y millares de tus hijos enardecidos en su fe con esas espléndidas manifestaciones de tu Soberanía social, alienta, Jesús, la llama de dichos Congresos y, al clausurarlos, recorre las avenidas y las plazas de las grandes capitales conquistando, bendiciendo y repitiendo que ¡Tú eres Rey, que lo eres desde esa Hostia!

¡Salve, Rey Sacramentado, Hosanna al Hijo de David!

Rey Divino, muchas son ya, gracias a tu largueza, las Obras Eucarísticas que en variadas formas y por diversos modos trabajan en darte a conocer y en hacerte amar en el don de tu Sagrario... Multiplica todavía más dichas empresas redentoras... y, sobre todo, Jesús, dales luz de fe muy viva y una llama de caridad ardiente, para que realicen, a pesar de dificultades, sus ideales de victoria; en dichas obras, como en otros tantos carros de fuego, recorre como Conquistador de la tierra, repitiendo que ¡Tú eres Rey, que lo eres desde esa Hostia!

¡Salve, Rey Sacramentado, Hosanna al Hijo de David!

Rey Divino, de un siglo a esta parte incontables son las Congregaciones e Institutos religiosos fundados para reparar ante el Tabernáculo, para adorarte, para servirte y hacerte amar sobre todo en el Sacramento de tu amor. Gracias te damos, Jesús, por ese inmenso beneficio, pues esa legión de Comunidades Eucarísticas son la roca fiel en que se apoya acá abajo tu trono, Rey de amor... Ahora te pedimos que esas Congregaciones sean por su fervor cada vez más

dignas de tu predilección, y también más fecundas, más fuertes en la misión sublime de adorarte y hacerte amar en tu sacrosanta Eucaristía. Por su influencia, sus trabajos apostólicos y su vida de santidad, recorre victorioso esta tierra ingrata, repitiendo que ¡Tú eres Rey y que lo eres desde esa Hostia!

¡Salve, Rey Sacramentado, Hosanna al Hijo de David!

Rey Divino, es preciso que tu amor llegue a ser una sangre nueva, un alma divina de la Sociedad que queremos formar y refundir en la fragua de tu Corazón... Para conseguirlo es indispensable, Jesús, que las familias cristianas sean familias profundamente eucarísticas... Querríamos, pues, compenetrarlas de este amor de amores, querríamos que las almas de los niños de esos hogares Betanias estuviesen amasadas con tu Carne y con tu Sangre, a fin de que Tú llegares a ser una vida y una tradición en la familia... Este sería el secreto infalible de tu Reinado Social... Existen ya esos hogares dichosos; recorre, pues, la tierra multiplicándolos, Jesús, y por ellos repite de un polo a otro que ¡Tú eres Rey y que lo eres desde esa Hostia!

(Todos, tres veces)

¡Salve, Rey Sacramentado, Hosanna al Hijo de David!

(Prometed no perder jamás por culpa vuestra, ni una sola Comunión... y también el hacer esta campaña Eucarística, sobre todo en las familias del Corazón de Jesús).

Lo acabamos de decir; la familia amante, generosa, eucarística, debe ser el baluarte y la ciudadela inexpugnable de Cristo-Rey... El plebiscito de las familias en estos últimos doce años ha preparado el mundo a esta *Fiesta de la*

Realeza, pues millares y millones aún de hogares, *entronizándolo*, es decir, colocando en *trono* de gloria y honor al Señor Jesús, lo habían ya aclamado su Rey... Después de la familia, la Sociedad y la Patria, conjunto ordenado de hogares cristianos... Antes de terminar, pues, la Hora Santa, pidamos con clamor de inmensa fe que los hogares-Betania sigan siendo los tronos vivos del Rey Divino...

Voz de las almas. Rey Creador, Rey Salvador en Nazaret, Rey Amigo, en Betania, es preciso, es urgentísimo para que Tú reines, para que la Sociedad cristiana se afirme y se refine en su fe, que la familia sea realmente el Tabernáculo vivo y la Tienda sacrosanta en que Tú seas glorificado... Bien sabes el empeño con que tus pobrecitos apóstoles hemos trabajado para entronizarte triunfante de veras, esto es, conocido y muy amado en hogares que blasonan de Betanias de tu Corazón Divino.

Por las lágrimas de María, por las mortales angustias de esa Madre Dolorosa, reina, Jesús, amor de nuestros amores, en aquellos hogares mundanos, tan llenos de frivolidad y de mentira como de amargura mortal, secreta... Cuántas familias, Señor, que de cristianas no tienen sino el bautismo y un poco más, una fórmula de etiqueta, hogares donde el dinero, los placeres y las vanidades ocupan ¡ay! el puesto que estaba destinado a Ti, Monarca adorable... ¡Por María Inmaculada, sálvanos en tu adorable Corazón!

(Todos)

¡Por María Inmaculada, sálvanos en tu adorable Corazón!

Por las lágrimas de María, por las mortales angustias de esa Madre Dolorosa, reina, Jesús, amor de nuestros amores, en aquellos hogares buenos, sí, pero tan poco amantes, donde Tú eres un Señor exigente a quien se sirve servilmente por temor y sin grande amor... Hogares en que se observa en general tu ley, pero con cierta amargura; donde se arrastra tu yugo, y, sobre todo, donde la piedad, la vida eucarística, la amistad contigo se consideran

exageraciones indebidas... Ahí no se goza en tu servicio, ahí no calienta el sol de tu amor... ¡Por María Inmaculada, sálvanos en tu adorable Corazón!

¡Por María Inmaculada, sálvanos en tu adorable Corazón!

Por las lágrimas de María, por las mortales angustias de esa Madre Dolorosa, reina, Jesús, amor de nuestros amores, en aquellos hogares donde hay un pecador obstinado, un alma de grandes cualidades naturales, pero cadáver en el orden sobrenatural; un Lázaro, pero que no quiere resucitar, tiene miedo, Jesús, que Tú lo saques de su tumba... Dice que está tranquilo, dice que en el más allá se entenderá contigo, sin necesidad de haberse confesado acá abajo con tus Ministros... Dice que basta el ser honrado, pero desecha tu Iglesia, tu Cruz, tu Sangre y tus Sacramentos... ¡Oh!, se necesita, Rey de Betania, un gran milagro, pero Tú lo harás porque eres Jesús... ¡Por María Inmaculada, sálvanos en tu adorable Corazón!

¡Por María Inmaculada, sálvanos en tu adorable Corazón!

Por las lágrimas de María, por las mortales angustias de esa Madre Dolorosa, reina, Jesús, amor de nuestros amores, en aquellos hogares tan probados por la cruz de pesares morales... de duelos dolorosísimos, de torturas de familia que no se nombran, pero que Tú conoces... de penas ciertamente más amargas que la muerte... ¡Ah!; y esa cruz suele agravarla a veces la enfermedad y la situación material muy penosa de una familia buena y numerosa... Endulza, fortifica, consuela, alienta, como sólo Tú puedes hacerlo, derrocha como Rey de amor tu Corazón en esa casa atribulada... ¡Por María Inmaculada, sálvanos en tu adorable Corazón!

¡Por María Inmaculada, sálvanos en tu adorable Corazón!

Por las lágrimas de María, por las mortales angustias de esa Madre Dolorosa, reina, Jesús, amor de nuestros amores, en aquellos hogares del todo tuyos, donde si no faltan dolores y cruces, éstas son recibidas como un don de tu misericordia, porque Tú eres ahí el Rey y el Amigo íntimo, porque tu Corazón es en esa Betania el centro y el todo de esos hogares dichosos... Cada uno de ellos es un oasis en el desierto, ahí descansas entre amigos del alma, ahí los padres y los hijos son tu diadema, ahí mandas con imperio absoluto, ahí no hay más que una ley: la de amarte, la de hacer tu voluntad, la de darte inmensa gloria. Bendice y colma esas familias, multiplícalas en esta hora solemne, Rey de amor... ¡Por María Inmaculada, sálvanos en tu adorable Corazón!

¡Por María Inmaculada, sálvanos en tu adorable Corazón!

Y puesto que nuestras familias al entronizarte votaron solemnemente, Rey de reyes, en favor de esta fiesta de tu divina Realeza, déjanos sin más transición, Jesús, aclamarte en nombre de nuestra Patria con entonación de patriotismo cristiano... Pon atento el oído, Cristo-Rey, te hablamos en nombre de nuestros hogares y de la nación de tu Corazón. En presencia, ¡oh Jesús!, de la Reina Inmaculada y de los ángeles que te adoran en esta Hostia Sacrosanta, a la faz del cielo, y también de la tierra rebelde y mal agradecida, te reconocemos, Señor, como el único Soberano y Maestro, y como la fuente única de toda Autoridad, de toda Belleza, de toda Virtud y de toda Verdad...

Por esto, de rodillas y en espíritu de reparación social, te decimos: No reconocemos un orden social sin Dios: ¡La base de todo orden social es tu Evangelio, Jesús!

¡La base de todo orden social es tu Evangelio, Jesús!

No reconocemos ninguna ley de verdadero progreso sin Dios: ¡La ley de todo progreso es la tuya, Jesús!

¡La ley de todo progreso es la tuya, Jesús!

No reconocemos las utopías de una civilización sin Dios: ¡El principio de toda civilización es tu espíritu, Jesús!

¡El principio de toda civilización es tu espíritu, Jesús!

No reconocemos una justicia sin Dios: ¡La justicia integral eres Tú mismo, Jesús!

¡La justicia integral eres Tú mismo, Jesús!

No reconocemos la noción de Derecho sin Dios: ¡La fuente del Derecho es tu Código inmutable, Jesús!

¡La fuente del Derecho es tu Código inmutable, Jesús!

No reconocemos una libertad sin Dios: ¡El único

Libertador eres Tú mismo, Jesús!

¡El único Libertador eres Tú mismo, Jesús!

No reconocemos una fraternidad sin Dios: ¡La única fraternidad es la tuya, Jesús!

¡La única fraternidad es la tuya, Jesús!

No reconocemos ninguna verdad sin Dios: ¡La Verdad substancial eres Tú mismo, Jesús!

¡La verdad substancial eres Tú mismo, Jesús!

No reconocemos un amor verdadero sin Dios: ¡El Amor Increado eres Tú mismo, Jesús!

¡El Amor Increado eres Tú mismo, Jesús!

Reinado del Corazón de Jesús, reinado no sólo íntimo, sino Social y Nacional, tal es la gran afirmación doctrinal de la nueva fiesta de la Realeza... ¡Oh!, qué urgente y oportuno es poner muy de relieve este principio católico para combatir y reparar el horrendo delito de lesa Majestad Divina cometido por tantos pueblos y Gobiernos laicos y apóstatas del Evangelio... Pero desahoguemos mejor el corazón en una plegaria.

Voz de las almas. Señor Jesús, al terminar esta Hora Santa queremos evocar en torno de este trono eucarístico, aquellos soles de santidad, aquellos

Reyes santos, cuyo heroísmo de amor en plena corte y sobre el trono preparó ciertamente, Rey Divino, la apoteosis de esta gran festividad en tributo de vasallaje a tu sacrosanta Realeza...

Bajad, pues, del Paraíso, Reyes santos, acudid prestos con vuestros loores, adoraciones y cantares.

¡San Eduardo, *Cristo, Rey de Reyes, salvad a nuestra Patria!* ¡San Casimiro, *Cristo, Rey de Reyes, salvad a nuestra Patria!* ¡San Canuto, *Cristo, Rey de Reyes, salvad a nuestra Patria!* ¡San Enrique, *Cristo, Rey de Reyes, salvad a nuestra Patria!* ¡San Esteban, Cristo, Rey de Reyes, salvad a nuestra Patria!* ¡San Wenceslao, *Cristo, Rey de Reyes, salvad a nuestra Patria!* ¡San Luis, *Cristo, Rey de Reyes, salvad a nuestra Patria!*

¡San Hermenegildo, *Cristo, Rey de Reyes, salvad a nuestra Patria!* ¡San Fernando, *Cristo, Rey de Reyes, salvad a nuestra Patria!*

¡Santa Isabel, *Cristo, Rey de Reyes, salvad a nuestra Patria!*

¡Santa Margarita, *Cristo, Rey de Reyes, salvad a nuestra Patria!*

¡María Inmaculada, Emperatriz del Cielo, reina muy amada de la tierra, Virgen Madre, precursora de luz y de esperanza del Rey de amor, preparadle el trono en nuestra Patria, que Jesús reine en nuestro pueblo, que inspire Él, Sol de justicia y de verdad, nuestras instituciones y leyes, que nuestra nación sea, oh María, la peana del trono de Cristo-Rey!

Y ahora, acércate, Monarca adorable ya aquí en medio de los tuyos, estrechándote tus hijos recibe de su mano la diadema que quisieron arrebatarte los que, siendo polvo de la tierra, se llaman poderosos, porque en tu humildad, creen injuriarte de más alto...

Adelántate triunfante en esta ferviente congregación de hermanos... No borres las heridas de tus pies ni de tus manos... No abrillantes, no hermosees, deja ensangrentada tu cabeza... ¡Ah!, y no cierres, sobre todo; deja abierta la profunda y celestial herida de tu pecho... Así, Rey de sangre así..., cubierto con esa púrpura de amor y con la túnica de todos los oprobios..., sin transfigurarte..., Jesús, el mismo de la noche espantosa del Jueves Santo, preséntate, desciende y recoge el hosanna de esta guardia de honor que vela por la gloria del Corazón de Cristo Jesús, su Rey!

(Todos, en voz alta)

¡Viva tu Sagrado Corazón!

Los Reyes y gobernantes podrán conculcar las tablas de tu Ley; pero, al caer del sitial de mando en la tumba del olvido, tus súbditos seguiremos exclamando:

¡Viva tu Sagrado Corazón!

Los legisladores dirán que tu Evangelio es una ruina y que es deber eliminarlo en beneficio del progreso...; ¡pero, al caer despeñados en la tumba del olvido, tus adoradores seguiremos exclamando:

¡Viva tu Sagrado Corazón!

Los ricos, los altivos, los mundanos, encontrarán que tu moral es de otro tiempo, que tus intransigencias matan la libertad de la conciencia...; pero, al confundirse con las sombras de la tumba del olvido, tus hijos seguiremos exclamando:

¡Viva tu Sagrado Corazón!

Los interesados en ganar alturas y dinero vendiendo falsa libertad y grandeza a las naciones..., chocarán con la piedra del Calvario y de la Iglesia..., y al bajar aniquilados a la tumba del olvido, tus apóstoles seguiremos exclamando:

¡Viva tu Sagrado Corazón!

Los heraldos de una civilización materialista, lejos de Dios y en oposición al Evangelio..., morirán un día envenenados por sus maléficas doctrinas, y al caer a la tumba del olvido, maldecidos por sus propios hijos, tus consoladores seguiremos exclamando:

¡Viva tu Sagrado Corazón!

Los fariseos, los soberbios y los impuros habrán envejecido estudiando la ruina, mil veces decretada, de tu Iglesia..., y al perderse, derrotados, en la tumba de un eterno olvido... tus redimidos seguiremos exclamando:

¡Viva tu Sagrado Corazón!

¡Oh, sí, que viva! Y al huir de los hogares, de las escuelas, de los pueblos, Luzbel, el ángel de las tinieblas, al hundirse eternamente encadenado a los abismos, tus amigos seguiremos exclamando:

¡Viva tu Sagrado Corazón!

Y al despedirnos, Rey de gloria, en esta tarde más hermosa que alborada, recibe con nuestros vítores las ovaciones de nuestras almas:

¡Salve, Corona de espinas de mi Rey y mi Dios!

(Todos)

¡Cristo venza, Cristo reine, Cristo impere: viva su Sagrado Corazón!

¡Salve, cetro de caña de mi Rey y mi Dios!

¡Cristo venza, Cristo reine, Cristo impere: viva su Sagrado Corazón!

¡Salve, manto de escarlata, púrpura real de mi Rey y mi Dios!

¡Cristo venza, Cristo reine, Cristo impere: viva su Sagrado Corazón!

¡Salve, Cruz bendita, trono de mi Rey y mi Dios!

¡Cristo venza, Cristo reine, Cristo impere: viva su Sagrado Corazón!

¡Oh!, repite ahora, Rey de amor, murmura al corazón de cada uno de tus hijos, lo que prometiste a tu sierva Margarita María: "Reino por mi Divino Corazón".

Acto de consagración del género humano al Sagrado Corazón de Jesús

Dulcísimo Jesús, Redentor del género humano, miradnos humildemente postrados delante de vuestro altar; vuestros somos y vuestros queremos ser: y a fin de poder vivir más estrechamente unidos con Vos, todos y cada uno espontáneamente nos consagramos en este día a vuestro Sacratísimo Corazón.

Muchos, por desgracia, jamás os han conocido; muchos, despreciando vuestros mandamientos, os han desechado. ¡Oh, Jesús benignísimo! Compadeceos de los unos y de los otros, y atraedlos todos a vuestro Corazón Sacratísimo.

¡Oh Señor! Sed Rey, no sólo de los hijos fieles que jamás se han alejado de Vos, sino también de los pródigos que os han abandonado; haced que vuelvan pronto a la casa paterna, porque no perezcan de hambre y de miseria. Sed Rey de aquellos que por seducción del error o por espíritu de discordia, viven separados de Vos: devolvedlos al puerto de la verdad y a la unidad de fe, para que en breve se forme un solo rebaño bajo un solo Pastor. Sed Rey de los que permanecen todavía envueltos en las tinieblas de la idolatría o del Islamismo: dignaos atraerlos a todos a la luz de vuestro reino. Mirad, finalmente, con ojos de misericordia, a los hijos de aquel pueblo que en otro tiempo fue vuestro predilecto: descienda también sobre ellos, como bautismo de redención y de vida, la Sangre que un día contra sí reclamaron. Conceded, oh, Señor, incolumidad y libertad segura a vuestra Iglesia; otorgad a todos los pueblos la tranquilidad en el orden; haced que del uno al otro confín de la tierra no resuene sino esta voz: *Alabado sea el Corazón divino, causa de nuestra salud; a Él se entonen cánticos de honor y de gloria por los siglos de los siglos. Así sea.*

Cinco veces en honor de las Cinco Llagas, por la Patria:

Corazón divino de Jesús: ¡Venga a nos tu reino en nuestra Patria!